Rudi Anschober / Petra Ramsauer

Die Klima-Revolution

Rudi Anschober / Petra Ramsauer

Die Klima-Revolution

So retten wir die Welt

Deuticke

Der Inhalt dieses Buches wurde auf einem nach den Richtlinien des Forest Stewardship Council zertifizierten Papier der Papierfabrik Munkedal gedruckt.

1 2 3 4 5 11 10 09 08 07

ISBN 978-3-552-06063-0

Satz: Eva Kaltenbrunner-Dorfinger, Wien
Umschlaggestaltung: Thomas Kussin/buero 8
Druck und Bindung: Ebner & Spiegel, Ulm
Printed in Germany

Inhalt

»Wir brauchen eine Klima-Revolution.«

Jacques Chirac nach der Präsentation des vierten Berichtes des Weltklimarates IPCC

»Die Debatte muss ab heute zu Ende sein und die Politik muss mit dem Handeln beginnen.«

Achim Steiner, Chef der Umweltorganisation der Vereinten Nationen, am 2. Februar 2007

»Wir, die Inuit, erleben in jeder Minute unseres Alltages die derzeit stattfindenden Veränderungen der Umwelt. Wir sind das Frühwarnsystem für den Rest der Welt. Was wir heute erleben, werdet ihr morgen erleben.«

Sheila Watt-Cloutier, Sprecherin der Inuit, der indigenen Völker der Arktis

»Dies ist unsere Zeit, uns zu erheben und um unsere Zukunft zu kämpfen.«

Al Gore in seinem Buch »Die unbequeme Wahrheit«

1. Die Klima-Revolution beginnt

Revolution: Umsturz der bestehenden Ordnung. Aber auch: Aufhebung, Umwälzung bisher als gültig anerkannter Gesetze oder der bisher geübten Praxis durch neue Erkenntnisse und Methoden.

Duden, Wörterbuch der deutschen Sprache

Die Revolution unseres Klimas gegen die Emissionen von Milliarden Tonnen an Treibhausgasen beginnt. Die über Jahrhunderte stabile Ordnung der Atmosphäre unserer Erde ist aus den Fugen geraten. Ein Umsturz droht. In einem Flügelschlag der Erdgeschichte, innerhalb nur weniger Generationen, haben wir die Atmosphäre so mit Treibhausgasen vollgepumpt, wie die Natur es in den vergangenen 650 000 Jahren nicht geschafft hat. Und wir pumpen kräftig weiter. Tagtäglich einhundert Millionen Tonnen weltweit. Und trotz gegenteiliger, vollmundiger Ankündigungen der politisch Verantwortlichen steigen die Emissionen von Treibhausgasen, vor allem von CO_2, also Kohlendioxid, und Methan mit jedem Jahr drastisch an.

Die Warnungen Tausender führender Wissenschaftler vor den Konsequenzen dieses Handelns, dieses Missbrauchs der Atmosphäre als Abfallkübel unserer Zivilisation, könnten alarmierender nicht sein: Unserem Planeten droht bis zum Ende dieses Jahrhunderts eine enorme Temperaturerhöhung zwischen 1,8 und 6,4 Grad Celsius im schlimmsten Fall. Dies löst eine dramatische Zunahme extremer Wetterlagen wie Dürren und Hochwasserkatastrophen aus. Das Eis an den Polen und im Hochgebirge könnte durch den Hitzeschub in einem rasanten Tempo zu tauen beginnen, steigender Meeresspiegel bedroht jenes Sechstel der Weltbevölkerung, das in Küstenzonen lebt. Noch könnten wir einen totalen Kollaps des Klimas abwehren. Nur, wir müssen raschen handeln: nicht irgendwann, sondern jetzt. Uns bleiben nur noch zehn Jahre, um eine Trendwende zu schaffen: hin zu einer drastischen Verringerung des Ausstoßes von Treibhausgasen. Zehn Jahre bleiben, um so die Klimaveränderung wenigstens zu begrenzen. Zehn Jahre, um unseren Kindern zwar einen beschädigten, aber nicht endgültig zerstörten Planeten zu hinterlassen.

Immer mehr Regionen der Erde sind – oft ausgeblendet von der Aufmerksamkeit der Weltöffentlichkeit – schon in größter Gefahr, wurden zum Schauplatz erster verheerender Folgen dieser Umwälzung des Klimas. Laut der UN-Weltgesundheitsorganisation WHO sterben schon jetzt, bei einer Temperaturerhöhung von 0,8 Grad Celsius, jährlich 150 000 Menschen an den Folgen der Erderwärmung. Schätzungen des Internationalen Komitees des Roten Kreuzes zufolge haben bereits heute sechzig Prozent der weltweit registrierten Flüchtlinge die Heimat verlassen, weil der Klimawandel ihre Existenzgrundlage zerstört hat.

Sie sind nur die Vorhut. Je nach Ausmaß der Temperaturerhöhung werden bis zum Ende dieses Jahrhunderts dreihundert bis fünfhundert Millionen Klimaflüchtlinge aus weniger entwickelten Ländern des Südens in die wohlhabenden Länder des Nordens drängen, die das Problem ja maßgeblich verursacht haben. Aber auch dort droht eine düstere Zukunft: Für Europa läßt eine im Auftrag der EU durchgeführte Studie im Fall einer Temperaturerhöhung um »lediglich« drei Grad Celsius ab 2070 jährlich 86 000 Opfer befürchten.

Solche Prognosen lassen kaum noch jemand kalt. Und so werden derzeit immer mehr Regionen unserer Erde zum Schauplatz einer zweiten Klima-Revolution. So wie der Duden die zweite Bedeutung des Begriffes Revolution definiert, ist dies kein Umsturz, sondern eine Umwälzung. Es ist eine Revolution der Lebensstile, eine Revolution der politischen Konsumenten, eine grüne industrielle Revolution, eine Revolution der Klimaretter, die ihre politischen Vertreter mehr und mehr zum Handeln zwingt. Der Zündfunke ist schon auf breite Teile der Gesellschaft übergesprungen: Die Energiewende hin zu sauberen, erneuerbaren Rohstoffen startet in Tausenden begeisternden neuen Projekten. Jeden Tag denken mehr engagierte Bürger um, leisten ihren Beitrag zur Klimarettung. Getrieben durch diese weltweit veränderte öffentliche Meinung setzt auch eine politische Wende ein. Der Druck wächst, damit die Begrenzung des Klimawandels gelingt.

Inseldenken ist Geschichte. Erstmals beeinflusst das Handeln eines jeden das Leben aller auf diesem Planeten – alles hängt zusammen, jeder Einzelne trägt eine globale Verantwortung. Erstmals steht die Menschheit in ihrer Gesamtheit vor einer entscheidenden gemeinsamen Aufgabe, eine Gefahr zu erkennen, nach Lösungen zu suchen und als *eine* Menschheit, gleichzeitig, in allen Regionen zu handeln, mit der Veränderung zu beginnen. Der wichtigste Schritt hin zu dieser Veränderung: das »fossile Zeitalter«, die Abhängigkeit von Energie aus Öl, Kohle und Gas zu beenden und ein neues »grünes Zeitalter« zu beginnen. Die Hauptverursacher, die Bevölkerung der Industrieländer, müssen dazu mit den Hauptbetroffenen, den Bewohnern der Entwicklungsregionen, eine Allianz, eine neue Achse der Solidarität bilden.

Die Revolution der Klimarettung kann in den nächsten zehn Jahren nicht bloß Wirklichkeit, sondern auch zu einer Erfolgsstory werden: Wir verfügen über die nötigen Lösungsansätze, die Technologien sind größtenteils erforscht. Jetzt geht es um die Umsetzung, um ein neues Verantwortungsbewusstsein der Bürger und eine neue Gestaltungsfähigkeit der Politiker. Die Devise ist sehr einfach: Energieeffizienz statt Verschwendung, saubere Energie aus Wasser, Sonne, Biomasse, Wind und neuen umweltverträglichen Energien statt schmutziger aus Kohle, Öl und Gas. Eine neue Energiezukunft bedeutet die Rettung der Zukunft als solcher. Sie ist der Schlüssel für die eigentliche Klima-Revolution.

Europa kann globaler Vorreiter bei der Verringerung von Treibhausgasen werden und bis 2050 völlig aus der Nutzung von Kohle und Öl zur Energiegewinnung aussteigen. Als Technologieführer sichert sich die Union eine neue außenpolitische Führungsrolle und auch einen Startvorteil im internationalen Wirtschaftswettbewerb. Der Plan zur Klimarettung ist ehrgeizig, er erfordert eine Revolution unseres Denkens und Lebens. Aber der Plan zur Klimarettung ist zu schaffen: Bis 2020 muss die EU eine Verringerung der Emissionen um dreißig Prozent schaffen, bis 2050 eine Reduktion um sechzig bis achtzig Prozent. So kann das zentrale Ziel einer weltweiten Halbierung der Treibhausgasemissionen gelingen, die Klimaveränderung begrenzt werden, weil sich dadurch die Erwärmung bei rund zwei Grad Celsius einbremst. Diese Gleichung ist die wesentlichste Botschaft des Klimaschutzes.

Diesen dafür nötigen globalen Kraftakt in den nächsten zehn Jahren zu schaffen, ist die ungeteilte Verantwortung aller, ist aber eine wirtschaftliche und arbeitsmarktpolitische Chance, für den Einzelnen in Wahrheit ohne allzu große Belastungen verwirklichbar: Wenn die Bürger Ignoranz und Resignation überwinden und die Politiker ihre Tatenlosigkeit.

Die notwendige Klima-Revolution ist nicht alleine durch die Industrieländer zu verwirklichen, aber keinesfalls ohne sie. Nicht ohne eine konsequente Politikwende in jenen Staaten, die am meisten Treibhausgase freisetzen, nicht ohne die Beiträge der politischen Konsumenten, nicht ohne eine »grüne industrielle Revolution«. Aber sie ist auch nicht ohne die Schwellenländer, nicht ohne die Entwicklungsregionen zu schaffen. Es ist wie bei System und Funktion des Klimas – alles hängt zusammen.

Wir sind als gesamte Menschheit gefordert wie noch nie. Wir brauchen daher nach dem Auslaufen des Kyoto-Protokolls einen Weltklimavertrag mit einem verbindlichen und ebenso drastischen Reduktionsziel – eine Halbierung der weltweiten Treibhausgasemissionen bis zum Jahr 2050 –, dem sich kein Staat der Welt mehr entzieht. Diese Klima-Revolution ist unausweichlich. Machen wir weiter wie bisher, folgen wir dem verantwortungslosen Kurs, den Experten »business as usual« nennen, machen wir die Welt zu einer, wie wir sie bis jetzt nicht kennen. Und wie unsere Kinder sie nicht kennenlernen wollen.

Im Oktober 2006 präsentierte der ehemalige Chefökonom der Weltbank, Sir Nicolas Stern, seine Schadensberechnungen. Wird der derzeitige Kurs wachsender Emissionen fortgesetzt, drohen uns

Schäden von bis zu zwanzig Prozent des Weltwirtschaftsproduktes und eine Depression im Ausmaß von jener der 1930er-Jahre. Drei Billionen Euro würde ein ungebremster Klimawandel mit einem Temperaturanstieg von über vier Grad Celsius alleine der Volkswirtschaft Deutschlands bis zum Jahr 2100 kosten, so die Schätzungen von Experten des Deutschen Institutes für Wirtschaftsforschung: Landwirtschaft, Versicherungen und der Gesundheitssektor wären die am stärksten betroffenen Bereiche. Lediglich ein Bruchteil dieser Summen wäre für die rechtzeitige Klimarettung erforderlich.

Im Februar, April und Mai 2007 schockte der Klimarat der Vereinten Nationen, IPCC, die Weltöffentlichkeit: Mit dramatischen Temperaturprognosen, der Gewissheit, dass die Erwärmung vom Menschen verursacht ist, dass die ersten massiven Schäden bereits passiert sind, und mit der sehr eindeutigen Feststellung, dass uns für die Kurskorrektur nur noch ein Zeitfenster bis zum Jahr 2020 bleibt.

Und als wollte die Natur die alarmierenden Warnungen der Wissenschaft unterstützen, war der Winter 2006/2007 in vielen Teilen der Welt kein Winter. Von den US-Wissenschaftlern der »National Oceanic and Atmospheric Administration« wurde er zum wärmsten aller Zeiten erklärt. Die Veränderung war für jeden erkennbar: Rekordtemperaturen in New York, Moskau, Paris, Wien, Berlin und Rom von bis zu zwanzig Grad Celsius, blühende Mandelbäume und grüne Skipisten im Jänner. Millionen von Menschen spürten, dass etwas in ihrer Welt nicht mehr stimmt. Die Warnungen und Alarmrufe der Forscher begannen sich in den folgenden Monaten mit der Emotionalität des Erlebens zu verbinden: Dies hat der Klima-Revolution eine neue positive Schubkraft gegeben.

Täglich verbrauchen wir so viel Erdöl und Kohle, wie die Natur in 500 000 Tagen entstehen hat lassen. Die Auswirkungen der dadurch in Gang gesetzten Erwärmung der Erde haben an vielen Orten der Erde dramatische Ausmaße erreicht: Die »Botschaften aus der Zukunft« in diesem Buch zeigen diese Betroffenheit und die Schäden an fünf Beispielen: In den arktischen Regionen oder auf

Südseeinseln wie Kiribati, in den ärmsten Gegenden Afrikas sind die apokalyptischen Prophezeiungen für unser aller Zukunft bereits Realität. Hier kämpfen Menschen Tag für Tag ums Überleben gegen ein immer feindlicheres Klima. Heute. Hier und jetzt.

Die Umweltkatastrophen, die sie erleben, sind die Folge eines Anstiegs der Durchschnittstemperatur um 0,8 Grad Celsius seit dem vorigen Jahrhundert. Es ist eine Warnungen an uns: Denn wenn dieser Wert schon derartige Katastrophen auslöst, was wird drohen, wenn sich die Erde um das Sechsfache oder noch mehr aufheizt, wie es die führenden Wissenschaftler bis 2100 prognostizieren? – Jedem besseren Wissen zum Trotz heizen wir unserem Lebensraum aber tagtäglich weiter ein.

Schon zwei Grad würden den Planeten zum Stöhnen bringen. Undenkbar und unvorstellbar ist, wie die Welt nach einer Temperaturerhöhung von sechs Grad und mehr aussehen würde. Durch das völlige Abschmelzen des Eises, durch die drohende Zerstörung des Regenwaldes, durch die Erwärmung der Ozeane, durch das Auftauen der Dauerfrostböden würden Rückkoppelungseffekte ausgelöst, die sich gegenseitig dynamisieren und die Klimaveränderung völlig außer Kontrolle geraten lassen. Langfristig könnte der Meeresspiegel um bis zu zehn Meter oder sogar noch stärker steigen.

Und schon melden sich Wissenschaftler mit Messergebnissen, die zu belegen scheinen, dass die Konzentration der Treibhausgase in der Atmosphäre sprunghaft zunimmt. Dies könnte ein Vorzeichen dieser beginnenden Apokalypse sein: Die Dynamisierung der Erderwärmung durch sogenannte positive Rückkoppelungen unserer Klimaregulatoren, den sogenannten Runaway-Effekten. Diese Prozesse, die eine weitere Dynamisierung der Erderwärmung verursachen können, sind in den Studien der IPCC-Forscher sehr wohl berechnet worden, doch, wie Fachmedien später berichteten, in den veröffentlichten Zusammenfassungen nicht berücksichtigt worden. Zu sensibel und alarmierend waren diese Effekte. Diese mögliche äußerst bedrohliche Zuspitzung der Klimaveränderung wird in diesem Buch aufgezeigt, auch jene Bereiche, die von den Experten der Vereinten Nationen in der Öffentlichkeit noch ausgeblendet worden sind. Denn die Wahrheit muss den Menschen in ihrer Gänze zugemutet werden und nicht eine, die auf zumutbare Dosen zurechtgestutzt wurde. Denn nur so begreift jeder, wie dringend eine Trendwende nötig ist, dass unser auf den Einsatz von fossilen Energieträgern gebauter Reichtum einzustürzen droht und uns alle mit in den Abgrund reißen könnte.

Es ist zu spät, eine tief greifende Veränderung unseres Planeten zu verhindern, aber noch Zeit, der völligen Katastrophe zu entgehen, wenn jetzt die richtige Politik umgesetzt wird, wenn jetzt gehandelt wird. Wir alle haben die Wahl, deshalb ist dieses Buch auch ein Handbuch für Klimaretter. Wir müssen das 21. Jahrhundert zur Epoche der Energiewende, der drastischen Verringerung der Treibhausgasemissionen machen. Jeder kann und muss dazu seinen Beitrag leisten. Damit sich das Klima nicht noch dramatischer wandelt, müssen sich jene wandeln, die die Verursacher sind. Ein anderes Zuhause als diesen Planeten haben wir nicht. Eine andere Zukunft als auf diesem Planeten werden auch unsere Kinder nicht haben.

Stellen wir uns doch einmal vor: Ein Mensch leidet seit Jahren an Fieber, das immer höher wird. Die Körpertemperatur ist bereits um beinahe ein Grad gestiegen. Das besorgte Ärzteteam hält eine Fortsetzung dieser Fieberkurve für sehr wahrscheinlich – in den nächsten Jahren um weitere ein, zwei und dann drei Grad. Würde der betroffene Patient die Warnungen ignorieren und eine weitere und schlussendlich tödliche Erhöhung seiner Körpertemperatur in Kauf nehmen? – Zumal das Medikament, die Therapie bekannt ist und zur Verfügung steht?

Die Revolution der Klimarettung beginnt. Sie braucht Information und Wissen, Motivation, Anreize, Förderungen, Mut und Rückenwind durch Politik, Wirtschaft und Gesellschaft. Die Klimarettung wird zur Nagelprobe für die verbliebene Gestaltungsfähigkeit und Gestaltungskraft der Politik. Sie braucht die Unterstützung eines jeden Einzelnen.

Die Zeit der Ausreden ist vorbei. Die Revolution zur Rettung des Klimas ist allerorts spürbar – Menschen sind vernunftbegabte Wesen, die Gefahren erkennen, umdenken und handeln können.

Millionen Menschen auf diesem Planeten werden zu den Botschaftern der Klimarettung, Millionen agieren als politisch bewusste Konsumenten, Millionen stellen ihre Energieverwendung um, Millionen leisten einen kleineren oder größeren Beitrag in ihrem alltäglichen Leben. Millionen kämpfen um die Zukunft ihrer Kinder und erzwingen die notwendige radikale Politikwende. Große Herausforderungen brauchen große Lösungen. Die Klima-Revolution hat begonnen.

2. Botschaften aus der Zukunft

Tausende Kilometer voneinander entfernt, erzählen uns Menschen die gleiche Geschichte: Bauern im äthiopischen Hochland, indigene Völker im Regenwald oder der Arktis, Fischerfamilien auf kleinen Inselstaaten im Südpazifik: Sie sind die ersten Opfer des Klimawandels und erleben, wie die Grundlage ihrer Existenz Tag für Tag brüchiger wird. Die steigenden Temperaturen und die dadurch verursachten Veränderungen ihrer Umwelt, Trockenheit, Fluten, Naturkatastrophen, bedrohen ihr Leben.

Menschen von fünf Schauplätzen kommen zu Wort, die von ihren Erfahrungen, ihrem Kampf um ihre Heimat berichten. Sie repräsentieren die vielen verschiedenen Facetten der drohenden Apokalypse durch den Klimawandel. Sie könnten unterschiedlicher nicht sein, aber es verbindet sie eine gemeinsame Angst: davor, dass es noch wärmer wird, davor, dass die Naturgewalten völlig außer Rand und Band geraten. Und es verbindet sie ein Auftrag: der Überlebenskampf von Mensch und Natur gegen den Klimawandel. Deshalb ist ihr Erleben eine Botschaft aus unser aller Zukunft.

Was wir beschreiben, sind keine Prognosen, die von Computermodellen errechnet in wissenschaftlichen Studien veröffentlicht werden. Was heute an den Stränden Kiribatis, die von immer höheren Flutwellen erreicht werden, im äthiopischen Hochland, wo die Regenzeiten zum Lotteriespiel wurden, im Hochgebirge der Alpen, wo mit dem ewigen Eis auch der Zement der Berge wegschmilzt, passiert, ist die Realität des Klimawandels, der uns früher oder später alle betrifft. Wenn wir uns nicht – im Idealfall früher und nicht später – unserer Verantwortung bewusst werden, dass wir unser Verhalten schleunigst ändern und mit einer Vollbremsung unserer fossilen Energiewirtschaft auch eine Vollbremsung des Klimawandels erreichen müssen.

Die Inseln des Südpazifik: Die ersten Opfer

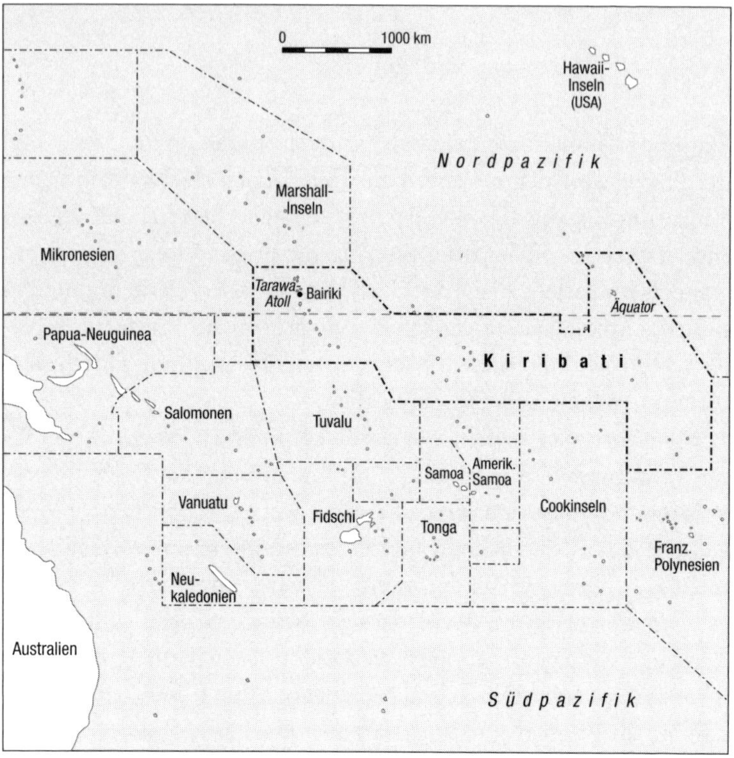

Kiribati besteht aus 33 Atollen.

»Die Tsunami-Wellen zu Weihnachten 2004 waren eine sehr deutliche Warnung an uns alle: Sie lauteten: ›Das Wasser wird kommen und es wird tödlich sein.‹ Natürlich habe ich verstanden, dass damals ein großes Erdbeben diese Tragödie auslöste und nicht die Klimaveränderung. Doch die Wellen zeigten uns, welche enorme Kraft das Meer hat. Nur hat diese Warnung niemand verstanden. Was wir heute im Südpazifik erleben, das ist ein zweiter Tsunami. Nur, der verläuft im Zeitlupentempo und ohne große Schlagzeilen. Wir sind dabei, im Meer unterzugehen. Und niemand eilt uns zu Hilfe.«

Bureita Karaiti, evangelischer Pastor und Geograf aus Kiribati

2.1. Kiribati: Am sinkenden Atoll

»Nein, wir sollten uns nichts vormachen. Hier bei uns werden nicht alle überleben. Wir müssen mit sehr, sehr vielen Opfern rechnen.« Anote Tong, Präsident Kiribatis, hat die Interview-Fassade eines Politikers abgelegt. Er weiß, dass nichts, was er noch tun oder sagen könnte, das Ausmaß der Tragödie seines Landes eindämmen wird, er nichts mehr kaschieren oder mit schaumgebremsten Phrasen gar schönreden kann. Der Staatschef der pazifischen Inselrepublik spricht schonungslos aus, was weder sein Volk noch der Rest der Welt hören wollen: dass es zahlreiche Tote geben wird. Bald. Für den im Jahr 2003 gewählten Politiker gibt es in Zukunft ohnehin nichts mehr zu verlieren; nicht einmal Wahlen, weil das Land als Ganzes bald verloren sein wird. »Wir bezahlen den höchsten Preis für die Klimaveränderung: Wir verlieren unsere Heimat und sehr, sehr viele Menschen. Spätestens im Jahr 2050 wird Kiribati Geschichte sein.« Zwei unbewohnte Inseln Kiribatis sind bereits untergegangen: wie eine letzte Warnung vor der endgültigen Katastrophe.

Der kleine Mann mit kurzem grauem Haar, randloser Brille und dem für die Südsee typischen fein gebügelten Anzugsrock sitzt fast regungslos auf der braunen Lederbank in seinem Büro. Hier muss er vor allem eines tun: als einer der letzten Präsidenten den Untergang seiner Heimat verwalten. Mit flacher Stimme, im Stakkato diktiert er in knappen Hauptsätzen seine Kapitulationserklärung vor dem Treibhauseffekt: »Wozu soll ich große Worte verlieren? Es wird ohnehin viel zu viel geredet und versprochen, aber verstehen will das Ausmaß unseres Dramas so oder so niemand. Vor Kurzem, im Herbst 2006, war ich bei einem Treffen der pazifischen Inselstaaten in Paris eingeladen. Ich kam am Tisch des französischen Präsidenten zu sitzen. Von wirtschaftlichen Problemen angesichts des Klimawandels hat er dort philosophiert. Es war wie ein Schlag ins Gesicht. Der redet von wirtschaftlichen Problemen und wir kämpfen ums nackte Überleben. So etwas verletzt mich ungemein und ich wurde so unsagbar zornig, dass mir die Sprache weggeblieben ist.« Viel Zeit würde nicht mehr bleiben, befürchtet Tong: »Ich rechne mit höchstens zehn Jahren, bis die Folgen des steigenden Meeresspiegels, vor allem aber der zunehmenden Stürme, der Versalzung des Bodens so schlimm werden, dass hier niemand mehr überleben wird. Wir müssen handeln, jetzt und sofort. Wir brauchen einen Plan. Andere Länder müssen uns aufnehmen. Ich sag das ständig unseren Bürgern, vor allem den Jungen: Geht! Geht weg! Ihr müsst woanders leben, viel früher als ihr glaubt.«

Das Amtsgebäude des Präsidenten ist nicht viel größer als ein doppelstöckiger Bungalow. An der Holztäfelung beim Eingang prangen das Emblem des Staatschefs und die Nationalflagge Kiribatis, beides schlicht und handgemalt: Wellen, dahinter Sonne und eine Möwe. Der Aussicht von seinem Büro im ersten Stock nach zu schließen, könnte man glauben, im Paradies gelandet zu sein oder wenigstens in einem Fünf-Sterne-Ressort: weißer Strand, der in zarten Rosatönen schimmert, Kokospalmen biegen sich im Wind, der Pazifik leuchtet in Azur und Türkis. Doch Anote Tong hat sich gründlich sattgesehen und kehrt der Fensterfront immer den Rücken. »Meer. Meer. Meer. Überall in Kiribati sieht man Meer. Wir haben kaum Land, keine Rückzugsmöglichkeiten. Die internationalen Experten wollen uns sogenannte Adaptionsmechanismen an den Klimawandel einreden. Doch die begreifen in ihren Büros in Übersee die Realität hier nicht einmal im Ansatz: Das Wasser steigt. Zentimeter für Zentimeter.«

Noch hat ein Großteil der Welt nicht einmal wahrgenommen, dass es Kiribati überhaupt gibt, geschweige denn die Tragödie, die sich hier bereits abspielt. Bettelarm, mit einer einzigen asphaltierten Straße, abseits des Touristenstroms, sieben Flugstunden von den australischen Küstenmetropolen entfernt, liegt es abseits des Trampelpfades von Katastrophenreportern und Expertendelegationen. Über viertausend Kilometer weit – eine Distanz wie die Breite der Vereinigten Staaten von Amerika – erstrecken sich die drei Inselgruppen Kiribatis zwischen Australien und Hawaii. Verstreut über den Ozean kommen die insgesamt 33 Atolle aber nur auf eine

Landfläche von 811 Quadratkilometer, das ist nicht größer als die vierfache Fläche der amerikanischen Hauptstadt Washington.

Das größte Problem aber ist, dass die winzigen Inseln flach wie Bretter sind: Kaum ein Punkt liegt höher als drei Meter, die meisten Landzonen sind noch niedriger. Dazu sind die Atolle unglaublich schmal. Die Hauptstadtinsel Tarawa zum Beispiel, wo mit 65 000 Menschen mehr als die Hälfte der zirka 105 000 Einwohner lebt, ist meistens nur bis zu dreißig, vierzig Meter, nirgendwo mehr als vierhundert Meter breit. Bereits im Jahr 2000 stellte die Weltbank sehr eindringlich fest, dass kaum ein Land der Erde so arm und isoliert und keines so sehr durch den Klimawandel gefährdet ist wie Kiribati. Ein ambitioniertes Pilotprojekt für Adaptionsmechanismen auf den Inseln wurde erarbeitet, das seit 2003 umgesetzt wird. Es soll zum weltweiten Modell für Strategien zur Anpassung an den Klimawandel in exponierten Gegenden werden.

»Man darf den Menschen nicht den Glauben an die Zukunft nehmen«, kommentiert Präsident Tong vorsichtig die Projekte: »Doch in Wahrheit brauchen wir keine Seminare zur Bewusstseinsbildung oder Berge von Sandsäcken, sondern genügend Platz in Rettungsbooten. Wir brauchen Länder, die bereit sind, uns aufzunehmen. Wir brauchen ein Recht auf Flüchtlingsquoten in jenen Ländern, die unseren Untergang mit ihren gigantischen Treibhausgasemissionen verursacht haben und dies weiter tun.«

Lediglich 0,06 Prozent des globalen CO_2-Ausstoßes werden von den sieben Millionen Menschen der insgesamt 22 Inselstaaten des Südpazifiks verursacht. Im Gegenzug müssen sie bereits jetzt hundert Prozent der Folgen verkraften; vor allem die beiden südpazifischen Inselstaaten Tuvalu und Kiribati. Selbst wenn ab sofort kein einziges Partikel eines Treibhausgases mehr in die Erdatmosphäre gelangen würde, käme für diese beiden Länder die Trendwende zu spät. Die Wechselwirkung zwischen CO_2-Emissionen, der Steigerung der Temperaturen und dem anschwellenden Wasserpegel vollzieht sich langsam und gleichzeitig unwiderruflich: Einmal in Gang gesetzt, lässt sich der Kreislauf lange nicht stoppen, nur noch einbremsen. Mit jedem Mehr an Emissionen beschleunigt sich dieser Prozess hin zu einer unumkehrbaren Veränderung unseres Planeten.

Durch die Erosion der Küsten, die laut den Einheimischen bereits mindestens fünf Meter Strand verschlungen hat, wird Kiribati wahrscheinlich zur Mitte des Jahrhunderts teilweise, 2100 zur Gänze versunken sein. Laut Messungen des australischen Wetterdienstes steigt der Ozean an den Küsten des Landes bereits jetzt mit einer Rate von 5,8 Millimeter pro Jahr, deutlich mehr als im globalen Durchschnitt von derzeit 3,3 Millimeter. Freilich räumen die Experten ein, dass hier saisonale Schwankungen eine Rolle spielen. Aber um die Veränderung wahrzunehmen, sind keine modernen Instrumente mehr nötig: Der beginnende Untergang ist mit freiem Auge erkennbar.

In den vergangenen zehn Jahren rückte der Wasserpegel um bis zu zehn Zentimeter nach oben. Exakte Daten sind schwer zu eruieren – nicht nur in Kiribati, sondern weltweit –, da erst seit 1992 mit Satellitenmessungen die tatsächliche Höhe des Meeresspiegels, unabhängig von tektonischen Veränderungen, erhoben werden kann. Diese sind natürlich genauer als die bislang üblichen Gezeiten-Messungen an den Küsten, allerdings sind die Beobachtungszeiträume noch viel zu kurz und ein direkter Vergleich mit den alten Methoden wäre unseriös.

Weltweit ist der Meeresspiegel seit dem Beginn des Industriezeitalters um zirka zwanzig Zentimeter gestiegen. Prinzipiell ist das Phänomen kein Novum der Erdgeschichte: Seit dem Höhepunkt der letzten Eiszeit dehnen sich die Ozeane mit einer Rate von zirka 0,1 Millimeter pro Jahr aus. Allerdings hat sich dieser Wert im 20. Jahrhundert drastisch beschleunigt und diese Kurve wird mit zunehmendem Anstieg der Temperaturen noch steiler nach oben zeigen. Derzeit bedingt vor allem die Erwärmung der Weltmeere den Meeresspiegelanstieg, da die höhere Temperatur eine Vergrößerung des Wasservolumens verursacht. Doch künftig wird auch das Schmelzwasser der Gletscher in Grönland und der Antarktis noch massiver als jetzt die Ozeane speisen. Einen Anstieg des Meeresspiegels zwischen fünfzig und 140 Zentimeter prognostizieren

Experten bis zum Ende des Jahrhunderts. Und sie betonen, dass dieser Wert noch nach oben korrigiert werden könnte, weil viele Details noch zu wenig erforscht sind.

Wie sich Meer ins Land frisst

»Mich bestürmen die Menschen immer mit dieser einen Frage: Wann steigt das Wasser wie hoch an? Was wird passieren? – Die Wahrheit ist aber, dass wir nur wissen, dass der Meeresspiegel steigt. Das ist sicher. Wie sich das aber vollziehen wird, darüber gibt es keine absolute Sicherheit«, betont der indische Klimaexperte Murari Lal, Mitglied des UN-Klimagremiums IPCC (International Panel on Climate Change), der die Situation in Kiribati analysierte und zudem als Berater der Regierung fungiert: »Wie es vor allem entlang der dicht bevölkerten Küsten, wo derzeit eine Milliarde Menschen leben, weitergehen wird, darüber entscheidet natürlich auch, wie viel Treibhausgase in den nächsten Jahren emittiert werden. Um diese Landzonen zu schützen, können wir noch etwas tun. Für ein Land wie Kiribati gilt dies nicht mehr: Adaptierungsmaßnahmen sind hier nur eine kurzfristige Lösung. Die Menschen müssen langfristig evakuiert werden, auch wenn es in dieser Tragweite noch den wenigsten bewusst ist, diese Wahrheit verdrängt wird. Die Bevölkerung weiß aber sehr genau, dass die Erderwärmung sie direkt betrifft: als wehrlose Zuschauer einer Tragödie, die sie nicht beeinflussen können, die sie aber zur Gänze betrifft.«

Lal rechnet damit, dass für die Rettung der Bevölkerung Kiribatis ein Zeitfenster von fünfzehn bis zwanzig Jahren bleibt, sobald eine massive Zerstörung der Strandzone einsetzt. »Die Erosion der Küsten ist die schlimmste Schreckensvision der Menschen hier auf Kiribati. Sie achten auf jedes Zeichen. Knickt die erste Reihe der Palmen, sind sie noch nicht sehr beunruhigt. Wenn sich die Zerstörung bis in die zweite Reihe der Kokospalmen fortsetzt, wissen sie, dass ihr Leben in Gefahr ist.« Nicht überall, aber in Gebieten wie dem Dorf Atanga, das besonders exponiert auf einer Landzunge liegt, ist diese Phase bereits erreicht. Diesen Ort hat eine der ersten Spitzen der Sintflut bereits so gut wie zerstört. Hier ist der Widerstand des Atolls gegen den Pazifik gebrochen. Der Verfall begann plötzlich, nicht sachte. Vor zwei Jahren donnerten auf einmal kräftige Wellen gegen den Wall aus Sandsäcken, der direkt an der Wasserlinie errichtet worden war, und überfluteten ein Gebiet so groß wie vier Fußballfelder.

Kräftiger Wind hatte am Höchststand der Flut das Meer aufgepeitscht. Dann kam der nächste Sturm, dann der dritte. So war aus dem Land erst Sumpf geworden und nun wird es nach und nach zu Wasser. In diesen Tagen ist Atanga noch eine amphibische Zwittergestalt: eine Lagune mit verzweigten Wasserläufen, winzigen Inseln, Tümpeln, in deren stehendem Wasser die Gülle der blechernen Schweineställe abfließt, achtlos weggeworfener Müll verrottet, Autowracks vor sich hinrosten. Der üble Geruch potenziert sich bei Temperaturen von über dreißig Grad zu beißendem Gestank. Sterbende Palmen versinken im Morast. Ihre Stämme, eingeknickt ins modrige Wasser, weichen auf wie Schwämme. Es sind Bilder der Verwüstung, wie sie die tödlichen Tsunami-Wellen Ende 2004 hinterließen. In Wahrheit passiert hier dasselbe, nur in Zeitlupe. Die lecken Sandsäcke, einmal ein, zwei Meter hochgetürmt, jetzt umspült von stetiger Brandung, ragen am äußersten Saum noch knapp über den Meeresspiegel hervor. Sie hätten Atanga schützen sollen. Doch gegen die entfesselte Gewalt des Pazifiks sind diese Barrieren so machtlos wie Straßenwalzen gegen Erdbeben.

Das halbe Dutzend Häuser in dem Dorf ist noch bewohnt. In einem lebt Tony Kamwatie mit seiner Familie. Seine vier Kinder, von elf bis gerade ein halbes Jahr alt, wachsen mit dem Untergang ihres Dorfes auf. Mit jedem Tag kundschaften sie den Weg von der Straße bis zu den Häusern aufs Neue aus. Sie wissen, welche abgebrochenen Stämme noch genug Halt bieten, um als Brücke über die vielen Tümpel herzuhalten, und welche weich und biegsam sind, einen unbedachten Schritt in stinkenden, sumpfigen Sand abstürzen lassen, oder welcher Pfad auch bei Flut begehbar sein könnte. »Es ist mein Land, das Land meiner Eltern, das hier versinkt. Und ich kann nichts dagegen tun«, sagt Tony Kamwatie mit einer befremdlichen Ruhe. Es ist früher Abend, noch spiegelt sich die Sonne in den Pfützen. Mit ein paar Freunden sitzt er im Schneidersitz am Boden seines »Küchenhauses« und trinkt trüben Fruchtnektar mit einem großen Schöpflöffel aus Plastikeimern.

Eine kräftige Brise weht vom Meer her und macht die Hitze erträglich. Fast jedes »Haus« in Kiribati ist so gebaut, dass eine natürliche Klimaanlage ihre Wirkung größtmöglich entfalten kann. Geflochtene Fächer aus Palmenwedeln oder Wellblech bilden das Dach. Fenster oder gar Seitenmauern gibt es nicht: Das Leben öffnet sich nach allen Seiten dem kühlenden Wind um den Preis jeder Privatsphäre. Nur manche besitzen Moskitonetze, die sie im Schlaf vor den Schwärmen der allgegenwärtigen Stechmücken und ein wenig vor den Blicken der anderen schützen. Meist sind die Häuser aus dünnem Holz gezimmert, stehen auf Stützen einen guten Meter über dem Boden. Jede Wohnung besteht aus drei Einheiten: einem Kanuhaus möglichst nahe beim Strand, dann ein paar Meter weiter einem Küchenhaus, dann einem Schlafhaus, eigentlich in sicherer Distanz vom Wasser entfernt. Nur, hier in Atanga gibt es keinen Punkt mehr, der als sicher gelten kann. Setzt die Flut ein, reicht das Meer überallhin.

Es mag sein, dass Tony Kamwatie dem Untergang so gelassen begegnet, weil das Ende hier einen Anfang woanders bedeuten kann. Er gehört zu jenen Einwohnern des Inselstaates, die die Dramatik ihrer Lage erkannt haben. Vielleicht hatte er in Atanga das sprichwörtliche Glück im Unglück: Er lebt seit zwei Jahren direkt am Abgrund, die Kulisse bietet keinen Trost. Das sonst in Kiribati häufig noch trügerische Bild einer lieblichen Südseeinsel ist in seinem Dorf bereits zur Gänze entstellt.

Unter den Strohmatten seines Schlafhauses befindet sich deshalb wohlgehütet ein Pass mit einem gültigen Visum für Neuseeland. Dort hat er – obwohl schon Mitte dreißig – einen Studienplatz und ein Stipendium bekommen: für Luftverkehrsmanagement. »Alles, was ich hier besitze, verliert mit jedem Moment an Wert. Niemand, nicht meine Regierung noch sonst wer, wird mich für den Verlust entschädigen. Es ist hier einfach vorbei. Damit muss ich leben. Oder vielmehr: Um zu überleben, muss ich woanders weiterleben. In einem anderen Land. Mit dem Wissen, dass alles, was früher war, nur noch in meiner Erinnerung existieren wird. Es gibt keinen Rückweg. Die Gräber meiner Eltern werden von der Erdoberfläche verschwinden wie alles andere, was mir Heimat ist.«

Das Läuten seines Mobiltelefons unterbricht ihn. Es ist ein nagelneues, teures Modell und weist darauf hin, dass sein Haus – so wie die meisten hier – einem trostlosen Verschlag aus einem Flüchtlingslager gleicht, er aber dem Gros seiner Landsleute zwei Dinge voraushat: Geld und ein Visum. Woher? – Darüber will er nicht so gerne reden. »Gute Verbindungen«, sagt er knapp und lächelt vielsagend: »Das ist heute mehr wert als Land.« Schon in einem Monat will er weg sein. Frau und Kinder sollen nachkommen, wenn er eine Bleibe gefunden hat. Deshalb sei dieser Abend schon so etwas wie der Beginn eines Abschiedes. Denn die anderen, die Nachbarn in den anderen fünf Hauseinheiten, werden bleiben. Solange es eben geht, im schlimmsten Fall aber zu lange.

Die Angst vor dem Neuanfang

Viertausend Menschen sind im Jahr 2003 aus Kiribati für immer weggezogen, in den folgenden beiden Jahren waren es bereits doppelt so viele. Am ehesten finden sie Unterschlupf in Neuseeland, das sich bereit erklärte, eine bestimmte Quote von Klimaflüchtlingen aufzunehmen. Weg, nur weg will auch der sechsfache Familienvater Betero Tokaruru. Verbissen kämpft er um eine Chance, mit seiner Familie irgendwohin flüchten zu können. Schweiß strömt in Bächen über sein Gesicht, wenn er von seinen bislang fruchtlosen Versuchen, woanders Fuß zu fassen, erzählt. Hierzubleiben macht ihm Angst, jeden Tag mehr. »Ich will aber alle mitnehmen. Meine Frau, meine Kinder, meine Eltern und ihre Eltern. Ich lasse niemanden zurück. Kiribati ist am Ende. Ich will nicht auf dieser Insel sitzen und warten, bis mich die Flut tötet. Das halte ich nicht aus.«

Der graduierte Betriebswirt, der noch im Ministerium für Handel arbeitet, spricht gehetzt, als würde ihn die Panik jeden Moment vor sich hertreiben. Mit 43 Jahren und seiner Großfamilie im Schlepptau gestaltet sich der Neuanfang zäh. Dreimal ist er bereits nach Neuseeland geflogen, um die Formalitäten in Gang zu bringen. Ein kleines Vermögen hat er dafür ausgegeben. Gebracht hat es wenig: »Was sollen wir tun. Es gibt viele Flüchtlinge auf diesem Planeten. Doch sie haben eine Wahl: Entweder sie bleiben zu Hause oder sie gehen. Wir nicht. Das Land, das mir meinen Pass ausgestellt hat, ist in ein paar Jahrzehnten Geschichte. Darauf, auf solche Menschen wie uns, denen der Klimawandel den Boden unter den Füßen wegziehen wird, ist die Welt noch nicht vorbereitet.«

Doch trotz der spürbar anschwellenden Emigrationswelle hat sich auch die Mehrheit der Bevölkerung Kiribatis noch kaum auf die Notwendigkeit eingestellt, die Heimat aufgeben zu müssen. »Es ist ein seltsames Phänomen«, meint der Soziologe Ueantabo Makenzie, der im »Kiribati Centre« der Universität des Südpazifiks unterrichtet: »Nicht nur die Älteren hängen sehr an ihrer Insel. Auch die Jugendlichen. Fast alle, die studieren wollen, müssen irgendwann einmal nach Fidschi gehen. Das gilt für Kiribati genauso wie für die anderen Südseeinseln.« Doch während die jungen Erwachsenen aus den anderen Ländern meist alles daran setzen, dort zu bleiben, um nach Neuseeland oder Australien zu kommen, gehen fast alle jungen Kiribati wieder zurück. Dies ist umso verwunderlicher, wenn man bedenkt, dass Länder wie zum Beispiel Samoa so viel besser gestellt sind, deren jugendliche Einwohner aber unbedingt wegwollen. »Es mag daran liegen, dass die Menschen hier sehr individualistisch sind, sehr viel Freiraum brauchen. Sie tun sich schwer damit, sich in einer anderen Kultur zu integrieren.«

Makenzie hat jahrelang in Neuseeland gelehrt und eine der ersten Studien verfasst, der sich mit den sozialen Folgen des Klimawandels befasst. »Die Sonne kommt immer näher an uns heran«, lautete der Titel des Berichts, der den schrittweisen Verlust der Heimat beschreibt. Dass die Sonne näher rückt, gilt als die häufigste Erklärung der Einheimischen für die Veränderungen, die sie tagtäglich wahrnehmen. Wie an ein Floß klammern sie sich trotzdem an ihr Land. Dabei wird die Enge immer greifbarer. Nicht überall vollzieht sich der Verlust von Land so dramatisch wie in Atanga. Der Untergang einer Insel bedeutet, dass die Strandlinie Zentimeter für Zentimeter vorwärts rückt und die Bevölkerung Zentimeter für Zentimeter nachrückt. Es ist eine Sintflut, deren direkte Bedrohung nur dann spürbar ist, wenn die Flut zu heftig einsetzt.

Die winzige Hauptstadtinsel Tarawa mit ihren 65 000 Einwohnern gehört zu jenen Flecken der Erde, die am dichtesten besiedelt sind. Nur jeder zehnte Bewohner hat einen Job, der ein regelmäßiges Einkommen sicherstellt. Die meisten leben von der kargen Landwirtschaft und von der Fischerei. 1979, als Großbritannien die ehemalige Kolonie namens Gilbert Islands zur Gänze in die Unabhängigkeit entließ, waren auch die Phosphorminen und damit die Basis des kleinen Reichtums erschöpft. Heute sichern Pacht auf Fischereilizenzen und kräftige internationale Hilfe dem Staat ein Minimum an Einkommen. Infrastruktur gibt es nur in Ansätzen: Trinkwasser muss in Sammelbecken vom Regen aufgefangen und gehortet werden, da viele Brunnen bereits versalzt sind. Nahrung bietet nur das, was in dem nährstoffarmen Sandboden wächst. Einmal pro Monat legt ein Frachtschiff an, das die nötigsten Güter bringt. Dazu zählt vor allem Diesel für die Stromaggregate, der einzigen Energiequelle. In den wenigen Geschäften findet man vor allem sündteures Dosenfleisch, vergilbte chinesische Fertiggerichte, Knabbergebäck und Limonaden: staubige Luxusprodukte, die sich kaum jemand leisten kann. Fast jede Familie züchtet Schweine, die meist im Lebensbereich der Menschen gehalten werden oder so wie die Horden wilder Hunde frei herumlaufen. Müllentsorgung funktioniert genauso wenig wie die wenigen sanitären Einrichtungen. Die Strände sind von Fäkalien und Unrat verseucht.

Durch Tarawa, das sich in Form eines dünnen, fünfzig Kilometer langen »U« aus dem Pazifik erhebt, verläuft eine einzige Straße, eine Verbindung der beiden urbanen Zentren Betio im Norden und Bikenibeu im Süden. Dazwischen reiht sich ein Dorf ans nächste. Und dort drängt sich eine Hütte an die andere. Eine Stunde dauert eine Autofahrt von einem Ende zum anderen. An manchen Stellen ist die Insel so schmal, dass nur noch diese Straße Platz findet. Meist dauert es nur wenige Gehminuten, bis man von einem Küstenufer, der sogenannten Lagunenseite, zum anderen, der Ozeanseite, gelangt. Die letzte Häuserreihe steht meist so bedrohlich nahe an der Meeresbrandung, dass selbst kleinste Wellen die Pfosten der Wohnungen umspülen. Eine davon gehört Mary Marakei, die im Dorf Ranwannay lebt. Sie braucht nur drei Schritte von ihrem Schlafhaus zu gehen und kann im Pazifik baden. Jeden Morgen und jeden Abend genießt die junge Mutter das lauwarme Wasser. »Natürlich sind wir ungemein arm. Mein Mann ist Fischer und was er fängt, ist alles, was wir haben. Aber ich liebe mein Leben hier. Wir sind frei.«

Doch sie muss zugeben, dass in manchen Nächten mit dem Wasser der Flut auch die Angst in ihr hochsteigt: »Mein Herz rast, wenn das Rauschen des Meeres lauter wird, wenn ich höre, dass der Wind zu toben beginnt. Denn der Ozean kommt immer näher.« Sie kocht gerade unter freiem Himmel Babai, eine der gängigen Wurzelpflanzen, für ihre drei kleinen Kinder, die in einem ausrangierten Kleinbus, den sie auch als Kleiderschrank nutzt, spielen. »Hier stand früher unser Kanuhaus«, sagt Mary Marakei und deutet ins offene Meer. »Zirka hundert Meter entfernt vom Strand. Ein Sturm hat es weggespült. Das ist schon ein Jahr her.« Ans Weggehen denkt sie nicht. »Ich war noch nie woanders. Das kann ich mir nicht vorstellen. Und selbst wenn: Wir haben nicht einmal Geld für Kleider. Wie sollen wir ein Flugticket bezahlen? – Das sind alles Träumereien.«

Das Fatale an der Situation ist, dass das heillos überbevölkerte Tarawa eigentlich auch ohne die Folgen des Klimawandels schon zum Krisengebiet erklärt werden müsste. Derzeit wächst die Bevölkerung auf der Hauptstadtinsel um rund drei Prozent pro Jahr. Dies würde bedeuten, dass 2025 bereits um die Hälfte mehr Menschen dort leben als heute. Doch bereits 2050 dürften bis zu achtzig Prozent der Insel überflutet sein. Experten der Weltbank befürchten angesichts des engen Lebensraumes neben gravierenden

Lebensmittelengpässen auch einen dramatischen Anstieg von Krankheiten: Durch die höheren Temperaturen wird sich die Gefahr von Denguefieber versechsfachen, Durchfallerkrankungen werden um ein Drittel zunehmen.

Tödliche Sturmfluten

Die unmittelbarste Gefahr für das Leben der Menschen in Kiribati aber stellen immer heftigere Unwetter dar. Seit zwei Jahren braut sich eine bedrohliche Kombination aus einer Häufung von Stürmen und Höchstständen der Gezeiten zusammen, die noch vor einem massiven Anstieg des Meeres zu einer Katastrophe führen kann. »Es war im November 2006, als die Wellen kamen. Zwei, drei Meter waren sie hoch«, berichtet Bureieta Karaiti. Er steht am Parkplatz vor seinem Büro und spannt beide Arme weit aus: »Sie tosten durch von einer Seite der Küste bis zur nächsten. So etwas hat hier noch niemand erlebt. Es war ein Orkan von ungekannter Stärke, der das Meer so hochgeschaukelt hat. Die Wurzeln der Bäume wurden unterspült. Zwei der großen Johannisbrotbäume haben sich nicht erholt. Sie sind abgestorben.« Bureieta Karaiti leitet die protestantische Kirche Kiribatis. Neben Theologie hat der Sechzigjährige auch Geografie studiert. Ab dem Jahr 2000 hat er begonnen, das Wetter auf Kiribati genau zu beobachten, und er gilt heute als wichtigster Chronist der Folgen des Klimawandels.

Bureieta Karaiti befürchtet – und darin geben ihm sämtlich Experten recht –, dass der damalige Orkan erst der Anfang schwerer Stürme mit immer höheren Wellen gewesen sein dürfte. »Es reicht bei uns schon, wenn der Wind stärker wird, dann hat die hohe Flut, die immer bei Voll- und Neumond einsetzt, das Potenzial zur Verwüstung. Ich befürchte, dass dies bald sehr viele Opfer kosten könnte. Denn wohin sollen sich die Menschen hier flüchten? Auf diesen paar Streifen Land?«

In den vergangenen drei Jahren setzten mehrere sogenannte »king tides« das Land unter Wasser, zerstörten nicht nur Bäume, sondern auch Dutzende Häuser. Diese gigantischen Gezeitenwechsel sind neu auf Kiribati und illustrieren die hohe Komplexität der Folgen der Erderwärmung, von denen viele durch Computermodelle nicht vorhersagbar sind. In dieser Unberechenbarkeit liegt eine immense Gefahr. »Alle Wettermuster hier auf Kiribati veränderten sich plötzlich vor zirka fünf Jahren. Um zu merken, dass etwas nicht stimmt, braucht man seither kein Akademiker zu sein«, betont Bureieta Karaiti.

Bis zur Mitte der Neunzigerjahre gab es in Kiribati eine trockene Jahreszeit, die von März bis Oktober dauerte. Danach setzten mit Sturmböen aus dem Westen die Regenfälle ein. Ab Februar begannen die Niederschläge auszudünnen. Fast auf den Tag genau war das Wetter vorherzusagen. »Das ist vorbei. Einmal regnet es das ganze Jahr über, selbst die Höhepunkte der Trockenzeit sind von heftigen Niederschlägen durchwachsen. Dann gibt es ein Jahr fast ohne Regen. Und wärmer wird es. Wir müssen aufpassen, dass wir trotz der Gewöhnung und unserer dunklen Haut keine Sonnenbrände einfangen. Die Leute sagen, die Sonne ist näher gerückt, weil sie so schwitzen.«

Schweiß perlt von der Stirn des gedrungen kleinen Mannes auf seine Oberlippe, die dicke, verwitterte Hornbrille gleitet von seiner Nase. Er kämpft, wie alle hier, mit den immer höheren Temperaturen. »Wir müssen dringend moderne Geräte zur Wettervorhersage installieren. Denn die Menschen müssen gewarnt werden. Sie können sich nicht mehr auf die althergebrachten Erfahrungen verlassen. In den letzten Jahren starben Dutzende von Fischern. Sie täuschten sich, weil das Meer ruhig war, als sie hinausfuhren. Dort zogen aber auf einmal Stürme auf. So rasch wäre das früher nie passiert. Dabei befürchte ich, dass die Opfer unter den Fischern nur der Anfang von viel größeren Katastrophen sein könnten«, so Bureieta Karaiti: »Die Wahrheit ist, dass wir bereits jetzt zu sterben begonnen haben. Die Menschen sind in Todesgefahr, doch niemand kümmert sich um sie.«

Der Kirchenchef hat nach dem bislang letzten Sturm einen vier Meter hohen Wall aus Schotter und Sandsäcken an der Küste vor dem Kirchenareal gebaut: »Das schützt unsere Häuser. Nur, jetzt sind die Menschen, die rund um uns herum leben, einer viel stärkeren Brandung ausgesetzt.« Er sammelt Geld, um auch die Nachbarn schützen zu können. Stück für Stück entsteht so eine handgestrickte Festung, deren wichtigste Funktion eher die Beruhigung der Menschen, denn die Eindämmung des Ozeans sein dürfte.

»Wir bräuchten massive Investitionen in anständige Wälle«, ärgert sich Beireta Rimon, ein Klimaschutzbeauftragter des Umweltministeriums: »Die internationalen Organisationen geben viel zu viel Geld für irgendwelche Seminare zur Bewusstseinsbildung oder für Mangrovensetzlinge aus, die unsere Strände bewachsen sollen. Das ist doch kein Konzept. Wir brauchen niemanden, der uns erzählt, dass wir in Gefahr sind, sondern Geld für richtige Mauern.« Bereita Rimon ist verzweifelt. In seinem Ministerium stapeln sich Fotos von verwüsteten Strandabschnitten, von der Gischt meterhoher Wellen, die während der gigantischen Fluten über Kiribati hinwegfegten. Auf den Bildern sieht man Kinder, die sich an die noch stehenden Pfosten zerstörter Häuser klammern. Kokospalmen, deren Wurzeln ausgehöhlt sind.

Insgesamt acht Millionen Dollar an international bereitgestellten Geldern werden bis 2009 für das Anpassungsprogramm an den Klimawandel in Kiribati aufgewendet. Noch ist wenig zu sehen bis auf ein paar Quadratmeter frisch gesetzter Mangrovenwald, einige Sandsäcke und ein paar Dutzend neue, gemauerte Häuser direkt neben bereits verwüsteten Strandabschnitten. Es fehlen klare Bauinstruktionen für Barrieren und auch ein Programm zur Entschädigung von Menschen, die ihr Grundeigentum aufgeben müssen. Auch für ein Neustart-Programm in anderen Ländern oder für Notfallpläne bei einer plötzlich eintretenden Verschlimmerung der Unwetter gibt es derzeit kein Konzept.

»Nein«, sagt Kautuna Kaitara ein wenig verschämt: »Nein. Ein Frühwarnsystem für Stürme gibt es auf Kiribati nicht. Das ist ein großes Problem, weil hier so viele Menschen dicht an der Küste leben.« Er ist im Finanzministerium für die Umsetzung des Adaptierungsprogramms an den Klimawandel zuständig, macht aber kein Hehl daraus, dass viel mehr als kosmetische Maßnahmen derzeit nicht umgesetzt werden. »Man muss der Situation doch ehrlich ins Auge schauen: Ja, es stimmt. Uns drohen noch viel ärgere Fluten, als wir sie in den letzten zwei Jahren schon erlebt haben. Aber was würden wir tun, wenn wir die Leute warnen könnten? Wohin soll man sich auf einer Insel flüchten, die höchstens vierhundert Meter breit und drei Meter hoch ist? Wo sind die Rettungsboote? – Die Wahrheit ist, es gibt keinen Plan.«

Präsident Anote Tong hat sein Rettungsboot schon gezimmert: Ein Haus im sicheren Australien, in das er jederzeit ziehen kann. »Ich werde nicht da sein, wenn die Flut kommt«, sagt der alte Staatschef: »So oder so.« Ähnliche »Adaptionsmaßnahmen« haben die meisten Mitglieder der schmalen politischen und wirtschaftlichen Elite des winzigen Staates getroffen, bestätigen wohlinformierte Kenner der Machtzirkel des Landes hinter vorgehaltener Hand. Wenige von ihnen harren tatsächlich noch ständig auf Kiribati aus. So wirkt etwa das futuristisch anmutende neu gebaute Parlamentsgebäude in Ambo, exakt am Mittelpunkt der Hauptstadtinsel gelegen, immer öfter verwaist. Dieses erst im Jahr 2000 fertiggestellte Parlament gleicht schon jetzt einem Denkmal: Wie eine Arche thront es direkt an der Küste auf einem Stück Land umgeben von gemauerten Kanälen, die von türkisem Meerwasser geflutet werden. Der Dachgiebel ist vielleicht einer der höchsten Punkte Kiribatis und somit vielleicht auch einer der letzten Reste, die von dem Inselstaat bis im Jahr 2100 übrig sein werden.

Ministaat Tuvalu als Anwalt der Flutopfer: Warnungen vor globaler Sintflut

»Man muss sich einmal vorstellen, heute ginge eine Nachricht um die Welt, dass 43 Nationen durch den Klimawandel völlig zerstört werden. Aber man sagt nicht, welche Staaten das sein werden.« Mit diesen Worten begann Enele Sopoaga, der UN-Botschafter des kleinen Inselstaates Tuvalu, seine Rede zum Abschluss der Weltklimakonferenz im November 2006 in Nairobi, und er setzte seinen dramatischen Appell fort: »Diese Information würde wahrscheinlich dazu führen, dass mit sofortiger Wirkung alle Treibhausgasemissionen drastisch reduziert würden. Doch alle wissen, es sind nicht irgendwelche bekannten Staaten, es sind winzige Inselstaaten, die zerstört werden. Länder, die so gut wie keine Machtbasis haben. Trotzdem sollten wir uns alle einmal eindringlich die Frage stellen: Wie wird die Geschichte, werden die Generationen danach uns und unser Verhalten beurteilen, wenn wir das zulassen?«

Es war die letzte Rede des Treffens und Enele Sopoaga erntete frenetischen Applaus. Der winzige Nachbar Kiribatis, Tuvalu, wo lediglich elftausend Menschen leben, die ebenso gefährdet sind, tritt schon seit einigen Jahren selbstbewusst auf der Bühne der Weltöffentlichkeit auf. Die politische Führung des unbequemen Ministaates gehört zu den lautesten Kritikern am Verhalten jener Staaten, deren gigantische CO_2-Emissionen die Misere der Inselstaaten verursacht haben. Tuvalus Regierung schaffte es auch, bereits jetzt für alle Bewohner einen sicheren Asyl-Platz zu garantieren. Auch innerhalb der Insel laufen Umsiedelungsprojekte bereits in großem Umfang an: Anders als auf Kiribati gibt es hier wenigstens ein paar sichere Anhöhen.

Fasst man alle Bewohner von Atollen zusammen, lebt derzeit eine halbe Million Menschen auf solchen besonders gefährdeten Inseln. Dazu zählen auch die fast 1200 Malediven-Atolle, von denen nur zweihundert bewohnt sind. Dieses weltberühmte Mekka der Luxustouristen im indischen Ozean ist derzeit genauso dem Untergang geweiht wie das unbekannte verarmte Kiribati: Sechzig Prozent der Strände sind bereits schwer erodiert. Doch es trifft nicht nur Inseln, auch die besonders dicht besiedelten Küstenregionen, wo sich ein Dutzend der größten Städte der Erde befinden, sind durch den immer höher steigenden Pegelstand der Ozeane gefährdet. 75 Millionen Menschen leben in Gebieten, die von den Vorboten des Wasseranstieges, von Fluten und massiven Überschwemmungen bereits heute bedroht sind. Ein Sechstel der Menschheit, also mehr als eine Milliarde, siedelt in Küstenzonen.

Bereits bei einem relativ moderaten weiteren Anstieg von vierzig Zentimetern könnte diese Zahl aber auf zweihundert Millionen Menschen anschwellen, so die Warnung des wissenschaftlichen Beirates der deutschen Bundesregierung. Diese Schätzung klingt allerdings noch immer sehr verhalten, wenn man bedenkt, dass mit dem Jahr 2050 Bangladesch, ein Land mit derzeit 150 Millionen Einwohnern, faktisch unbewohnbar sein könnte. Seit einigen Jahren verursachen hier die Folgen des Klimawandels dramatische Naturkatastrophen: Stürme forderten das Leben Tausender, auch ein rätselhaftes Baumsterben in den Mangrovenwäldern hat eingesetzt. »Wir kämpfen gegen den Klimawandel an vorderster Front«, sagt Ainun Nishat, einer der führenden Umweltwissenschaftler Bangladeschs und Mitglied des UN-Klimagremiums IPCC (International Panel on Climate Change).

Das Ausmaß der Bedrohung aller dieser Länder wird künftig natürlich wesentlich davon abhängen, wie stark und wie schnell der Meeresspiegel bis zum Ende dieses Jahrhunderts tatsächlich ansteigen wird. Und wie drastisch und wie bald die Treibhausgasemissionen gedrosselt werden.

Noch kämpfen Experten auf diesem Gebiet mit vielen unberechenbaren Faktoren, die schwer detailliert einzuschätzen sind. Im vierten IPCC-Bericht ist bis 2100 von einem Meeresspiegelanstieg von bis zu 69 Zentimeter die Rede.

Allerdings verdichteten sich bereits vor Erscheinen des Reports im Februar 2007 die Warnungen führender Forscher, dass dieser Wert zu niedrig bemessen sei, dass man mit einem Plus von bis zu 140 Zentimeter, möglicherweise sogar zweihundert Zentimeter, bis 2100 rechnen muss. Vor allem langfristig, über das Jahr 2100 hinaus berechnet, könnten bis zu zehn Meter höhere Wasserstände drohen, so das Ausmaß der CO_2-Emissionen konstant so hoch bleibt wie jetzt: Dann wären Tokio, Shanghai genauso wie Miami, London oder New York auf der roten Liste der gefährdeten Städte: Reagiert man erst dann, wird es jedoch viel zu spät sein.

Doch bereits der moderate Anstieg, den das IPCC errechnete, könnte dazu führen, dass 84 Entwicklungsländer in den nächsten

Jahrzehnten mit einer Flüchtlingswelle von 56 Millionen Menschen zu kämpfen haben werden, befürchtet Susmita Dasgupta, die im Auftrag der Weltbank die Folgen der höheren Wasserstände errechnet hat: »Ein Anstieg von knapp einem Meter wird bedeuten, dass ein Viertel des Nil-Deltas in Ägypten überschwemmt wird. Dazu wären die Küstengebiete von Vietnam, Mauretanien, Surinam, Tunesien, den Vereinigten Arabischen Emiraten, den Bahamas und von Benin besonders schwer betroffen«, so die Expertin. Sie sei derzeit sehr beunruhigt, da die jüngsten Messergebnisse darauf hinwiesen, dass der Meeresspiegel derzeit viel schneller steige als in den Jahren zuvor, sagt sie.

Die Effekte hinterlassen aber nicht nur in besonders exponierten Ländern wie Kiribati bereits heute deutliche Spuren der Zerstörung. Indien meldete im Dezember 2006 den Untergang der Insel Lohachara im Südosten, wo früher zehntausend Menschen lebten. In Indonesien müssen die Bewohner in den Dörfern nahe der Hauptstadt Jakarta bereits mehrmals pro Jahr ihre Dörfer in Richtung höher gelegener Orte verlassen. Das Gebiet um die Sechzehn-Millionen-Metropole liegt zum Großteil nur auf Meereshöhe.

Dazu kommen Sturmfluten und eine besonders markante Zunahme von Naturkatastrophen in Asien. Die Zahl der Unwetter hat sich weltweit in den vergangenen dreißig Jahren verdreifacht. Drei Viertel davon ereignen sich auf diesem Kontinent. Tendenz weiter steigend. Vor allem in Singapur und in Thailand befürchten Meteorologen eine deutliche Zunahme von solchen Kapriolen. »Im Golf von Thailand hat sich das Wasser bereits um bis zu einem halben Grad erwärmt. Wir erwarten flutbedingte Erdrutsche im Norden Thailands und auch Bangkok wird wohl von nie gesehenen Überschwemmungen heimgesucht werden«, so der thailändische Ozeanograf Anon Snidvongse.

Die Gefahr des Meeresspiegelanstieges ist aber keine Katastrophe, die nur in fernen Ländern gigantischen Schaden anrichten wird. Die Bedrohung reicht auch nach Europa: In den Niederlanden wurden bereits Notfallpläne ausgearbeitet, in denen man überlegt, welche Landesteile dem steigenden Meer überlassen werden und wo die Deiche verstärkt werden müssen. Auch die italienische Regierung zeigte sich angesichts der aktuellen Prognosen mehr als besorgt: 7750 Kilometer Küsten hat das Land. Umweltexperten vom staatlichen Forschungsinstitut ENEA fordern daher auch hier den dringenden Bau von Deichen. »Wir müssen uns sofort Gegenmaßnahmen überlegen und wie wir sie finanzieren. Der Schutz ist sehr teuer, wenn man bedenkt, dass der Bau eines Dammes in der Höhe von einem Meter nur über eine Länge von einem Kilometer rund zwei Millionen Euro kostet«, so ENEA-Experte Fabrizio Antonioli. Die Umgebung von Rom und die nördliche Adria, vor allem die Lagunenstadt Venedig, gelten als besonders gefährdet. Dort ist der Meeresspiegel heute schon um 23 Zentimeter höher als vor hundert Jahren. Während früher im Schnitt siebenmal im Jahr »aqua alta«, also Hochwasser-Alarm gegeben wurde, passiert dies derzeit schon bis zu fünfzigmal.

Massiv betroffen wären auch deutsche Küstengebiete, warnt Hans Joachim Schellnhuber vom Potsdamer Institut für Klimafolgenforschung: »Falls nicht rasch drastische Klimaschutzmaßnahmen ergriffen werden, wäre dies für eine Insel wie Sylt fatal.« Diese unmittelbare Bedrohung Europas könnte zu einem Zündfunken des Umdenkens werden: dass der steigende Meeresspiegel nicht das Problem von 43 Nationen bleibt, sondern, dass es alle betrifft und es einer globalen Anstrengung bedarf, diesen einzudämmen und die Opfer zu schützen. Bei der Umweltkonferenz in Nairobi wurde ein Bericht führender Umweltjuristen präsentiert, der bestätigt, »dass jene Menschen, die durch die Folgen der Erderwärmung Schaden erleiden, ein Recht auf Entschädigung haben«. »Das ungerechte Verhalten einiger Staaten und ihre Ignoranz der Folgen, die sie anrichten, und die angeblichen wissenschaftlichen Unsicherheiten, auf die sie sich berufen, können nicht länger als Vorwand dazu dienen, die nötigen Schritte aufzuschieben«, betont Don Brown, einer der Autoren des Berichtes.

Die Eiszonen tauen:
Von der Arktis bis zur Antarktis schmelzen unsere Kühlschränke weg

Die arktische Eisdecke im Jahr 1979 …

… ein Vierteljahrhundert später.

2.2. Tödliches Tauwetter an den Polen: Kronzeugen der Anklage

Vom Fenster bei seinem Schreibtisch aus sieht Gerhard Kuhn bis zu den Deichen vor Bremerhaven. Ständig hat er so das Schicksal einer Küstenstadt, seiner Küstenstadt, vor Augen. Derzeit arbeitet der Meeresgeologe an der Auswertung von Daten, die er Tausende Kilometer weiter südlich gesammelt hat: tief unter dem Eispanzer der Antarktis. Trotzdem forschte er in Wahrheit auch an der Zukunft von Küstenstädten wie Bremerhaven. Er weiß, dass die Folgen der besorgniserregenden Prozesse am anderen Ende der Welt auch bis hierher nach Norddeutschland reichen werden. Bis an die Deiche Bremerhavens. Gigantische Infrastrukturmaßnahmen dürften notwendig werden, um solche Städte zu schützen, ahnt Kuhn: »Viele haben von den nötigen Größenordnungen noch keine Vorstellung. Wer denkt und handelt auch so weit im Voraus? Politiker? – Die Perioden zwischen den Wahlen sind kurz. Es müsste binnen weniger Jahre sehr viel Geld für den Küstenschutz ausgegeben werden, für Maßnahmen, deren Wichtigkeit den Wählern erst in einigen Jahrzehnten klar sein wird.«

Der Wasserspiegel werde massiv steigen, wie auch die Gefahr von heftigen Sturmfluten, davon ist Kuhn überzeugt. Der Mitarbeiter des Alfred-Wegener-Instituts für Polar- und Meeresforschung ist soeben von seiner bislang letzten Expedition in die Antarktis zurückgekehrt. Sechzehnmal war der 51-jährige Forscher bereits dort. Eigentlich, betont er, untersuche er gar nicht die aktuellen Folgen des Klimawandels in der Antarktis, sondern die Geschichte des Eises. Die Daten illustrierten aber, wie sensibel der Eispanzer historisch immer wieder auf steigende Temperaturen reagiert hat, wie sehr dies den Meeresspiegel verändern kann: »Natürlich verursacht einem die Beschäftigung mit diesem Thema Albträume, denkt man an die Konsequenzen für die Menschen, die nahe der Küsten leben.« Auch die mögliche Zukunft seiner beiden Kinder, die heute achtzehn und fünfzehn Jahre alt sind, spukt freilich immer wieder durch den Kopf des Forschers: »Man hofft eben, dass es sie nicht zu hart trifft.«

»Die Destabilisierung der Eismassen in der Arktis und Antarktis birgt die größte Bedrohung aller Folgen des Klimawandels. So wie beim Artensterben ist die Zerstörung dieser Eismassen unwiederbringlich. Generationen nach uns, unsere Kinder und Enkelkinder müssen mit verheerenden Folgen leben.« Drastischere Worte könnte James Hansen nicht mehr finden. Der Direktor des Goddard Institute for Space Studies der US-Weltraumbehörde NASA zählt zu den weltweit führenden Autoritäten der Klimaforschung. Er warnt davor, dieses größte Problem des Klimawandels nicht sofort ernst zu nehmen, denn »die ersten Folgen eines wirklich gravierenden Anstieges des Meeresspiegels dürften wir schon ab 2010 spüren«.

Die Eismassen rund um die Pole wuchsen und schmolzen parallel zu den Wärme- und Kälteperioden der Erde in einem gravierenden Ausmaß. In den kältesten Phasen bedeckte kilometerdickes Eis Kanada und Teile der heutigen USA. Darin war so viel Wasser gespeichert, dass der Meeresspiegel um 120 Meter tiefer lag als heute. In den wärmeren Perioden stieg der Wasserstand entsprechend. So lag der Meeresspiegel in Zeiten, als es um lediglich einen Grad wärmer war als heute, um fast fünf Meter höher als jetzt. Die schlimmsten Befürchtungen der Klimaforscher der Vereinten Nationen sind, dass sich die Erde bis 2100 um 6,4 Grad Celsius erwärmen könnte. Das letzte Mal war es vor 1,5 Millionen Jahre dermaßen heiß auf der Erde. Der Meeresspiegel lag in dieser Zeit unvorstellbare 25 Meter höher als heute. Eine Horrorvorstellung, würde sich dies wiederholen (siehe auch Kapitel 2.1.): Nicht bloß tief liegende Inseln wie Kiribati oder Flussdeltas, die nur wenige Meter über dem Meeresspiegel liegen, wie in Ägypten oder Bangladesch, sondern Dutzende Megacitys wie New York, Shanghai oder London werden überflutet, wenn die Atmosphäre der Erde diesen Grad der Erwärmung erreicht.

In Gang kommt dieser verheerende Prozess an den Polen. Werden die Gletscher Grönlands und die Eisschelfe der Westantarktis in einem wachsenden Ausmaß zu Wasser, lässt dies neben der Zunahme des Volumens der Ozeane, bedingt durch ihre höhere Temperatur, das Wasser um etwa zwölf Meter über die Ufer treten. Einen alarmierenden Hinweis darauf, dass dieses Tauwetter wesentlich rascher in einem signifikanten Ausmaß einsetzen könnte, als erwartet, bekamen wir 2002. Damals brach das Larsen-B-Eisschelf in der westlichen Antarktis weg. Ein gigantischer Beweis des Tauprozesses am Südpol. 250 Meter über dem Meer gelegen, zweihundert Kilometer lang und fünfzig Kilometer breit, war es zwölftausend Jahre stabil gewesen, bis es innerhalb weniger Wochen wegschmolz wie Eiscreme an einem heißen Augusttag.

Am 31. Jänner 2002, einem antarktischen Hochsommertag, begann es plötzlich zu bersten. Nur einen Monat später war es komplett zerfallen. Die Forscher waren verblüfft: Das Eisschelf schien ihren Analysen zufolge eigentlich intakt. Dazu übertraf die Geschwindigkeit des Zerfallsprozesses bei Weitem ihre Prognosen. Des Rätsels Lösung: Während die Struktur der Oberfläche keine Anzeichen eines fortgeschrittenen Tauens zeigte, hatte Schmelzwasser tiefere Schichten durchlöchert und ausgehöhlt. Das Larsen-B war zwar das größte, jedoch nicht das erste Eisschelf, das brach: Zwischen 1995 und 2005 stürzten sechs Platten von nördlichen Zungen des antarktischen Eispanzers ins Meer. Jede war mehr als viertausend Quadratkilometer groß.

Die Warnungen der Antarktisforscher

Die uralten Eiswüsten der Pole erzählen die Geschichte unserer Erde. Winzige Luftbläschen sind hier tief gefroren, die genauso wie die Sedimentablagerungen unter den Eispanzern Nachrichten aus der Vergangenheit für uns bereithalten. Diese Botschaften sind unsere einzigen konkreten Hinweise auf die Folgen erhöhter Temperaturen für unseren Planeten. So wie das Klima früher auf Veränderungen reagiert hat, könnte es auch in der Zukunft reagieren. Eines der wichtigsten »Forschungslabors« unserer Zukunft ist daher die Antarktis, wo die ältesten Eisschichten der Erde zu finden sind. Mit einem Durchschnitt von minus 55 Grad Celsius gleicht das Klima hier den Bedingungen am Mars. Selbst wenn sich die Temperaturen, wie es im Sommer sein kann, um null bewegen, fühlen sie sich schneidend an. Über die endlosen, eisigen Flächen rast der Wind mit bis zu dreihundert Stundenkilometern.

Der Kontinent ist so groß wie Europa und besteht aus zwei Landmassen: einem westlich vorgelagerten Inselbogen und der fünfmal so großen Ostantarktis. Die Entstehung des unwirtlichen Klimas wie auch der antarktischen Gletscher begann vor zirka 25 Millionen Jahren. Damals löste sich die Spitze Südamerikas von der Antarktis ab. Zuvor war sie das Herzstück des alten Superkontinents Gondwana: Damals erstreckten sich hier ausgedehnte Wälder, in denen sich zahlreiche Saurierarten tummelten.

Als Gondwana zerfiel, schob die Kontinentaldrift die Kontinente auf ihre heute noch bestehende Position. Nur die Antarktis blieb, wo sie war, und geriet in dieser isolierten Lage in eine »Kältefalle« mit eisigen Meeresströmungen als Wächter, die seither kein warmes Wasser und damit auch keine mildernden Klimafaktoren mehr durchlassen.

Auf der Antarktis ist es Menschen kaum möglich, einmal richtig durchzuatmen. Die stechend kalte Luft muss zuvor in den tief ins Gesicht gezogenen Kapuzen aufgewärmt werden. Damit Forscher hier monatelang leben können, sind energieaufwendige Kraftakte nötig. Die von den USA betriebene McMurdo-Station in der Westantarktis auf Ross Island leistet einen solchen. Vis-à-vis von Neuseeland gelegen, steht hier den Forschern modernste Infrastruktur zur Verfügung. Sie ist die wichtigste Operationsbasis für US-Wissenschaftler, da im antarktischen Sommer direkt vor der Tür Schiffe anlegen können. Die Forscher hier orten aber nicht nur im Eis erste alarmierende Veränderungen: Vor wenigen Jahren hat es hier zum ersten Mal geregnet. Auch die Zahl der Kaiserpinguine in der Umgebung ist seit den 1960er-Jahren um siebzig Prozent geschrumpft, da ihre Wanderrouten tödliche Fallen bergen. So werden ihre Wege zwischen Fress- und Brutplätzen durch zu rasch schmelzende Eisbrücken zwischen Festland und Küste abgeschnitten. Die Tiere verhungern.

In der McMurdo-Station befindet sich auch eine Zentrale des Projektes ANDRILL (Antarctic Geological Drilling), im Zuge dessen bis 2007 Hunderte Wissenschaftler, Studenten und Techniker aus den USA, Neuseeland, Italien und Deutschland unter anderem folgende Fragen klären wollen: Wie stark haben sich die Eisschelfe der Westantarktis verändert? Wie wird die Antarktis auf künftige Erwärmung reagieren? – »Nur, wenn wir wissen, wie stark das Eis in der Antarktis in Phasen zurückgegangen ist, während derer es wesentlich wärmer war als heute, können wir abschätzen, welche Auswirkungen der Klimawandel auf den Meeresspiegel haben wird«, sagte Frank Niessen, bevor er im Oktober 2006 zu seiner Expedition aufbrach. Wie Gerhard Kuhn arbeitet er am Alfred-Wegener-Institut für Polar- und Meeresforschung, das den deutschen Beitrag zu ANDRILL liefert.

Ein entscheidender Schritt hin zu diesem Ziel wurde am Weihnachtstag 2006 gesetzt. An diesem Tag endete die Bohrung bei 1285 Meter unter dem Meeresboden. Zum ersten Mal in der Geschichte der Polarforschung wurde ein Bohrkern von einem Eisschelf aus gezogen. Über achtzig Meter war das Ross-Eisschelf bei der Analysestelle dick. Hier musste eine Öffnung geschmolzen werden, bevor der Bohrer bis zum neunhundert Meter tiefen Meeresboden gelangte. Erst von hier aus wurde der über einen Kilometer lange Bohrkern aus den Sedimenten entnommen. Gerhard Kuhn führte gleich vor Ort die ersten chemischen Analysen durch: »Im Gestein können wir die generellen Umwelteinflüsse wesentlich länger als beim Eis zurückverfolgen. Bis zu zehn Millionen Jahre sind da möglich. Ab einer Tiefe von sechshundert Metern erreicht man bereits Sedimente, die fünf Millionen Jahre alt sind.«

Der Ort der Probebohrung, das Ross-Eisschelf, ist so groß wie Frankreich und zählt zu den sensibelsten Zonen der Antarktis. Bereits 2005 warnten Forscher der British Antarctic Survey vor einem drohenden Zerfall der Platte. Dieser alarmierende Befund scheint sich mit den erdhistorischen Analysen der ANDRILL-Forscher zu decken. So erläutert Gerhard Kuhn, »dass unsere Ergebnisse zeigen, dass sich das Eisschelf im Laufe der vergangenen fünf Millionen Jahre fünfzig Mal nach vorn und wieder zurückbewegte. Die Phasen, in denen das Eis verschwand, zuletzt vor zirka 800 000 Jahren, waren Perioden, wo es nur zwei bis drei Grad wärmer war als heute. Angesichts der vorliegenden Temperatur-Prognosen wäre also ein Rückgang des Schelfs in fünfzig bis hundert Jahren möglich.«

Die Auflösung der am Meer schwimmenden Platte selbst erhöht den Meeresspiegel noch nicht. »Das ist so wie bei einem Eiswürfel im Glas. Schmilzt er, bleibt das Volumen gleich«, erklärt Kuhn das Phänomen: »Allerdings fehlt dann die Pufferzone zwischen den Gletschern am Land und dem Meer. Diese reichen dann direkt in die Ozeane und fließen so viel schneller ab. Wie rasch dieser Prozess einsetzt, zeigt sich bereits heute schon an Stellen, wo im Jahr 2002 das Larsen-B-Schelf verschwand.« Und das Schmelzen dieser Gletscher erhöht sehr wohl den Meeresspiegel. Ein Plus von einigen Metern, befürchten Forscher, könnte so alleine einen Bruch des Ross-Eisschelfs bedeuten.

Doch dies ist nur ein Bruchteil des zerstörerischen Potenzials der Antarktis. Während die Destabilisierung des westantarktischen Eisschildes schon seit Jahren beobachtet wird, hielt man den Eispanzer der fünfmal so großen Ostantarktis bis vor Kurzem für stabil. Die dortige, bis zu drei Kilometer dicke Eisdecke birgt 65 Prozent der Süßwasserreserven der Erde. Würde sie auftauen, dann könnte der Wasserspiegel um bis zu fünfzig Meter steigen. Lange hatten Wissenschaftler angenommen, dass diese Zone derzeit sogar an Volumen gewinnt.

Doch zwei Studien, die 2006 veröffentlicht wurden, kamen zu dem überraschenden und ebenso alarmierenden Ergebnis, dass auf die Oberfläche zwar mehr Schnee fällt, darunter aber Eis verloren geht. Wichtigstes Indiz: Die Gletscher haben ihre Fließgeschwindigkeit bereits um 85 Prozent erhöht. Experten der British Antarctic Survey wollen zudem auch, anders als die meisten Experten bislang, einen rasanten Temperaturanstieg in der Antarktis beobachtet haben.

Diese Faktoren zusammen könnten, so wie im Larsen-B-Eisschelf geschehen, zu einem Aushöhlungsprozess des gesamten antarktischen Eispanzers führen. Und noch bevor die Temperaturen zu einem echten Tauprozess führen, eine Implosion der maroden Eisstruktur zur Folge haben. Wie sich der Schmelzprozess abspielen wird, weiß man nicht, aber, dass es passieren kann, beweisen die Bohrkerne. »Vielleicht verstehen wir die Zukunft noch immer nicht genau. Aber die Vergangenheit kennen wir jetzt. Es hilft uns zu verhindern, dass wir blind in die Zukunft tappen, dass wir wenigstens eine Vorstellung von dem bekommen, was uns erwartet«, so David Harwood, Direktor der ANDRILL-Wissenschaftler.

Nordpol ohne Eis

Wie zwei Spiegelflächen korrespondieren die beiden Polregionen: Es sind die beiden Klima-Frühwarnsysteme der Erde. Anders als bei der Region um den Südpol sind sich die Forscher seit Langem einig, dass sich die Erde im hohen Norden deutlich rascher erwärmt als sonst wo, und zwar doppelt so schnell. Und der Trend verschlimmert sich: Würde sich die Durchschnittstemperatur der Erde um zirka zwei Grad Celsius erhöhen, dann wäre es in der Arktis bereits um 6,5 Grad heißer als noch vor hundert Jahren.

So wie die Eisschelfe in der Antarktis schwimmt um den Nordpol Packeis am Meer. Der globale Meeresspiegel könnte aber vor allem durch ein Schmelzen der Gletscher zunehmen. Diese Eismassen sind – erdgeschichtlich betrachtet – wesentlich jünger als die tiefgefrorene Kruste der Ostantarktis und nur ein Zehntel so groß. Doch würde das Eis hier völlig abtauen, droht ein Plus des Meeresspiegels von bis zu sechs Metern. Im April 2007 warnte auch das UN-Klimagremium genau davor: »Ein Schmelzprozess der westlichen Antarktis und der Grönlandgletscher könnte zu einem dramatischen Anstieg des Meeresspiegels führen. Mit einer Wahrscheinlichkeit von fünfzig Prozent könnten die Eiszonen ab einer Temperaturerhöhung von zwei Grad tauen.« Wichtiger Zusatz, der für alle durch Gletscherschmelzen bedingte Anstiege des Wasserpegels gilt: Dies wird nicht binnen weniger Jahrzehnte passieren, sondern es wird jahrhundertelang dauern bis das Meer die Küsten zerstört. Das Problem dabei ist aber, dass der Prozess, so er einmal massiv in Gang gekommen ist, nicht mehr zu stoppen ist.

Die Anzeichen dafür mehren sich. In der Stadt Qaqortoq, am Südzipfel Grönlands, stiegen die Durchschnittstemperaturen bereits von 0,63 Grad Celsius auf 1,93 Grad: ein Kick für die Landwirtschaft, die den schier endlosen Sonnenschein der Wachstumsmonate nun verstärkt nutzen kann. Bauern beginnen bereits über die Rinderzucht nachzudenken, auch Brokkoli und Chinakohl könnten hier bald wachsen, hoffen sie. Dieses Niveau der Erwärmung fordert aber einen enormen Preis. 2006 flossen aus den Grönlandgletschern zirka 235 Kubikkilometer Eis ins Meer: Das war dreimal so viel wie im Schnitt der Jahre 1997 bis 2003.

Die Gletscher erstrecken sich über ein Gebiet, das fünfmal so groß wie Deutschland ist und bergen die gigantische Menge von 2,5 Millionen Kubikkilometer Eis. Im Vergleich dazu ist der aktuelle Rückgang des Volumens noch marginal. Doch das Schmelzwasser richtet enormen Schaden an, es fließt in Kratern in tiefe Schichten, bis zu jenen Stellen, wo die Eiszungen am Felsen aufliegen. Der Untergrund beginnt zu rutschen, die Gletscher werden instabil. Eisblöcke, so groß wie europäische Hauptstädte, schlittern Richtung Meer. Diese Bewegungen entladen sich in massiven Gletscherbeben, die als Vorboten dramatischer Einbrüche gelten. Bislang wurden in Grönland im Jahresschnitt etwa sechs solcher Beben beobachtet, 2004 waren es bereits 24, 2005 gab es 32.

In einem noch viel dramatischeren Tempo geht aber das Packeis um den Nordpol zurück: Seit den 1970er-Jahren schmolz die Eisdecke während der Sommermonate um acht Prozent pro Jahrzehnt. Bereits über ein Viertel der Fläche ist verloren und jeder Quadratkilometer schmilzt rascher als der zuvor. Während 1990 noch 10,1 Millionen Quadratkilometer Eis die Arktis bedeckten, waren es 2006 nur noch knapp neun Millionen. Aber nicht nur die flächenmäßige Ausdehnung des Packeises, sondern auch die Dicke bereitet den Forschern Sorgen. Seit den 1950er-Jahren ist die Eisschicht um vierzig Prozent dünner geworden, auf 2,5 Meter zurückgegangen, so eine Analyse von britischen und amerikanischen U-Booten.

Und bereits ab 2040 könnte die Region um den Nordpol während der warmen Monate des Jahres aus nichts anderem mehr bestehen als aus dunklem, schwarzem Meer. Ein US-Forscherteam vom National Center for Atmospheric Research hat im Dezember 2006 diese warnenden Analysen veröffentlicht. Die Resultate schockierten sogar die Forscher: »Die zu erwartenden Veränderungen werden erschreckend rasch passieren«, so Marika Holland, die Autorin des Berichts: »Wir wurden zwar bereits Zeugen von einem massiven Rückgang des Packeises, doch das Tempo des Eisverlustes, auf den wir uns in den nächsten Jahrzehnten einstellen müssen, wird alles übertreffen, was wir erlebt haben.«

Schon jetzt gerät der Globus durch das Abtauen seiner »Kühlschränke« aus dem Gleichgewicht. Stefan Rahmstorf vom Potsdamer Institut für Klimafolgenforschung hält es etwa für möglich, dass die Arktis-Schmelze das Klima in Europa bereits beeinflusst: »Möglicherweise spüren wir die Folgen schon heute. Durch die Erwärmung sinkt das Gefälle zwischen den Temperaturen in den Tropen und im Norden. Dadurch verlagern sich die Zugbahnen von Sturmtiefs. Dies bedingt, dass der Regen in Nordeuropa zunimmt und etwa Italien trockener wird.« Die größte Sorge bereitet ihm aber der Anstieg des Meeresspiegels, der neben der Schmelze von Eispanzern durch veränderte Meeresströmungen zusätzlich angekurbelt werden kann.

Ertrunkene Eisbären

Ein teuflischer, sich selbst hochschaukelnder Kreislauf ist durch die Folgen des Klimawandels an den Polen in Gang gekommen. Die ersten Anzeichen sind bedrohlich genug, was noch folgen könnte, gleicht einem Desaster, nicht nur für die Erde und uns Menschen, sondern auch für die Tierwelt: vor allem für »Nanuk«, wie ihn die indigenen Völker der Inuit nennen, den »großen weißen Bären«. Eine Gegend, in der es nichts zu fressen gibt, ist eine ernste Bedrohung für ihn. Genügend zu fressen haben, bedeutet für den Eisbären, dass er genug Packeis hat. Die beiden Faktoren gehören untrennbar zusammen. Eisbären jagen fast ausschließlich Robben. Und Eisbären brauchen das Packeis, um sie fangen zu können. Sie brauchen Eis, um zu leben, und so werden mit den Eisschollen der Arktis auch die »Nanuk« untergehen.

Der Prozess beginnt schon, brutal und gnadenlos: »Es gibt Eisbärenpopulationen, die so stark abgemagert sind, dass ihre Atmung auszusetzen droht«, berichtet Lara Hansen, Expertin des WWF, des World Wildlife Fund for Nature. Ihr Kollege Peter Ewins von WWF-Kanada studiert die weißen Riesentiere seit Jahrzehnten und ist so Zeuge ihres verzweifelten Überlebenskampfes geworden: »Immer öfter beobachte ich ganze Eisbären-Kolonien, die am Festland sitzen und vergeblich auf Eis warten, um endlich auf die Jagd gehen zu können. Es sind entsetzliche Bilder.«

Eine Untersuchung der Eisbärenpopulation in Alaska ergab, dass die Bären heute im Schnitt bereits um fünfzehn Prozent weniger wiegen als noch vor einigen Jahrzehnten. Die dünnen Weibchen gebären immer weniger Junge. Viele überleben die ersten Monate nicht: Oft schmilzt das Eis so rasch, dass ihre Geburtsplätze durchs offene Meer von jenen Regionen abgeschnitten sind, wo sie Nahrung erbeuten können. Viele Junge ertrinken beim Versuch, weite Distanzen des Ozeans zu überwinden. Am offenen Wasser sind aber alle weißen Riesen so gut wie chancenlos. Höchsten sechzig Kilometer weit können sie schwimmen, doch die geschwächten Tiere müssen längst viel längere Distanzen überwinden.

Vor der Hudson Bay vor Alaska, dem südlichsten Lebensraum von Eisbären, wurden im September 2004 zehn ausgewachsene Eisbären im offenen Meer, mehr als hundert Kilometer vom Packeis entfernt, gesichtet. In diesem September maß man den bisher größten Rückgang von Packeis im Sommer. Vier Bären überlebten die Meer-Durchquerung nicht, Jäger fanden nach einem schweren

Sturm in diesem Monat ihre Kadaver. Bei Zählungen der Population kam man aber zum Schluss, dass alleine in diesem Monat zehnmal so viele ertrunken sein müssen.

Insgesamt ist die Eisbären-Population alleine hier seit 1987 um ein Viertel auf neunhundert Tiere gesunken. Zwischen 1979 und 1991 wurden noch 87 Prozent aller Bären auf Packeis beobachtet. Zwischen 1992 und 2004 sank diese Rate auf traurige 31 Prozent. Der Großteil hatte sich bereits in Richtung der Strände geflüchtet. Hier wurden Forscher schon 2005 Zeugen einer weiteren dramatischen Entwicklung: Der nagende Hunger lässt Eisbären zu Kannibalen werden. Sie beobachteten, wie ein männlicher Eisbär mit seinen mächtigen Vorderpfoten auf eine Schneehöhle einschlug. Hierher hatte sich das Weibchen mit seinen Jungen zurückgezogen. Der Bär biss seine Artgenossin ins Genick und fraß sie auf. Meeresbiologe Richard Steiner von der Universität Alaska kommentiert solche Szenen knapp: »Wer sich jemals gefragt hat, welche Auswirkungen die steigenden Temperaturen auf Eisbären haben, der bekommt jetzt eine sehr einfache Antwort auf die Frage: Die Eisbären sterben.«

Derzeit gibt es noch 25 000 Tiere, von denen mehr als die Hälfte im hohen Norden Kanadas, der Rest in den USA, in Grönland, Russland und Norwegen vorkommen. Es sind gigantische Tiere: Mit bis zu 700 Kilogramm Gewicht und stehend bis zu drei Metern Höhe sind sie die größten – und auch für den Menschen gefährlichsten – Landraubtiere der Erde. Zwei Schichten weißes Fell, darunter schwarze Haut, die Wärme speichert, ermöglichen ihnen ein Überleben bei bis zu minus vierzig Grad Celsius. Ihre Pranken sind von Fell überzogen. Und so gleiten sie trotz ihres stattlichen Gewichtes sanft übers Eis.

Doch je mehr ihr gewohnter Lebensraum schwindet, desto nutzloser werden diese Vorzüge der Natur fürs Überleben. Deshalb werden sie immer mehr zur Gefahr für Menschen. »In der Stadt Churchill etwa gibt es bereits seit Jahren einen Eisbären-Knast«, berichtet WWF-Forscher Ewing: »Hier bleiben sie, bis sich die Eisdecke schließt und ihre Beutezüge wieder möglich sind. Manchmal fliegt man sie auch weg, in die eisige Wildnis. Doch sie überwinden selbst Distanzen von fünfhundert Kilometer und kommen wieder zurück, weil sie viel zu wenige Eisflächen zum Überleben finden.«

Aussterbende Tiere

Der Artenverlust durch den Klimawandel erreicht gigantische Ausmaße. Im Dezember 2006 wurde mit den Eisbären die rote Liste um eine sehr spektakuläre Spezies erweitert. Doch auch Robben, Pinguine, Seelöwen und Wale sind gefährdet. Schon zuvor hat die menschliche Zivilisation zahlreichen Tieren ihren Lebensraum entzogen. Die Erderwärmung kurbelt dieses Phänomen dramatisch weiter an. Die Aussterberate wird in den kommenden Jahrzehnten beim Tausendfachen der Rate des vorigen Jahrhunderts liegen. Das Bedrohliche an dieser Folge des Klimawandels ist, dass es sich um einen Prozess handelt, der nicht mehr rückgängig gemacht werden kann. Jede Art, die ausstirbt, ist für immer verloren.

Tundra: Der Hitzefokus der Erwärmung

Die arktische Region bedeckt ein Viertel der Nordhalbkugel. In weiten Teilen ist die Erde bis zu Hunderte Meter tief gefroren. Und diese Region trifft die derzeitige Erwärmung am heftigsten: Der seit Jahrtausenden dauerhaft gefrorene Boden, der sogenannte »Permafrost«, verwandelt sich mehr und mehr in eine zähe Suppe. Bereits im November 2004 legte der Arktische Rat eine Studie vor, die ergab, dass alleine in Sibirien eine Fläche von einer Million Quadratkilometern besonders stark betroffen ist. Ein Jahr später bekräftigten Forscher der Universitäten Oxford und Tomsk diese Ergebnisse: Wie im Zeitraffer schmilzt diese Zone, so auch ihr Fazit.

»Zu den charakteristischen Merkmalen des Klimawandels gehört, dass sich die Erwärmung im hohen Norden deutlich schneller vollzieht«, sagt der Umweltspezialist John Holdren von der Universität Harvard. Endlose Datenreihen bestätigen dies. Das Klimaforschungszentrum in Fairbanks, Alaska, berichtet etwa, dass die

Durchschnittstemperaturen in dem Bundesstaat während der vergangenen fünfzig Jahre um zwei Grad Celsius gestiegen sind, im Winter sogar um 3,5 Grad. Auf die gesamte Region berechnet, hat das UN-Weltklimagremium IPCC eine Verdoppelung der Durchschnittstemperaturen beobachtet.

Noch verheerender sind die Werte des Permafrosts, der sich seit 1980 um drei Grad Celsius erwärmte. Dieser damit ausgelöste Tauprozess birgt eine enorme Gefahr für das weltweite Klima: Wissenschaftler gehen davon aus, dass hier siebzig Milliarden Tonnen Methan gespeichert sind. Entweicht dieses Gas in die Atmosphäre, droht sich die Erderwärmung gefährlich aufzuschaukeln (siehe Kapitel 3).

Doch der Tauprozess des Permafrosts bedeutet bereits heute, dass die Menschen im hohen Norden mit dramatischen Umweltveränderungen zu kämpfen haben. So verläuft die erst 2006 eröffnete chinesische Eisenbahnlinie, die Qinghai-Tibet-Linie, auf einer Strecke von dreihundert Kilometern über Permafrost. Schon im Jahr 2006, als sie in Betrieb ging, musste ein teures Kühlungssystem errichtet werden, um das Schmelzen der Böden zu verhindern. Was hier passiert, ähnelt den Problemen in allen Permafrost-Regionen: Landebahnen für Flugzeuge oder Straßen sacken in den aufgeweichten Boden ein. Dazu schwindet auch der Boden, auf dem die Häuser gebaut sind.

Menschenrecht auf die gewohnte Kälte: Der Kampf der Inuit

»Wir gewinnen, wir gewinnen«, ruft Tore den Hunden seines Schlittens zu, als sie mit vollem Tempo auf die Ziellinie zurasen. Den ganzen Winter über hatte er mit ihnen trainiert. Heute findet das entscheidende Rennen statt. Doch just in dem Moment, als sein Schlitten auf den letzten Metern des Rennens auf ein Flussufer zusteuert, kracht er durch die Eisdecke. Tore stürzt in eisiges, aber glücklicherweise seichtes Wasser. Die anderen Kinder, die mit ihm

als Zuschauer mitfiebern, beginnen zu lachen. Zornig läuft Tore sofort nach Hause. Damit ihm nicht die Tränen in die Augen schießen, ballt er so fest, wie er kann, seine Fäuste.

»Aber der Fluss ist doch um diese Jahreszeit immer gefroren gewesen«, beschwert er sich bei seinen Eltern: »Das ist nicht fair!« – »Du hast recht«, entgegnet ihm seine Mutter, während sie ein heißes Bad für ihn einlässt: »Du musst das verstehen, das Eis ändert sich. Wir können uns nicht mehr darauf verlassen, dass alles so ist, wie es immer war. Sogar sehr erfahrene Jäger brechen im Eis ein. Du brauchst dich nicht zu schämen.«

»Aber es ist nicht fair. Ich hätte gewinnen sollen«, antwortet Tore trotzig. Sein Vater bleibt trotz der Aufregung ruhig: »Die wichtigste Frage ist jetzt, was wirst du dagegen tun.« – »Ich werde nie wieder Schlitten fahren«, brüllt Tore.

Ein Kinderbuch über den Klimawandel: Mit ihrer 2006 erschienenen Erzählung *The Town on Thin Ice* (Die Stadt auf dünnem Eis) schildert Autorin Carole Douglis die Folgen der Erderwärmung aus der Sicht des kleinen Jungen Tore, der irgendwo im hohen Norden lebt. Durch das Buch öffnet sie breite Teile der Gesellschaft für das Thema. Berührend übersetzt sie die immer bedrohlicheren Folgen der Erderwärmung in eine Sprache, die aber viel mehr ist als bloß kindgerecht. Anders als Studien, vollgestopft mit chemischen Formeln, Daten oder endlosen Statistik-Reihen, ist das Buch ein berührendes Zeitdokument darüber, wie grausam sich der Verlust von allem, was Heimat war, durch den Klimawandel anfühlt.

Dem Leid, das die Erderwärmung bereits verursacht, ein menschliches Gesicht zu geben – genau dafür kämpft seit Jahren Sheila Watt-Cloutier. Als kleines Mädchen, bis sie zehn wurde, kannte sie nur Hundeschlitten als Fortbewegungsmittel. Aufgewachsen ist sie, so wie Tore, der Held des Kinderbuches, in einer kleinen Siedlung im hohen Norden Kanadas. In Kuujjuaq, an der Ungava-Bucht Quebecs gelegen, wurde Sheila Watt-Cloutier mit den Traditionen ihrer Tausende Jahre alten Kultur der Inuit, der indigenen Völker, zu einer echten Tochter des Eises erzogen. Heute ist sie über fünfzig und längst Großmutter und lebt in der Hauptstadt des teilautonomen kanadischen Bundesstaats Nunavut. Diese arktische Region erstreckt sich über 1,9 Millionen Quadratkilometer, einem Fünftel des Gebietes von Kanada.

Doch selbst im administrativen Zentrum des Bundessstaats ist die Wildnis zum Greifen. Von ihrem Wohnzimmerfenster aus kann Sheila Watt-Cloutier wie in einem endlos langen Dokumentarfilm die Folgen des Klimawandels beobachten. Wie den Menschen der Boden unter den Füßen praktisch wegschmilzt. Wie die Küste, immer seltener durch Packeis geschützt, vom Tauprozess ohnehin geschwächt, unter der heftigen Brandung in sich einbricht. »Wir, die Inuit, erleben in jeder Minute unseres Alltages die derzeit stattfindende Veränderung der Umwelt. Wir sind die Schutzengel dieses Globus, weil wir jeden Tag draußen sind. Wir sind das Frühwarnsystem für den Rest der Welt. Was wir heute erleben, werdet ihr morgen erleben. Die Arktis ist das Barometer des Klimawandels und die Inuit sind das Quecksilber in diesem Barometer«, sagt sie und illustriert ihre besondere Rolle.

Sheila Watt-Cloutier, die lange mit Bildungsprogrammen für Inuit beschäftigt war, wurde zu einer der resolutesten Kämpferinnen gegen den sich gnadenlos fortsetzenden Ausstoß von Treibhausgasen. Neun Jahre, bis 2006, war sie Vorsitzende der Circumpolar Conference. Dieses Gremium ist die Außenvertretung von 155 000 der insgesamt 400 000 Indigenen, die in Kanada, den USA, Russland und Grönland leben. In dieser Funktion wurde sie zum Gesicht jener mittlerweile globalen Klimaschutz-Bewegung, die nicht nur gegen die bedrohliche Erwärmung unserer Erde kämpft, sondern auch gegen die Ignoranz der Verursacher. Einen ihrer wichtigsten Verbündeten fand sie in Paul Okalik, dem Regierungschef von Nunavut: »Als Kind konnte ich sechs Monate im Jahr draußen Eishockey spielen. Heute geht so etwas nur mehr drei Monate hindurch. Für die Jäger unter uns ist dieses schwindende Eis zu einer dramatischen Bedrohung geworden«, berichtet er.

Diesen Kampf um ihre Kultur führen die Inuit auch mit Mitteln des Völkerrechtes. Bei der UN-Klimakonferenz in Montreal eröffnete Sheila Watt-Cloutier am 7. Dezember 2005 mit einem bislang nie da gewesenen Schritt, eine neue Dimension in der Debatte um die Erderwärmung. Gemeinsam mit 62 weiteren Vertretern ihres Volkes stellte sie eine Petition vor, die den USA vorwirft, mit ihren gigantischen Treibhausgasemissionen – sie verantworten ein Viertel des weltweiten Ausstoßes – die Menschenrechte der Inuit zu verletzten. Gerichtet wurde sie an die Interamerikanische Kommission für Menschenrechte, gefordert werden darin folgende Punkte: das Recht auf Leben und physische Sicherheit, das Recht auf Schutz ihres persönlichen Eigentums, das Recht auf Gesundheit, das Recht, ihre Kultur zu praktizieren, das Recht, ihr Land nach den alten Traditionen zu nutzen. Falls die Petition Erfolg hat, könnte sie als Präzedenzfall die rechtlichen Standards dramatisch verändern, auch auf der internationalen Ebene: Betroffene von Kalkutta bis Kiribati könnten basierend darauf den Schutz vor Treibhausgasemissionen einklagen.

Bei ihrem Vorstoß gehe es nicht um Geld, um Schadenersatz, betonen die Vertreter der Inuit, sondern darum zu erkennen, was eine Fortsetzung der derzeitigen Emissionstrends bedeuten kann. Die Durchsetzung dieses Anliegens bedeutete einen zähen Zug durch die Instanzen und rhetorische Gefechte auf zahlreichen politischen Foren, etwa dem US-Senat, wo Sheila Watt-Cloutier die Dramatik der Lage eindrücklich schilderte: »Unsere Ältesten berichten, dass seit Mitte der 1970er-Jahre unsere Umwelt nicht mehr so ist, wie sie immer war: Das Eis verändert sich, wird weniger, seine Dicke unberechenbarer. Selbst erfahrene Jäger brechen ein, unsere Verkehrsrouten werden unpassierbar, neue, noch unbekannte Tiere und Insekten tauchen auf und jene, von denen wir uns seit ewigen Zeiten ernähren, werden immer weniger. Doch unsere Sorgen gelten nicht nur uns: Wenn man heute aber vor allem das Schicksal der Bewohner der kleinen Stadt Shishmaref in Alaska beobachtet, bekommt man eine Ahnung, was den Menschen in Florida oder Louisiana droht.«

Shishmaref, das Sheila Watt-Cloutier erwähnte, ist eine amerikanische Kleinstadt in Alaska. Hier werden Bürger der USA auf eigenem Boden zu Zeugen, welch gigantische Bedrohung die durch Treibhausgasemissionen verursachte Erderwärmung darstellen kann. Seit viertausend Jahren lebt hier das Inuit-Volk namens Inupiaq. Shishmaref ist eine winzige Stadt mit lediglich 591 Menschen, die hier noch leben. Noch, wohlgemerkt. »Wir haben im Jahr 2002 über unsere Zukunft abgestimmt und mehrheitlich beschlossen, dass wir unsere Heimat aufgeben müssen und unsere Stadt evakuieren werden«, erzählt Lucy Eningowuk mit brüchiger Stimme. Man hört der Frau an, wie schwer ihr dieser Schritt gefallen ist, ihre Heimat Kigikatq – so nennen die Einheimischen Shishmaref – aufzugeben.

Trotz ihrer Trauer darüber hat sie den schwierigen Job in der Gemeindeverwaltung übernommen, diesen Umzug zu organisieren. 180 Millionen Dollar an Regierungsgeldern wird dies kosten und bis 2009 dauern. Fast zwanzig Kilometer im Landesinneren will man die Stadt neu aufbauen. »Ein Ersatz für das alte Zuhause ist das nicht«, das weiß Lucy Eningowuk schon heute: »Mir wird der Ozean so sehr fehlen. Der gehört zu meinem Leben.«

Nur führt an der Flucht vor dem Wasser kein Weg vorbei. Die Bewohner Shishmarefs werden zu den ersten Klimaflüchtlingen der Erde zählen. Nur fünf Kilometer lang und einen halben Kilometer breit ist die sandige kleine Insel im Nordwesten Alaskas, wo ihre Kleinstadt liegt. Dreißig Kilometer weiter nördlich beginnt der Polarkreis, nur 160 Kilometer Luftlinie entfernt liegt Sibirien. Ringsum erstreckt sich die Tundra. Wenn das Meer gefroren ist, können die Bewohner Shishmarefs ihre Stadt mit ihren Schneefahrzeugen, früher mit den Hundeschlitten, direkt verlassen, sonst dauert die Überfahrt auf kleinen Booten eine halbe Stunde. Immer öfter sind sie darauf angewiesen, denn die steigenden Temperaturen durchbrechen hier in jedem Bereich den jahrtausendelang erprobten Alltag.

Die tiefen Temperaturen hielten den sandigen Untergrund seit Ewigkeiten wie Klebstoff zusammen. Durch die Wärme löst sich der Grund nun aber auf. Häuser versinken im Boden, als wären sie auf Torf gebaut. Dazu reißt eine schwere Sturmserie seit einem

Jahrzehnt immer noch tiefere Lücken in die Stadt. Der erste heftige Orkan toste bereits im Oktober 1997 über die Stadt, riss einen vierzig Meter breiten Streifen Land am Nordrand der Siedlung samt einem Dutzend Häuser mit. Auch kurz vor der Abstimmung über den weiteren Verbleib sorgte ein gewaltiges Unwetter für massive Schäden: Vier Meter hohe Wellen jagten der Bevölkerung einen so großen Schrecken ein, dass die Menschen kurz danach die Entscheidung trafen, ihre Heimat endgültig aufzugeben, die Koffer zu packen und wegzuziehen.

Und die Erfahrungen in jedem Jahr, das seither vergeht, bekräftigen diesen Entschluss aufs Neue. So erlebten die Menschen in Shishmaref – wie auch in vielen Orten Europas – während der Wintermonate 2006 und 2007 einen regelrechten Wärmeschock. Abermals wurden alle Temperaturrekorde gebrochen, selbst Mitte Jänner war es noch so warm, wie es sonst im Oktober ist. »Unsere Stadt ist ein wirklich einzigartiger Ort zum Leben«, betont Bürgermeister Stanley Tocktoo mit sanfter Stimme gegenüber internationalen Besuchern: »Wir würden eigentlich so gerne hierbleiben, unsere Tradition bewahren und unsere Bräuche. Es ist ein so einzigartiger Platz, um zu leben. Wir respektieren unsere Mutter Natur, unser Land und deshalb sind wir seit Tausenden von Jahren hier. Doch die Veränderungen bereiten uns große Sorgen: Wir müssen auf unsere Kinder aufpassen, damit sie in Sicherheit aufwachsen können.«

Shishmaref wird kein Einzelfall bleiben: Drei weitere Orte im Nordwesten Alaskas dürften auf jeden Fall evakuiert werden müssen: Kivalina, Koyukuk und Newton, einige Hundert könnten noch dazukommen.

Dieser Rückzug von der Küste ist ein Versuch, sich dem Diktat der veränderten Umweltbedingungen zu beugen. Noch ist Leben, so wie es die Menschen seit Tausenden von Jahren in der Arktis geführt haben, möglich. Doch bei Sommertemperaturen von bis zu plus 31 Grad Celsius verringert sich die Chance darauf, dass hier ein Leben im Einklang mit der eisigen Natur auch langfristig möglich sein wird, erheblich. 2006 musste die kanadische Regierung in den Amtsgebäuden der arktischen Regionen Klimaanlagen zur Kühlung installieren. So wie die Rekordtemperaturen selbst wäre so etwas noch vor wenigen Jahrzehnten schlicht undenkbar gewesen. Doch die Gesetze der Natur in den eisigen Polarregionen sind auf Eis geritzt. Schmilzt es weg, zerfließen die Grundlagen des Lebens.

Die Dachsteingletscher 1905 und 2006 im Vergleich

»Wirtschaftet die Menschheit weiter wie bisher, könnte sich unser Planet bis zum Ende des 21. Jahrhunderts um 5 Grad Celsius erwärmen. Dies ist in etwa die natürliche Temperaturdifferenz zwischen einer Eiszeit und einer Warmzeit. Da wir uns gegenwärtig schon in einer Warmzeit befinden, steuern wir direkt auf eine ›Heißzeit‹ zu.«

Hans Joachim Schellnhuber, Direktor Potsdamer Institut für Klimafolgenforschung

2.3. Gletscherschwund, Hitzewellen, Hochwasser und Zukunftsangst: Wie die Klimakatastrophe Europa erfasst

Man hört das aufgeregte Bellen und Heulen seiner Hunde schon von Weitem: Mehr als ein Dutzend sibirische Huskys leisten Toni Rosifka auf 2006 Meter über dem Meeresspiegel Gesellschaft. Die prächtigen Tiere lieben so wie der 61-Jährige die frische Bergluft der Dachsteinregion. In- und auswendig kennt Toni Rosifka hier jeden Flecken, fühlt so jede Veränderung. Es ist der letzte Februartag 2007. Der wärmste Winter seit Menschengedenken geht langsam zu Ende. »Ich komme gerade von einer Wanderung zum Gletscher heim«, erzählt er noch atemlos und listet eilig die Alarmzeichen auf, die er entdeckte: »Die starken Windböen haben die Schneeabdeckung zusätzlich verringert. Die Nährzonen des Gletschers sind ausgesprochen ausgedünnt. Dieser Schutz wird im Sommer fehlen.«

1956 war Toni Rosifka zum ersten Mal hier am Dachstein und ist seither nie mehr weggekommen, wurde als Bergführer und legendärer Hüttenwirt zu einem, den man gemeinhin »Bergfex« nennt. Von 1976 bis 2004 pachtete er die Simonyhütte: Im August 1877 eröffnet, auf 2203 Meter gelegen, ist diese geschichtsträchtige Bergsteigerunterkunft ein Muss am Routenplan von Generationen passionierter Alpinisten. Seine Tochter Monika Maria ist gerade 21 Jahre geworden und lebt die Leidenschaft ihres Vaters weiter. Für sie hat er vor drei Jahren die Krippenstein-Lodge in der Nähe der Bergstation der dortigen Seilbahn adaptiert. Doch Ruhestand im Tal passt nicht in den Lebensplan für einen wie Toni Rosifka. Die Berge sind sein Elixier und so lebt er heute samt Hunderudel mit Monika Maria am Krippenstein, halt ein wenig bequemer als früher auf der Simonyhütte nahe der Verbindung zum Tal.

Toni Rosifka spürt ohne High-Tech-Instrumentarium und Satellitenblick jede Veränderung seiner Berge viel früher als sonst jemand. Vor allem am Eis. Jahrzehnte verbrachte er in unmittelbarer Nähe des Hallstatt-Gletschers, des größten der drei Gletscher hier, der am Anfang der Dachstein-Zeit des Alpinisten fast bis zur Simonyhütte reichte. »Bloß ein Stückerl«, wie er sagt, war damals der Gletscher entfernt, einen Marsch von einer Viertelstunde. Mit jedem Jahr wich das Eis aber weiter und weiter zurück. Schon 1979 überredete er eine fünfzigköpfige Expertendelegation zu einem Lokalaugenschein. »Weil ich denen zeigen wollte, dass hier etwas passiert, was mir große Sorgen bereitet«, erzählt er: »Aber die hatten nicht das geringste Verständnis.« Heute werden seine Warnungen sehr ernst genommen und der Gletscherlehrpfad, den er schon 1979 aufbauen wollte, um den massiven Rückgang des Eises zu veranschaulichen, ist mittlerweile Realität.

Winter-Temperatur Österreich <1500m 1767/68–2006/07

Einzeljahre und zwanzigjährig geglättet (Gauß'scher Tiefpassfilter)

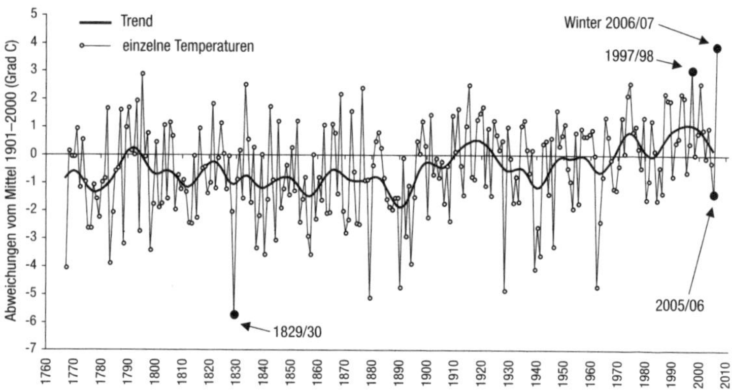

Das Ausmaß der Schmelze bereitet Toni Rosifka heute größere Sorgen denn je: »Wenn das mit dem Gletscher so weitergeht, wird das Eis viel schneller verloren gehen, als wir glaubten. Das Gletscherfenster bricht immer stärker durch, die Spalten und Brüche wachsen. Wenn das so weitergeht, dann ist die große Gletscherzunge in zehn bis fünfzehn Jahren verschwunden, dann bleiben noch einige Firnfelder«, lautet seine düstere Prognose: »Was hier passiert, ist ein Alarmsignal dafür, wie sehr sich unsere Erde derzeit erwärmt.«

Fast gemütlich erscheint der Bergwanderweg von der Bergstation der Seilbahn auf den Krippenstein hoch hinauf bis zur Simonyhütte am nördlichen Dachstein, zwischen den Bundesländern Steiermark und Oberösterreich. Der Blick zurück schweift immer wieder über den Hallstättersee mit seinem Weltkulturerbe tief unten im Tal, das heute vor allem vom Tourismus und nicht wie in den Jahrhunderten zuvor vom industriellen Salzabbau lebt. Nach einer steilen Schlussetappe gelangen wir zur Hütte und gehen weiter Richtung Gletscher. Jahr für Jahr dauert dieser Marsch länger, bis man endlich die Spitze der Eiszunge sieht.

Der Weg führt hinter der Hütte vorbei an der alten Bergkirche. Die Füße tasten sich über die letzten Grasbüschel, der Blick tastet sich vorbei am Gletschersee durch ein Tal voller Geröll hoch hinauf zum Hallstätter Gletscher. Vor mehr als hundert Jahren war dieses Tal durch den letzten Gletschervorstoß von 1850 weithin mit Eis gefüllt. Über mühevolle Serpentinenwege gehen wir weiter, immer wieder beginnt loses Geröll zu rutschen und donnert bedrohlich laut nach unten. Wir gelangen zu einer Markierung: Auf einem kleinen Felsen ist mit roter Farbe die Jahreszahl 1950 aufgemalt. So weit reichte der Gletscher damals. Weitere eineinhalb Stunden geht die Wanderung bergab durch ein Meer aus Schotter und Sand, das vor Jahrzehnten noch Eismeer war, entlang immer neuerer Jahresmarkierungen – und wieder bergauf, bis wir endlich beim Rest des einst stolzen Eises anlangen.

Schwitzend und schmelzend liegt der Gletscher in der Sonne. Es rinnt und tropft, Rinnsale sammeln sich und bilden unterirdische Abflüsse. »Früher ist der Gletscherbach im Sommer zwei Stunden lang zu hören gewesen, heute fließt das immer rascher schmelzende Eis den ganzen Tag hindurch deutlich hörbar ins Tal«, so Toni Rosifka. Für Menschen, die vom Tourismus leben, ist das ein gewichtiges Problem, denn mit dem Gletscher verschwindet das Gesicht der Landschaft. Es ist ein Problem, das viele, so lang es geht, lieber verschweigen würden. Doch die Region stimmte dem Aufbau dieses Gletscherlehrpfades hier oben bei der Simonyhütte zu. Aufklärung statt Schönreden, lautet die Devise: Und so wird hier das Ausmaß des Gletschersterbens, das an unzähligen anderen Orten auch geschieht, drastisch dargestellt, die Ursache Klimaveränderung klar beim Namen genannt.

Die Experten des Wetteranalyse-Unternehmens »Blue Sky« kontrollieren regelmäßig das Abschmelzen des Hallstätter Gletschers. Ihr Befund deckt sich zur Gänze mit den Warnungen von Toni Rosifka. Seit seinem Höchststand im Jahr 1850 hat sich die Eismasse des Hallstätter Gletschers halbiert. Das Ausmaß des Schwundes verschärfte sich während der vergangenen, deutlich wärmeren Jahre immer mehr. So verlor der benachbarte Gosaugletscher im Jahr 2003 schon vierzehn Meter an Länge, im Jahr 2006 bereits siebzehn Meter. »Wird nicht rasch etwas dagegen unternommen, dass die Temperaturen weiter steigen, dann wird bis 2050 nicht mehr viel übrig sein«, so der Meteorologe Klaus Reingruber.

Wieder im Tal zeigt ein Blick auf die alte Postkarte aus dem Jahr 1907 das ewige Eis in stolzem Ausmaß. Die Gletscher sind für die abgelegene Gegend aber viel mehr als ein Touristenmagnet, sondern speisen die Wasserreservoirs im Tal, prägen die Identität dieser wundervollen Region. Ein tiefgekühltes Wunderwerk der Natur, so einzigartig und gewaltig, kann doch nicht einfach verschwinden, meint man beim Blick auf die historische Aufnahme. – Doch, es kann passieren, wie die Wanderung soeben zeigte.

Für besonders große Bedenken sorgt der einsetzende Rückkoppelungseffekt des Rückganges. Denn durch das schrittweise Abschmelzen beschleunigen die Gletscher ihr weiteres Sterben. Dort, wo weißes Eis verschwindet, wird weniger Licht reflektiert und die Sonne heizt dort, wo dunkler Fels liegt, den Boden kräftig auf. Laut Befürchtungen von Experten der Universität Innsbruck, die sie bei einem Glaziologenkongress Ende 2006 veröffentlichten, könnte dies bedeuten, dass schon in wenigen Jahrzehnten und nicht erst bis 2100, wie bisher angenommen wurde, viele Eiszungen verschwunden sein werden. Die Gletscher reagieren wie Fieberthermometer unserer Erde. Nicht nur am Dachstein, auf der ganzen Welt schmilzt immer mehr des vermeintlich ewigen Eises im Hochgebirge parallel zu den immer höheren Temperaturen. Das Gletscherforschungszentrum in Zürich stellte bei Erhebungen in den Jahren 2002 und 2003 fest, dass von 88 untersuchten alpinen Gletschern 79 deutlich zurückgehen. Wilfried Haeberli vom Geografischen Institut der Universität Zürich hat diese Entwicklung genau dokumentiert. Laut seinen Berechnungen breiteten sich Mitte des 19. Jahrhunderts die Alpengletscher insgesamt über zweihundert Quadratkilometer aus, im Jahr 2000 waren sie bereits auf 75 Quadratkilometer reduziert, derzeit sind es nicht einmal mehr 68 Quadratkilometer. Bis Ende des Jahrhunderts wird bei einem wahrscheinlichen Anstieg der Sommertemperaturen um drei Grad Celsius nur mehr ein Zehntel der Gletschermasse des Jahres 1850 existieren.

Dies geschieht nicht nur hier. Bis zu drei Prozent an Masse verlieren Gletscher rund um den Globus im Schnitt pro Jahr. Der globale Gletscher-Beobachtungsdienst WMGS mit Sitz an der Uni Zürich kartiert seit 1980 weltweit 27 Gletscher. »Sie schrumpfen immer schneller«, verweist Wilfried Haeberli auf die Analyse dieser Daten. So hat der Mount Kenia seit dem Jahr 1990 bereits sieben seiner achtzehn Gletscher verloren. Auch in Neu-Guinea sind seit den 1990er-Jahren mehrere Eiszungen vollständig verschwunden. Die Anden verloren in den vergangenen dreißig Jahren ein Viertel ihres Eises. Venezuela hat in derselben Zeit vier seiner sechs Gletscher eingebüßt.

Die Temperaturkurve steigt, je höher wir kommen

21. Jänner 2007: Am nördlichsten Massiv der Alpenregion im Salzkammergut. Einige Kilometer nördlich vom Dachstein liegt der Feuerkogel, am westlichen Ende des Traunsees. Hinauf geht's mit der Seilbahn über kahle Hänge auf 1600 Meter, keine Spur von Schnee und Eis. Oben eine bizarre Stimmung: Pistenraupen stehen verloren in der Gegend herum, wie Requisiten aus dem falschen Film. Plakate zeugen davon, dass hier normalerweise an jedem Wo-

chenende Tausende Touristen die Skipiste frequentieren. Heute wirkt es, als würden wir durch ein Museum wandern.

Vor drei Tagen hat hier der Wind eine Rekordgeschwindigkeit von 207 km/h erreicht, heute ist es ruhig. Schwer beschädigte Dächer zeugen vom Orkan Kyrill, die Anzeigen der Wetterwarte dokumentieren den wärmsten Winter in der Bergwelt seit Beginn der Messungen. Die Temperaturen liegen hier schon länger deutlich über den langjährigen Mittelwerten. Doch Herbst und Winter 2006/2007 brachen alle Rekorde: Im Oktober war es im Schnitt um 3,9 Grad Celsius wärmer, als der langjährige Mittelwert erwarten ließ, im November um 3,3 Grad, im Dezember um 4,1 Grad und in den ersten zwanzig Jännertagen um 5,7 Grad. Damit wurde in den ersten zwanzig Jännertagen eine Durchschnittstemperatur von 1,8 Grad plus gemessen. Seit fast achtzig Jahren wird hier die Temperatur eruiert, solche Werte sind ein Novum.

Klimaforscher Reinhard Böhm von der Wiener Zentralanstalt für Meteorologie und Geodynamik spricht vom wärmsten Herbst seit 250 Jahren. Er forschte gemeinsam mit Kollegen zehn weiterer europäischer Institute an einem Projekt namens »Alp-Imp«. In mühsamer Kleinarbeit wurde das Klima im Alpenraum der vergangenen 1300 Jahre rekonstruiert. Fazit der Alp-Imp-Forscher: Die Temperaturen gehen signifikant nach oben. Der Trend: weiter steigend. Auch der Frühling schloss nahtlos mit Temperaturrekorden an. Die Wiener Klimaforscherin Helga Kromp-Kolb prognostiziert für diese Region innerhalb der kommenden fünfzig Jahre einen Temperaturanstieg von bis zu vier Grad, da sich Höhenlagen deutlich rascher erwärmen als die Täler.

Diese Saison hat in den Alpenländern einen Ausblick darauf geliefert, was höhere Temperaturen in den nächsten Jahrzehnen bedeuten werden: grüne Hänge, Schneekanonen, die nicht funktionieren, weil es zu warm ist, in manchen Gebieten ausbleibende Touristen. Die wirtschaftliche Basis für Millionen gerät ins Wanken: Mitarbeiter der Seilbahnen, der Gastronomie und Hotellerie, die Nahversorger. Über ausbleibende Ortstaxen sinken die Gemeindebudgets. Den betroffenen, ohnedies strukturell meist benachteiligten Regionen droht ein massiver wirtschaftlicher Abschwung. Für ein Winter-Fremdenverkehrsland wie Österreich bedeutet dies gravierende Probleme. Mehr als 91 000 Betriebe sind in der gesamten Tourismus- und Freizeitwirtschaft tätig und erwirtschaften sechzehn Prozent des Bruttoinlandsproduktes. 2005 haben ausländische Gäste 15,7 Milliarden Euro in Österreich ausgegeben.

Eine Studie der OECD, der Organisation für Entwicklung und wirtschaftliche Zusammenarbeit, die im Dezember 2006 präsentiert wurde, beweist, dass diese Sorgen sehr wohl berechtigt sind. Darin wurden die Auswirkungen des Klimawandels auf den Skitourismus in den Alpen untersucht. Nahezu alle Skigebiete Deutschlands und siebzig Prozent der österreichischen müssten demnach künftig um Schneesicherheit fürchten. Als potenzielle »Verlierer« eines Temperaturanstieges gelten Gegenden wie die französischen Seealpen, aber auch die Steiermark, so Shardul Agrawala, der Klimaexperte der OECD: »Wintersportorte wie Schladming oder auch Kitzbühel, die auf rund achthundert Meter Seehöhe liegen, könnten betroffen sein.« Experten wie er fordern deshalb ein rasches Umdenken und die Erarbeitung von Strategien zur Anpassung wie den Ausbau des Sommertourismus in den Alpen für hitzegeplagte Bewohner der Großstädte.

Felsstürze, Rekordstürme und Fluten: Unsere heile Welt bröckelt unaufhaltsam weg

Lokalaugenschein per Hubschrauber an den steilen Berghängen beim Hallstättersee: Wolfgang Gasperl, Chef der Wildbach- und Lawinenverbauung Oberösterreichs, präsentiert eine seiner heikelsten Einsatzzonen. Dieser Bereich ist für ihn und seine Mitarbeiter nur unter großen Gefahren zugänglich. Früher wären Arbeiten hier auch kaum nötig gewesen, da der Schutzwald etwaige Lawinen abhielt. Doch jetzt müssen intensive Maßnahmen ergriffen werden, die nicht nur ein hohes Risiko für die Experten bedeuten, sondern auch Millioneninvestitionen. – »Leider verursachen die höheren Temperaturen einen enormen Stress für den Schutzwald, da Schädlinge und Trockenheit den Bäumen zusetzen. Früher, also bis vor zirka zwanzig Jahren, konnten Borkenkäfer den Bäumen über tausend Meter nicht zu schaffen machen. Heute finden wir sie schon auf über 1300 Metern«, erklärt Wolfgang Gasperl, warum uns die Natur gegen die Naturgewalten immer weniger schützen kann: »Die zu trockenen Böden erschweren das Wachstum der Jungpflanzen. Das alles beschleunigt die Verkarstung und führt zu einem Absinken der Waldgrenze.«

In höheren Gebirgslagen weichen – genauso wie in arktischen Regionen – die bislang dauerhaft gefrorenen Böden zunehmend auf. Mit jedem Grad an Temperaturerhöhung verlagert sich die sogenannte Permafrostgrenze um hundert Meter weiter nach oben. Dadurch verlieren die Berge ihren »Zement«, werden zunehmend porös und ihre Struktur ändert sich grundlegend. Noch hat die Wissenschaft keinen endgültigen Konsens in dieser Frage erlangt, aber vieles deutet darauf hin, dass mit dem Tauprozess im Gebirge die Gefahr von Felsstürzen steigt. Auch ein Blick in die Erdgeschichte veranschaulicht, wie sehr Erwärmung der Haltbarkeit von Gebirgsmassiven zusetzen kann: Durch Datierung von Pflanzenresten in Gletschern konnten Geologen nachvollziehen, dass sich mit dem Ende des letzten Höhepunktes der Eiszeit und dem Einsetzen von Erwärmung massive Felsstürze ereigneten.

In der Praxis wird ein steigendes Risiko sehr wohl wahrgenommen. So mussten beispielsweise die Fangnetze entlang der Berghänge über dem Hallstättersee im Laufe der vergangenen fünfzehn Jahre um das Vierfache verstärkt werden. Ein tragisches Unglück im Mai 2006 in der Schweiz belegt die enormen Gefahren: Auf der St. Gotthard-Autobahn bei Gurtnellen im Schweizer Kanton Uri sind zwei deutsche Urlauber in ihrem Auto von einem riesigen Felsbrocken mit mehreren Metern Durchmesser erschlagen worden. Insgesamt stürzten rund ein Dutzend großer Felsbrocken auf die Straße nieder und schleuderten auch einen LKW aus der Fahrbahn. An dieser Stelle hatte es in den vergangenen Jahren bereits häufiger Steinschläge gegeben. Mitte Juli 2006 stürzten 500 000

Kubikmeter Fels von der Ostflanke des Eigers: Diese Gesteinslawine entspricht der Größe von zweitausend Einfamilienhäusern und wiegt fünf Millionen Tonnen.

Die Schwächung der schützenden Waldzonen und der Tauprozess des Eises in den Bergen sowie die Gefahr von Erdrutschen sind nur ein paar wenige Aspekte, die illustrieren, wie der Klimawandel die Gefahren der Natur verstärkt. Am stärksten wahrgenommen wird von Menschen die Häufung von Wetterkapriolen, ausgelöst durch die von der Erderwärmung verursachte Instabilität des Klimas. Daten der Münchner Rückversicherungsanstalt belegen, dass während der vergangenen fünfzig Jahre die Schäden durch Naturkatastrophen im Alpenraum drastisch zugenommen haben: Alleine zwischen 1980 und 2005 entstanden hier Schäden in der Höhe von 57 Milliarden Euro. Diese Zunahme beschränkt sich nicht auf die Alpen. Ganz Europa, ja die gesamte Erde wird mit jedem Jahr Schauplatz immer schwerwiegenderer Unwetter. Laut der Umweltorganisation der Vereinten Nationen, UNEP, steigt angesichts der stetig zunehmenden Erderwärmung die Häufigkeit von Naturkatastrophen jedes Jahr um fünf Prozent und mit dieser Rate auch die Heftigkeit der Unwetter.

Francis, Ivan, Wiebke, Lothar, Jeanette, Kyrill: Seit Jahren folgt weltweit ein Rekordsturm immer rascher auf den nächsten. Den historisch betrachtet größten Schaden richtete Hurrikan Katrina an, der im August 2005 im Süden der USA wütete und die Dämme um die Stadt New Orleans brechen ließ. 268 Menschen kostete der Sturm das Leben, der dazu eine Schadenssumme von unglaublichen 62 Milliarden US-Dollar verursachte. Laut Analysen der großen europäischen Rückversicherungsanstalten verdoppeln sich bereits alle zehn bis zwölf Jahre die Versicherungsschäden durch Naturkatastrophen. Gerhard Belz, ehemaliger Chef der Risikoforschungsgruppe der Münchner Rückversicherung, bringt es in konkreten Zahlen auf den Punkt: »Heute kosten die klimabedingten Katastrophen eines Jahres im Durchschnitt so viel wie die Wetterkatastrophen zwischen 1960 und 1970 zusammen.« Nicht nur in den Versicherungsanstalten herrscht angesichts solcher Zahlen ein gehöriges Maß an Verunsicherung. Die Anpassung an die neuen, schwierigeren Umweltbedingungen belastet die Volkswirtschaften enorm. Verunsichert ist aber vor allem die Bevölkerung, die mehr und mehr merkt, wie heftig die Natur auf die Klimaveränderung reagiert. Die Schülerin Nadine Müller etwa erlebte im oberösterreichischen Machland eine der größten Naturkatastrophen Mitteleuropas der vergangenen Jahre: das Jahrhunderthochwasser im Sommer 2002. Bis ins erste Stockwerk der Häuser stieg das Wasser in ihrer Heimatgemeinde. »Es darf nie wieder zu einer derartigen Gefährdung kommen. Als das große Wasser kam, mussten viele fliehen, wie durch ein Wunder gab es keine Toten. Viele mussten danach umgesiedelt werden«, schrieb das erst fünfzehnjährige Mädchen drei Jahre nach der Katastrophe in einem Leserbrief. Vehement forderte sie wirksamen Hocherwasserschutz, um so etwas in Zukunft nicht mehr erleben zu müssen. Der Schock solcher Erlebnisse sitzt tief.

Der seit Jahrzehnten diskutierte Machlanddamm in Nadine Müllers Heimat wird bereits umgesetzt: Acht Jahre dauern die Bauarbeiten; Kostenpunkt: 150 Millionen Euro. In Summe müssen allein in Oberösterreich fünfhundert Millionen Euro für naturnahe Hochwasservorsorge ausgegeben werden. Diese Investitionen sind aufgrund des durch die Klimaveränderung steigenden Hochwasserrisikos dringend nötig, denn eine Anpassung an die neuen Gefahren muss rasch geschehen. Der Wert bedeutet zwar nur einen Bruchteil der Kosten, die europaweit entstehen, er illustriert aber die Größenordnungen, die auf uns alle zukommen.

So treten auch in Deutschland in jüngster Vergangenheit Flutkatastrophen mit einer bedrohlichen Regelmäßigkeit auf und fordern immer mehr Todesopfer. Zur Erinnerung: Das Oderhochwasser 1997, die Hochwasser in den Nordalpen 1999 und 2005 sowie die Überschwemmungen von Elbe und Donau 2002. Alleine die Schäden der Katastrophe von 2002 belasteten die deutsche Volkswirtschaft mit 9,3 Milliarden Euro. Experten für Hochwasserschutz aus elf europäischen Staaten präsentierten Anfang 2007 eine alarmierende Prognose: Bis 2100 könnten die Schäden von Hochwasserkatastrophen in Europa auf unfassbare hundert Milliarden Euro pro Jahr ansteigen – wenn nicht raschest die Emissionen von Treibhausgasen verringert werden und sich so der Temperaturanstieg einbremst sowie der Hochwasserschutz naturnah ausgebaut werde.

Orkane, Hochwasserkatastrophen, Temperaturschwankungen: Das Wetter wird immer extremer. Das Zerstörungspotenzial ist gigantisch, nicht nur bei Fluten, auch bei Hitzewellen: 39 000 Menschen starben im extrem heißen Sommer 2003 in Europa, es entstanden gigantische Schäden in der Höhe von 13,6 Milliarden Euro. Experten gehen davon aus, dass natürliche Klimaschwankungen zu höheren Temperaturen geführt haben, diese aber durch die »künstliche« Erwärmung zusätzlich verschärft wurden und so eine Katastrophe ausgelöst wurde. Auch wenn solch dramatische Phasen nicht immer der Fall sind, hat die im Februar 2007 vom UN-Klimarat veröffentlichte Bilanz in handfeste Zahlen gegossen, was wir alle, nicht nur in Ausnahmesituationen, spüren: Elf der zwölf Jahre zwischen 1995 und 2006 waren die wärmsten seit dem Beginn der Wetteraufzeichnungen 1850.

Jahresbeginn 2007: Klimawandel in den Köpfen

+++ Morgen eröffnet das neue Unterwassermuseum Hamburg. Besucher können in U-Booten durch die ehemalige Hansestadt tauchen. Mit dem Unterwassermuseum folgen die Kuratoren dem Beispiel Venedigs. Das dortige U-Boot-Museum hat schon vor zwei Jahren eröffnet. Davor, dass Hamburg untergehen würde, hatte schon 2007 der Klimaexperte Hermann Ott gewarnt: Städte wie Rostock, Hamburg und Kiel würden auf lange Sicht unbewohnbar, sagte er damals der Nachrichtenagentur AP. +++ Schwere Überschwemmungen nach tagelangen Regengüssen fordern in Süditalien achtzig Todesopfer. +++ Die USA, Südafrika, Deutschland und Russland drohen China mit Krieg. Militärische Vorbereitungen liefen bereits, hieß es gestern. Erste Bilder von neuartigen Waffen, die zum Einsatz kommen sollen, sind im Umlauf. Grund für den Kon-

flikt ist die extreme Ausbeutung von Bodenschätzen, die China benötigt, um seinen Energiehunger zu stillen. +++ Der siebente Wirbelsturm in diesem Jahr wütet über Europa. Alle Flughäfen haben den Verkehr eingestellt.

»Nachrichten aus einem Tag im Jahr 2100«: Unter diesem Titel erschien in der deutschen Tageszeitung *taz* am 3. Februar 2007 dieser fiktive Artikel. Natürlich hat niemand eine Ahnung, ob unsere Zukunft exakt so oder auch nur annähernd so sein wird. Der Text spiegelt trotzdem sehr präzise eine bestimmte Realität wider: jene der gegenwärtig grassierenden Zukunftsangst. Im Jänner und Februar 2007 erfasste die Menschen eine Sturmflut alarmierender Expertenberichte. Gleichzeitig erlebte man in Mitteleuropa so milde Temperaturen wie nie. Der Mix der Nachrichten von Wetter- und Expertenfront löste ein emotionales Erdbeben aus. Plötzlich wurde die Apokalypse in grellen Farben an die Wand gemalt. Europa wurde Schauplatz eines Klimawandels in vielen Bereichen: auch in den Köpfen. Das Pendel schlug von Ignoranz in Endzeitstimmung um. Doch dies birgt die gleiche Gefahr: Sich dem zu fügen, was angeblich nicht zu ändern ist, führt zur wahren Katastrophe, weil nichts mehr getan wird.

Dieses Buch entstand während dieser Phase, im Herbst und Winter der Jahre 2006 und 2007, die so wie der Hitzesommer 2003 den Menschen drastisch vor Augen führten, was deutlich höhere Temperaturen bedeuten könnten. Botschaften aus der Zukunft, nannten wir unsere Reportagen aus weit entfernten Gegenden der Welt oder aus dem Hochgebirge, Rechercheergebnisse aus Gegenden, wo Folgen des Klimawandels schon zu gravierenden Schäden geführt haben. Doch eine dieser mahnenden Botschaften der Zukunft bekamen wir nach Hause geliefert: direkt vor unsere Haustür.

Am zweiten Sonntag im Jänner summte die erste Biene des Jahres in unserem Garten und Gänseblümchen lugten aus den Wiesen. Die Rosenstöcke trieben schon kräftig aus und dabei war es noch nicht einmal Ende Februar. Wildhüter in den Nationalparks berichteten von Bären, die ihren Winterschlaf nicht halten. Eines der Tiere brach auf eine Wanderschaft auf und wurde in einem Wald ganz in unserer Nähe gesichtet. Zugvögel wurden durcheinandergebracht, wussten nicht, ob sie hierbleiben oder doch wegfliegen sollten. Manchmal waren wir genauso verwirrt wie sie. Hin und her gerissen zwischen dem Genuss milder Sonnentage und der leisen Panik, die in uns hochstieg, weil es nicht und nicht so richtig kalt werden wollte, kein Winter, wie wir ihn kannten, einsetzte.

Viele Anzeichen der Klimaveränderung in Mitteleuropa wurden schon längst vor diesem Extremwinter von Biologen registriert: Die Forsythienblüte ist innerhalb von fünfzig Jahren von Anfang April auf Anfang März vorgerückt, Vögel aus Südeuropa siedeln sich an, Zugvögel wie Kiebitze überwintern in Südbayern statt in Südeuropa, Sardellen aus dem Mittelmeer laichen in der Nordsee, mediterrane Insekten wie Schwammspinner und Gottesanbeterinnen werden in Mitteleuropa heimisch.

Der Winter 2006/2007 verschärfte diese Turbulenzen zusätzlich: Es gab Tiere, die bereits Anfang Jänner den Winterpelz wieder abschüttelten, Zugvögel, die erstmals in Mitteleuropa blieben. Zecken waren in Teilen Deutschlands im Jänner 2007 genauso aktiv wie die ersten Tagpfauenaugen. Und mit jedem neuen Wintertag stapelten sich mehr alarmierende Szenarien von Forschern, mehr Agenturnachrichten über bizarre Wetterphänomene aus aller Welt. Allein die Spitzenmeldungen der internationalen Nachrichten aus einer einzigen Woche im Jänner verdeutlichen, wie ein neues Bild unserer Welt entsteht: einer Welt, deren Klima aus den Fugen gerät, einer Welt, die sich dramatisch verändert:

USA, am 6. Jänner 2007: Bei Rekordtemperaturen von 22,2 Grad Celsius herrscht in New York City Frühlingsstimmung: Die Kirschbäume blühen im Central Park. In Scharen tummeln sich Jogger und Spaziergänger. Die Sitzbänke sind voll besetzt. Im Vergleich: Der Temperaturschnitt der vergangenen Jahre liegt bei drei Grad Celsius. Ungewöhnliche Temperaturen melden auch Albany mit 22,7 Grad und Boston mit 20,5 Grad Celsius.

Bangladesch, am 7. Jänner 2007: Anhaltend eisige Temperaturen sorgen für eine außergewöhnliche Kältewelle. In Südasien erfrieren mindestens 260 Menschen. Statt achtzehn Grad Celsius, wie sonst um diese Jahreszeit üblich, werden höchstens fünf bis acht Grad Celsius gemessen.

Japan, am 7. Jänner 2007: Schneechaos und Windstürme führen zu schweren Verkehrsbehinderungen. Züge im Norden stehen still, mehr als 170 Flüge werden gestrichen.

Frankreich, am 9. Jänner 2007: Im Südwesten Frankreichs, in der Stadt Perpignan, wird mit neunzehn Grad Celsius ein langjähriger Temperaturrekord verzeichnet. Seit Tagen sind die Werte in Paris auch in den Nächten nicht unter elf Grad gesunken. Laut der Wetterbehörde Meteo France liegen die Temperaturen derzeit acht Grad über dem langjährigen Schnitt.

Russland, am 10. Jänner 2007: Normalerweise herrscht im europäischen Teil Russlands Mitte Jänner strengster Frost. Heute allerdings erreichen die Temperaturen den Rekordwert von 8,3 Grad Celsius. Meteorologen sprechen vom wärmsten Winter seit Beginn der Wetteraufzeichnungen vor rund 130 Jahren.

Österreich, am 11. Jänner 2007: Gerhard Baumgartner von der österreichischen Zentralanstaltalt für Meteorologie und Geodynamik (ZAMG) wird mit einem ersten saisonalen Überblick zitiert: Die Temperaturen in Wien würden im Jänner um bis zu acht Grad über dem langjährigen Schnitt liegen. Die Tagesmittel entsprechen jenen von Ende März. In Teilen Mitteleuropas hat der Pollenflug eingesetzt, Hasel und Erle blühen bereits.

Europa, 12. Jänner 2007: Sturmtief »Franz« wütet in Europa. Menschen sterben, in Österreichs Bergen erreichen Windböen eine Geschwindigkeit von 161 km/h.

Norwegen, Kanada, 12. Jänner 2007: In Spitzbergen liegt die Temperatur sechs Grad über dem Durchschnitt. Auch Kanada hat seit Tagen deutlich überhöhte Temperaturen. Dietmar Dommenget vom Leibniz-Institut für Meeresforschung meldet in Teilen des Pazifiks rund 1,5 Grad höhere Wassertemperaturen als üblich.

Kalifornien, am 13. Jänner 2007: Nach Temperaturen von über 25 Grad zu Wochenbeginn hat eine arktische Kältewelle Kalifornien erreicht, seit Freitag liegen die Temperaturen in einigen Regionen unter dem Gefrierpunkt, Gouverneur Arnold Schwarzenegger erklärt den Notstand. Dicke Eiszapfen hüllen die Zitrusfrüchte auf den Feldern ein. Verzweifelte Bauern versuchen mit Heizstrahlern die Ernte zu retten. Schäden in der Höhe von Milliarden Dollar entstehen.

Italien, am 13. Jänner 2007: In Rom, am Campo dei Fiori, sind die Straßencafés bis in die Nachtstunden geöffnet, so warm ist es. Experten der Universität Modena präsentieren Daten, wonach der Dezember 2006 in Italien der wärmste seit Beginn der Wetteraufzeichnungen 1860 war. Bereits seit Oktober 2006 liegen die Temperaturen um drei bis fünf Grad über dem zu dieser Jahreszeit üblichen Schnitt, berichtet die Zeitung *La Repubblica*. In Aosta klettern die Temperaturen auf 22 Grad, in Belluno, Cuneo und Turin auf zwanzig Grad Celsius. In Süditalien blühen die Mandelbäume, in der Poebene steht das Getreide bis zu zwanzig Zentimeter hoch.

Nur fünf Tage später erreicht Europa die Spitze der Wetterkapriolen dieses Winters: Der Orkan Kyrill zieht durch weite Teile Europas eine Spur der Verwüstung – 43 Menschen sterben infolge des Wetters, der Gesamtschaden liegt bei 4,5 Milliarden Euro. Eine Million Haushalte waren alleine in Deutschland ohne Strom, einen Tag lang standen alle Züge still. Der Orkan mit Spitzengeschwindigkeiten von über zweihundert Stundenkilometer ergänzte den Eindruck, das Wetter sei völlig außer Kontrolle.

Klimaforscherin Helga Kromp-Kolb betont zwar, »dass ein so außergewöhnlicher Winter allein nicht als Beweis für die Folgen der Erderwärmung betrachtet werden kann, dass es wieder Jahre geben kann, die wir als normal empfinden«. Gleichzeitig liegen ihr Temperaturreihen vor, die sehr signifikant eine veränderte Temperaturkurve zeigen. In dem Dilemma stecken alle Wissenschaftler: Um belegbar ein Klimaveränderung zu diagnostizieren, brauchen sie jahrzehntelange Datenreihen.

Weltweit war der Winter 2006 der wärmste seit Menschengedenken, so die US-amerikanischen Experten der National Oceanic and Atmospheric Administration. Am stärksten war der Trend in Europa fühlbar. Verantwortlich für die ungewöhnlich milden Temperaturen war eine »Wetteranomalie«. Über Monate riss die Atlantikströmung nicht ab und die eisigen kontinentalen Temperaturen aus dem hohen Norden drangen nicht zu uns durch. Fieberhaft rechnen die Meteorologen seither, welche Faktoren zu dieser außergewöhnlichen Stabilität der Wetterlage führten. Da zu Winterbeginn und am Höhepunkt der Saison überall die großen Schneeflächen fehlten, wurde viel Sonnenlicht vom Boden aufgenommen und nicht, wie sonst im Winter, reflektiert. Das verstärkte die milden Temperaturen zusätzlich. Ein sich selbst verstärkender Kreislauf kam in Gang.

Die Folge: Seit Beginn regelmäßiger Wetteraufzeichnungen war es im Winter in Österreich und Deutschland niemals so warm wie in dieser Saison. Laut dem Deutschen Wetterdienst, DWD, lag der Temperaturschnitt um 4,1 Grad Celsius über dem der vergangenen Jahre. Auf Helgoland war es so mild wie in Marseille. Die wärmsten Zonen Deutschlands waren mit einem Plus von 4,5 Grad Berlin und Schleswig-Holstein.

Dramatische Rekorde erreichte schon der Herbst 2006: Um fünf Grad Celsius lagen die Temperaturen in Europa über dem Schnitt. Meteorologe Geert Jan van Oldenborgh vom Königlich-Niederländischen Meteorologischen Institut spricht mittlerweile sogar dezidiert von einem Phänomen der »europäischen Erwärmung« und er vermutet, dass noch nicht bekannte Rückkoppelungseffekte der Natur eine besondere Verschärfung der Lage in Europa bedingen. Der in Österreich trockenste April seit Beginn der Wetteraufzeichnungen und Rekordtemperaturen im Frühling scheinen dies zu bestätigen.

EU befürchtet jährlich 86 000 Tote

Noch liegt die Durchschnittstemperatur in Deutschland und Österreich um bis zu 1,8 Grad (je nach Region) höher als noch vor hundert Jahren. Doch mit jedem Jahrzehnt wird es wärmer. So die Weltgemeinschaft weiterhin dem Kurs »business as usual« folgt und ungebremst fossile Brennstoffe verheizt, steuern wir auf eine Welt zu, in der Winter wie dieser keine Ausnahmeerscheinung, sondern tatsächlich Normalität sind. »Das Wetter wird künftig immer extremer«, sagt Daniela Jacob vom Hamburger Max-Planck-Institut für Klimaforschung. Sie hat eine Simulationsstudie für das Klima von Österreich, Deutschland und der Schweiz verfasst, die im April 2006 vom deutschen Umweltbundesamt veröffentlicht wurde. Eine Datenmenge von 42 000 Gigabyte haben Jacob und ihre Kollegen von Supercomputern analysieren lassen. Ihr Ergebnis ähnelt bereits den Wetternachrichten vom Winter 2007: »Der Trend weist eindeutig auf mildere Winter und trockenere Sommer hin«, so Jacob. So könnte das Klima in Ostdeutschland förmlich mediterran werden und mit einem Plus von bis zu drei Grad würde aus der Ostsee die neue Adria.

Laut Modellrechnungen im Auftrag des deutschen Umweltbundesamtes, die im Spätsommer 2006 vorgelegt wurden, könnten sich die Temperaturen in Deutschland bis 2100 um bis zu 3,7 Grad Celsius im Vergleich zu den Mittelwerten von 1960 bis 1990 erhöhen. Das UN-Klimagremium IPCC rechnet im »business as usual«-Szenario weltweit gar mit einer Erhöhung um bis zu 6,4 Grad Celsius im Vergleich zu 1850. Wo es wie warm wird, ist aber sehr unterschiedlich. Dies zeigen die Szenarien der globalen Forscher wie auch jene der Deutschen.

So könnte sich zum Beispiel in Freiburg im Breisgau die Zahl der sogenannten Tropennächte, in denen die Temperatur über zwanzig Grad Celsius liegt, von fünf auf dreizehn pro Jahr nahezu verdreifachen. In Berlin gäbe es nach dieser Prognose nur noch sieben statt 21 Frosttage pro Jahr. Und im Nordosten sowie im Südwesten Deutschlands könnte am Ende dieses Jahrhunderts um ein Drittel weniger Sommerregen fallen als am Ende des vorigen Jahrhunderts. Die Experten der Firma Climate & Environment Consulting Potsdam GmbH präzisierten, basierend auf verschiedenen Emissionsszenarien der UN-Klimaforscher, die Berechnungen für die Klimaentwicklung im Lauf dieses Jahrhunderts: Demnach ist die stärkste Erwärmung in Norddeutschland mit Ausnahme der Küstenzonen zu erwarten sowie in den Voralpen. Bei den Niederschlägen errechneten die Forscher ein sehr unterschiedliches Zukunftsbild: Im Durchschnitt werden die Niederschläge im Sommer um mehr als ein Fünftel abnehmen. Im ohnedies bereits trockeneren norddeutschen Tiefland könnte es bis zum Ende des Jahrhunderts im Sommer bis zu fünfzig Prozent weniger regnen. In den Gebirgsregionen hingegen dürften die Niederschläge vor allem im Winter zunehmen. Insgesamt könnte im Winter in ganz Deutschland um ein Drittel mehr Niederschlag verzeichnet werden. Bei hohen Emissionsszenarien verzeichnen die Regionen Eifel und Hunsrück maximale Zunahmen von bis zu achtzig Prozent.

Eine Studie der Universitäten Bochum, Freiburg und Kassel analysiert die Folgen des Klimawandels und sieht vor allem in Mitteleuropa Klimastress auf dicht bebaute und ungünstig gelegene Gebiete zukommen. »Die zunehmende dichtere Bebauung von Städten und Verkehrsflächen reduziert den Austausch von Luftmassen«, sagt Michael Bruse vom Geografischen Institut der Ruhr-Universität Bochum. Je dichter und höher die Bebauung, desto höher die Temperatur. Nachts und in heißen Perioden wie in den Sommermonaten 2003 und 2006 sei es dort vier bis fünf Grad wärmer als in ländlichen Gebieten.

Nach Berechnungen des Kieler Instituts für Weltwirtschaft wird das wärmere Klima die Deutschen kränker und weniger leistungsfähig machen, dies könnte am Ende dieses Jahrhunderts bis zu einem halben Prozentpunkt des Bruttosozialprodukts kosten. Bis zu zwölftausend Menschen pro Jahr könnten laut der im Auftrag der Umweltorganisation WWF (World Wildlife Fund for Nature) erstellten Studie den Hitzetod sterben, weil es im Zeitraum 2071 bis 2100 im Bundesdurchschnitt zehn bis fünfzehn mehr Hitzetage pro Jahr mit Temperaturen von 32 Grad und mehr geben wird als zwischen 1971 und 2000.

In einem an sich geheimen Klimareport prognostizierten Experten der EU auch die Gefahr von dramatischen Opferzahlen gegen Ende dieses Jahrhunderts. Im Jänner 2007 sickerten Details des vertraulichen Berichts an die *Financial Times* durch. Zwei Szenarien wurden in dem Report untersucht: eine Temperaturzunahme um 2,2 Grad sowie eine um drei Grad Celsius bis zum Ende des Jahrhunderts. Im schlimmeren Fall, bei einer Erwärmung von drei Grad Celsius, droht bis 2071, also dann, wenn die Enkelkinder der jetzt werdenden Väter und Mütter erwachsen sind, eine massive Katastrophe. Alleine in Europa könnten 86 000 Menschen pro Jahr den Folgen der Klimaveränderung zum Opfer fallen: durch extreme Hitze, Überschwemmungskatastrophen und Unwetter.

Dazu kommen dramatische wirtschaftliche Schäden – je nach Ausmaß der Temperaturerhöhung – zwischen 4,4 und 5,9 Milliarden Euro jährlich alleine in Europa. Das wirtschaftliche Gefälle würde sich extrem verschärfen: Durch lange Dürreperioden gingen die Ernteerträge im Mittelmeerraum um ein Fünftel zurück, während sie in Nordeuropa um mehr als zwei Drittel steigen könnten. Zusätzlich könnten sich die Einnahmenausfälle im Tourismus in Spanien, Portugal, Italien und Griechenland auf hundert Milliarden Euro summieren, weil es unmöglich ist, in diesen überhitzten Ländern einen Badeurlaub zu machen.

Die Meteorologen von Universität und Sternwarte in Athen prognostizieren, dass sich die Zahl der Hitzetage in Griechenland in den letzten drei Jahrzehnten dieses Jahrhunderts verzehnfachen werden. In diesem Zeitraum wird es knapp zweitausend Tage mit Temperaturen über 37 Grad Celsius gegeben, das entspricht dem zehnfachen Wert der letzten dreißig Jahre.

All dies kann durch eine radikale Änderung unseres Verhaltens noch verhindert werden. Doch es gibt auch Menschen, die nicht wie gelähmt vor Schreck oder aus bloßer Ignoranz nichts tun können oder wollen. Manche entsprechen auch dem Klischee des Zynismus: So berichtet die britische Zeitung *Observer* von Reisebüros, die Touren in jene Gegenden anbieten, die vom Klimawandel besonders gefährdet sind. Nach dem Motto: »Besuchen Sie die Malediven, die Wildnis Ostafrikas und Kitzbühels Skihänge, solange sie noch stehen!«

Rodung und Dürre bedrohen den Regenwald

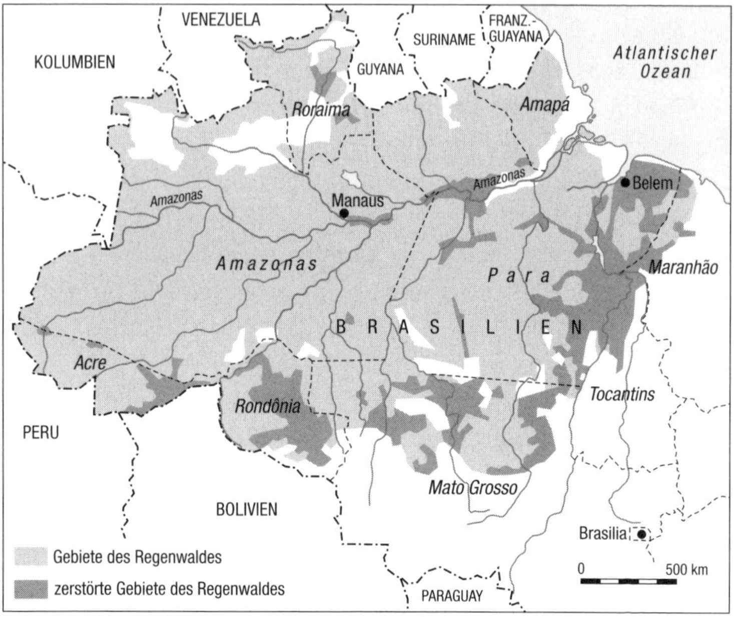

Die Ströme Rio Negro und Amazonas bilden das Herzstück des Regenwaldes.

»Wir Indios orientieren uns an den Sternzeichen und am Mond, die uns sagen, wann wir unsere Felder anlegen, wann wir säen und ernten, ob es viel oder wenig regnen wird, wann die Fische flussaufwärts ziehen, welche Früchte in dem Jahr reichlich und welche knapp sein werden. Aber jetzt regnet es, wann es nicht regnen sollte, die Zeiten, in denen die Bäume die Blätter wechseln ändern sich. Unsere Schamanen und Alten sagen, dass die Sonne immer heißer wird. Das macht die ›Herrin des Waldes und des Wassers‹ müde. Wir kämpfen mit aller Macht, um die Erde und den Wald zu erhalten. Aber andere Völker sind unfähig, das zu verstehen. Wir wissen, dass die Zerstörung des Regenwaldes den Tod über die Menschheit bringt. Ohne Wasser und saubere Luft, den Atem des Lebens, gibt es kein Überleben.«

Bonifácio José Baniwa, Vertreter der indigenen Völker des Amazonas, Brasilien

2.4. Im Regenwald Amazoniens: Der Kampf um die grüne Lunge der Erde

Brütend drückt die Mittagshitze bei 38 Grad Celsius. Am Höhepunkt der Regenzeit macht die hohe Luftfeuchtigkeit die Temperaturen schier unerträglich. Die Bewohner des Dorfes Pataua haben sich in den schützenden Schatten zurückgezogen. Die Stille ist fast hörbar. Pataua wirkt, als wäre es menschenleer, selbst der Dorfhund hat das Weite gesucht. Am Hauptplatz mit seinen wenigen Gebäuden qualmt ein kleines Feuer. In Zentrum des auf einem kleinen Hügel gelegenen Platzes befindet sich die neue Schule, wo gerade der Boden zementiert wird. Hier sitzt der vierzigjährige Valderi mit seinem kleinen, dreijährigen Sohn Valdemi am Schoß.

Er genießt seinen Platz für die Mittagsruhe: Unter einem kühlenden, kunstvoll geflochtenen Palmendach lässt das Gebäude ohne Seitenwände immer eine zarte frische Brise durchziehen. Wie Valderi leben hier in Pataua 35 Indios, indigene Bewohner Brasiliens: 120 Kilometer südwestlich von Manaus, am Fluss Manacapuru, mitten im Regenwald Amazoniens. Brütende Hitzetage wie diesen erleben sie seit Jahren immer häufiger. »Es wird anders, der Regen kommt später, schwächer oder manchmal gar nicht«, erzählen sie. Besonders dramatisch war die Lage hier, wie auch in vielen anderen Teilen des Regenwaldes, im Jahr 2005. Wenige Wochen nach einem riesigen Brand im bolivianischen Teil des Waldes, dem über tausend Quadratkilometer Tropenwald zum Opfer fielen, sind im größten Süßwasserreservoir der Welt viele Seen zu Tümpeln geschrumpft, aus Seitenarmen der mächtigen Flüsse wurden stinkende Lachen, in denen Tonnen verwesender Fische trieben.

Als große »Dürre Amazoniens« gelangte die Katastrophe in die Schlagzeilen weltweiter Medien. Ein Übersetzungsfehler führte zu dieser irreführenden Bezeichnung: Eigentlich war es ein »Niedrigwasser«, das schlimmste seit 1963. Wie alarmierend sich der klimabedingte Trend zum Niedrigwasser entwickelt, zeigte sich seither in bedrohlicher Regelmäßigkeit, zuletzt im März 2007: Mitten in der Regenzeit musste am oberen Rio Negro wegen tiefem Wasserstand der Notstand ausgerufen und zur Versorgung aus der Luft gegriffen werden.

Klimaexperten des Bundesstaates Amazonas, dem nördlichen Teil der Region Amazoniens, erklärten die Katastrophe im Jahr 2005 mit Rekordtemperaturen im südlichen Nordatlantik: Bis zu 33 Grad Celsius maß man in dem extrem aufgeheizten Ozean, der in einigen Gebieten zu bisher nie da gewesenen Tropenstürmen, im Regenwald Amazoniens zu einer Verschiebung der innertropischen Konvergenzzone und damit zu einer deutlichen Veränderung der Regenmuster führte.

Verschärft werden diese Folgen des globalen Klimawandels durch die hausgemachte Zerstörung des Regenwaldes. Die Hälfte des Wasserdampfes, der hier als Regen niedergeht, wird vom Atlantik gespeist, die andere Hälfte aus der Verdunstung von Boden und Vegetation. Doch im Durchschnitt der vergangenen Jahre wurden im gesamten Amazonien jährlich 20 000 Quadratkilometer Regenwald zerstört *(siehe Grafik Seite 81)*: durch illegale Rodung von Tropenhölzern, durch Rodung für den Anbau riesiger Sojaflächen, durch Rodung für die Weiden gigantischer Rinderherden. Oft wird der Wald einfach abgebrannt: Enorme Rauchschwaden steigen auf, bringen die Wolkenbildung und damit den Regen zusätzlich aus dem Gleichgewicht.

Wie verheerend die Folgen von Klimawandel und Raubbau am Wald sind, zeigte sich ab August 2005. Auch hier in Pataua. Der Wasserstand der vielen kleinen Nebenflüsse des Manacapuru sank mit jedem Tag. Wie viele andere Siedlungen des Regenwaldes ist das Dorf nicht über den Landweg erreichbar, nur per Boot. Und so dauerte es nicht lange, bis Pataua völlig von der Umwelt abgeschnitten war. »Es war so traurig. Das Wasser war weg. Zuerst mussten wir die Fische immer weiter weg vom Dorf fangen, auch im Jahr 2006 war wenig Wasser, aber 2005 war völlig anders: Wir mussten immer weiter und weiter gehen, drei, vier Kilometer«, erzählt Valderi: »Zuerst war das Wasser noch bei uns am Dorf, doch mit der Zeit ging es immer weiter zurück. Das ausgetrocknete

Zerstörung Regenwald des Amazonas (km²/Jahr)

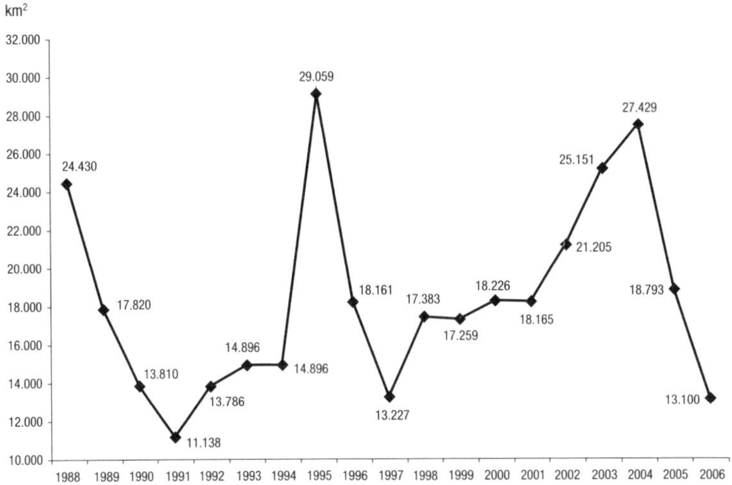

Flussbett war voller toter Fische, die langsam verfaulten. Und dann haben wir gar kein Wasser mehr erreicht. Wasser und Essen wurde uns von den Hubschraubern aus der Luft gebracht.«

Valderi und sein Sohn Valdemi machen es sich auf der einfachen Holzbank in der Schule gemütlich. Auf Valderis Schulter hat eines ihrer Haustiere Platz genommen – eine sehr große, grellgrüne Heuschrecke. Valderi spielt mit dem gezähmten Tier und mit dem kleinen Valdemi. Seine Sorge um den Buben bedrückt ihn von Tag zu Tag mehr: »Wie wird die Zukunft meines Sohnes sein? Wird er trotz der zunehmenden Veränderungen noch das Leben der Generationen vor ihm führen können?« – Auf 64 Hektar leben die 35 Indios des Dorfes Pataua im größten tropischen Regenwald der Erde, im größten CO_2-Speicher, in der größten Klimaanlage. Sie fischen, jagen die Tiere des Regenwaldes, verarbeiten ein wenig Getreide zu Brot, bewahren ihre Kultur und Tradition im völligen Einklang mit der Natur.

Im brasilianischen Bundesstaat Amazonas, der einen Gutteil des Amazonas-Regenwaldes beherbergt, leben heute rund 140 000 Indios. Im Jahr 1500 waren es noch zwei Millionen. 459 000 Quadratkilometer Regenwald – eine Fläche so groß wie Österreich und Deutschland zusammen – gelten alleine als ihr Land. Die Indios sind die konsequentesten Hüter des Regenwaldes, bewirtschaften das Gebiet nachhaltig, betreiben keinen Raubbau. Sie leben mit dem Regenwald und für den Regenwald, sind seine Beschützer, denn der Wald ist ihr Leben. In einigen Nachbarbundesstaaten von Amazonas, wie zum Beispiel dem südlich gelegenen Staat Mato Grosso, ist der Raubbau brutaler, nur noch das Gebiet der Indios ist intakter Regenwald.

»Valderi, wie ist das mit dem Wetter?« – Valderi zögert, nur langsam formuliert er die Antwort: »Das Wetter verändert sich. Die Regenzeit setzt in den letzten Jahren später ein, dazu werden die Niederschläge unberechenbarer.« – »Und, Valderi, wie ist das mit der Jagd?« – »Es gibt in den letzten Jahren weniger Tiere und wir müssen viel längere Strecken zurücklegen, wenn wir zur Jagd gehen.« Zwei Seitenarme des Manacapuru reichen bis in das Dorf Pataua hinein, zum Hauptplatz und zum Schulgebäude. Mit seinem kleinen Boot kommt Waldomiro und setzt sich zu der kleinen Gruppe, die hier die Mittagspause verbringt. Mit 53 Jahren ist er der Älteste des Dorfes: »Ja, es wird anders«, berichtet auch Waldomiro: »Früher konnten wir uns auf den Regen verlassen, er kam geregelt. Wir wussten, wann die Jahreszeiten wechseln, wir wussten, wann wir aussäen mussten. Jetzt ist alles durcheinander. Am schlimmsten war es im Jahr 2005: Wir konnten noch so lange gehen, aber wir sind zu keinem Wasser und damit zu keinen Fischen und auch zu keinem Wild mehr gekommen. 3200 Menschen mussten hier bei uns vier Monate lang mit Wasser und Essen aus der Luft versorgt werden. So schlimm war es noch nie.« – »Und, Waldomiro, warum verändert sich das Wetter?« – »Das kommt von Gott.«

Von der Schule am Hauptplatz gelangt Waldomiro mit seinem Boot direkt bis zu seiner Hütte. Hinter dieser stehen kleine Bienenstöcke. Stolz präsentiert er den Gästen diese neue Errungenschaft, die er im Rahmen eines Projektes der Regierung des Bundesstaates Amazonas nach dem verheerenden Niedrigwasser 2005 bekommen hat. Bienenstöcke der Gattung Jandaira wurden den Dörfern übergeben, damit mit der Honigproduktion künftig ein zusätzliches gesundes Nahrungsmittel unabhängig vom Wasserstand zur Verfügung steht.

Von Pataua geht es mit dem Boot über den gleichnamigen Fluss in die nächstgelegene Stadt Manacapuru. Die Fahrt lässt erahnen, wie gewaltig die Dimensionen des Regenwaldes und des Gebietes rund um Rio Negro und Solimões sind, wie der imposante Amazonasfluss hier heißt. Neben den beiden großen Strömen, die mit den Seitenarmen bisweilen eine Breite von bis zu dreißig Kilometern erreichen, sorgen rund 1100 Nebenflüsse für ein Wassereinzugsgebiet von fast sieben Millionen Quadratkilometern, das ein Fünftel des weltweiten Süßwassers enthält. Die extremen Witterungssituationen nehmen auch hier zu. Besonders hoher Wasserstand sorgt für große Sedimentfrachten, die starke Niedrigwässer wie 2005 weiter verschärfen, weil die Ablagerungen den Fluss seichter werden lassen.

In Manacapuru wird in der Abenddämmerung die Regionalzeitung verteilt: Klimaveränderung und Regenwaldzerstörung haben es auch hier zu medialen Topthemen gebracht. »Risico de doencas«, Krankheitsrisiko, lautet die Schlagzeile. Laut nachfolgendem Bericht verstärkt die Abholzung des Regenwaldes das Auftreten schwerer Infektionen, vor allem Denguefieber und Atemwegserkrankungen grassieren immer öfter. Ninfa Rosas Muzambite von COIAB, der Selbstorganisation der indigenen Völker, bestätigt dies: »Alle unsere Informationen ergeben das gleiche Bild. Die Dinge sind durcheinandergekommen. Früher wussten unsere Leute ganz genau, wann ausgesät werden muss. Jetzt wird die Witterung immer unberechenbarer. Und ganz augenscheinlich ist, dass die Gesundheitsprobleme in den letzten Jahren anwachsen.«

Doch die zunehmenden Krankheiten sind nur ein Aspekt einer Vielzahl negativer Veränderungen, die bereits eingetreten sind und sich in Zukunft noch weiter verstärken werden. Die im Intergovernmental Panel for Climate Change (IPCC) vertretenen, weltweit führenden Klimaforscher prognostizierten dem Amazonas-

Regenwald in ihrem Bericht vom Februar 2007 keine gute Zukunft. Die Temperaturen würden sich hier demnach bis zum Ende des Jahrhunderts um zwei bis fünf Grad erhöhen, die meisten Szenarien prognostizieren einen Rückgang des Regens um zehn bis zwanzig Prozent für die entscheidenden Monate Juni, Juli und August. Philipp Fearnside vom Amazonas-Forschungsinstitut INPA verweist darauf, dass bereits im Jahr 2000 erstmals von Klimaforschern berechnet wurde, was deutlich weniger Regen und eine Temperatur von bis zu fünfzig Grad für den Tropenwald bedeuten würde: »Das hält der Regenwald nicht aus.«

Die Labors der Klimarettung

Östlich von Manaus, der Hauptstadt von Amazonas, auf der Landstraße zwischen Santarém und Cuiabá zweigt bei Kilometer 67 ein Feldweg zu einem Projekt des Amazonasforschungsinstitutes INPA (Instituto Nacional de Pesquisas da Amazonia) ab. Die Forscher untersuchen hier seit Jahren, wie viel Trockenheit der Regenwald tatsächlich aushält. Mittels Hunderter, mit durchsichtigen Folien bespannter Rechtecke aus Holz wurde der Bodenbewuchs abgedeckt, dazu kleine Drainagekanäle gebaut. Dem Regenwald wird so auf dieser wenige Hektar kleinen Fläche buchstäblich das Wasser abgegraben. Erste Ergebnisse dieses Langzeitversuches namens »Seca Floresta« liegen bereits vor: Während der ersten drei Jahre zeigte der Wald kaum Veränderungen. Danach aber fallen diese umso heftiger aus. Massives Sterben tritt ein, umstürzende Bäume reißen das Walddach auf, mehr Sonnenlicht kann in tiefere Schichten vordringen, trocknet den Wald aus. Ein Kreislauf, der in der Zerstörung des Waldes münden könnte, beginnt. Die Folgen eines solchen Prozesses wären äußerst bedenklich, warnt INPA-Forscher Carlos Nobre: »Brasilien ist einer der vom Klimawandel am stärksten betroffenen Punkte der Erde. Falls der Amazonas mehr als vierzig Prozent seiner Waldfläche verliert, wird die beginnende Savannenbildung unumkehrbar.«

Je höher die Temperatur steigt, desto mehr entwickelt sich der Regenwald zur Savanne und desto stärker steigt auch die Feuergefahr. Forschungsergebnisse aus dem Amazonas zeigen, dass in extremen Trockenjahren (jene, während derer das Wetterphänomen El Nino wirksam ist) dreizehnmal mehr Großfeuer entstehen als in Durchschnittsjahren. Die INPA-Forscher sprechen vorsichtig »von Hinweisen, dass die trockeneren Jahre zunehmen und die Klimaveränderung die El-Nino-Effekte verstärkt«.

Die zunehmende Erwärmung bedeutet also mehr Savannenbildung, folglich weniger Wasserdampf sowie geringere CO_2-Speicherung, damit mehr Trockenheit und eine erhöhte Gefahr, dass sich verheerende Waldbrände entzünden, damit wiederum Veränderungen in der Wolkenbildung und schlussendlich weniger Regen. Die Dynamik einer ernsten Bedrohung.

Der Amazonas-Regenwald: Die Ströme Rio Negro und eben der Amazonas selbst mit seinen 6275 Kilometern bilden das Herzstück des größten Tropenwaldes unseres Planeten. Alleine im Bundesstaat Amazonas erstreckt er sich auf eine beinahe unvorstellbare Fläche von 1,5 Millionen Quadratkilometer: Das ist so groß wie die Fläche von Frankreich, Deutschland, Italien und Großbritannien zusammengenommen. Insgesamt ist der Amazonas-Regenwald so groß wie die gesamte Fläche Westeuropas. Bis zu fünfhundert verschiedene Baumarten finden sich auf einem Hektar Tropenwald, nur ein einziger Baum beherbergt ungefähr siebzig Ameisengattungen. Zwischen den Bäumen finden sich so viele Tier- und Pflanzenarten wie sonst nirgendwo auf der Erde. Der Regenwald birgt deshalb einen unschätzbaren Wert an Biodiversität und ist gleichzeitig die Klimaanlage dieser Welt. Denn er erzeugt gigantische Mengen an Wasserdampf und bindet pro Baum rund fünfzig Prozent mehr CO_2 als jeder andere Baum außerhalb des Regenwaldes. Generell betrachtet sind Wälder die wichtigsten CO_2-Reservate der Erde. Sie speichern die zwanzig- bis fünfzigfache Menge des Treibhausgases im Vergleich zu sonstigen Landschaften.

Der Amazonas-Regenwald Brasiliens: schätzungsweise 120 Milliarden Tonnen Kohlenstoff sind im größten Tropenwald der Welt gebunden. Würde er vollständig vernichtet, würden 120 Milliarden Tonnen Kohlenstoff über kurz oder lang in die Atmosphäre entweichen.

Der Amazonas-Regenwald – eine magische, fremde Welt. Neunzig Prozent Luftfeuchtigkeit ermöglichen nur langsame Bewegungen. Der Tropenwald erscheint auf den ersten Blick ungewöhnlich: fast kein Geräusch, nur manchmal ein Klopfen und ein Rascheln. Dann wieder eine Windböe und mit den Bäumen beginnt sich die gesamte Vegetation zu wiegen. Es riecht nach Wasser, fast ein wenig modrig, wie in einer riesigen Sauna. Kaum sind Tiere zu sehen, nur wenige Blüten. Dafür sprießen Pflanzen in allen Lagen, wie auf Etagen. Die unterste Schicht bildet der Bodenbewuchs auf viel Laub und nassem Untergrund, darüber stehen Palmen und vier bis fünf Meter hohe Pflanzen, darüber die stolzen Giganten des Regenwaldes. In allen Höhenlagen startet immer wieder neuer Bewuchs. Wenn es regnet, sorgt das Pflanzendach dafür, dass Regentropfen minutenlang von einer Schicht zur nächsten träufeln. So weit das Auge reicht, ist alles in Grüntönen und manchmal wie durch einen Weichzeichner in leichten Nebel getaucht.

Und plötzlich hebt sich ein Baumstamm hervor, um den eine Alufolie gewickelt ist, aus der ein dickes Datenkabel quillt und zu einem High-Tech-Kasten führt, der vom Bewuchs am Boden des Regenwaldes umsponnen wird. Ein Grabungsloch, wieder dicke Kabelstränge, ein gelb-schwarzes Absperrband. Dahinter schuftet Fabricio, ein junger Wissenschaftler, der das »Seca Floresta«-Projekt an einem anderen Ort im Regenwald fortsetzen und ausbauen will. Gerade werden die Geräte aufgebaut: Fünf Kleinflächen des Waldes werden unterschiedlich große Mengen Wasser entzogen. Damit will man die mögliche Auswirkung der Klimaveränderung auf den Regenwald simulieren.

Ein Jahr wird Fabricio im Regenwald verbringen, in der Basisstation des bisher größten Amazonien-Forschungsprojektes »LBA« (Large Scale Biosphere-Atmosphere Experiment in Amazonas). Hunderte Forscher der INPA wollen hier mit Unterstützung vernetzter Institute und Universitäten und durch die US-Weltraumbehörde NASA und die EU-Kommission an dreizehn Stationen erforschen, wie der Kreislauf des Regenwaldes funktioniert, warum er tatsächlich als die Klimaanlage der Welt gesehen wird, welche Teile bedroht sind und wie er überleben kann.

Fünfzig Kilometer weit ging die Fahrt hierher zu dem brandneuen Forschungsbereich. Von Manaus Richtung Norden, entlang der B 175, die bis ins 2250 Kilometer entfernte Caracas führt. Nach fünfzig Kilometern biegt ein Feldweg 34 Kilometer weit tief in den Regenwald ein. Mit dabei ist der Wissenschaftler Celso von Randow. Er betont die enorme Bedeutung dieses Projektes: »Vielleicht werden wir bald wissen, wo der Punkt liegt, ab dem der Wald die Erwärmung nicht mehr aushält.« Sein Kollege Fabricio positioniert hier die kleinen Versuchsflächen jeweils auf unterschiedliche Bodenschichten, was unterschiedliche Grade an Feuchtigkeit bedeutet. So simuliert er die Phasen und Ausformungen der Austrocknung. Seine Labor-Ausrüstung wird laufend Aufschluss über die Auswirkungen auf die Speicherung von CO_2, auf die Weiterentwicklung der Pflanzen und der Böden geben.

Einige Gehminuten weiter südlich werden wieder dicke Kabelstränge sichtbar. Vor uns stehen verschiedene Messinstrumente, die den Abbau von Kohlenstoff in den Böden und damit die Speicherkapazität der Böden messen (durch die Fotosynthese zerfällt CO_2 in C, Kohlenstoff, und O_2, Sauerstoff). Andere Geräte wiederum kontrollieren in Schächten die Entwicklung des Grundwassers, andere jene des Regenwassers. Der Regenwald hängt an Instrumenten, die seine Geheimnisse entschlüsseln sollen.

Dann wird K 34, einer von drei großen Stahltürmen sichtbar. Auf fünfzig Meter Höhe erhebt sich die Stangenkonstruktion, ebenfalls bestückt mit Instrumenten, über dem Dach des Regenwaldes. Viele davon messen den Wasserdampf und die CO_2-Konzentration in der Waldatmosphäre: wie sie sich durch den Raum bewegt, wo sie wann gebunden wird, in welche Richtung sie sich entwickelt. Denn das sind die für den Planeten wichtigsten Eigenschaften des Regenwaldes Amazoniens: Rund sieben Billionen Tonnen Wasser pumpt er pro Jahr in die Atmosphäre, dieser Wasserdampf kühlt die Luft und sorgt durch aufsteigende Moleküle auch dafür, dass er sich rasch – oft innerhalb weniger Stunden – wieder in Regen verwandelt. Dadurch entsteht der kontinuierliche und stabile Kreislauf dieser größten Klimaanlage der Welt. Zweitens speichert der Regenwald aber auch enorme Mengen an Kohlenstoff in Form von Biomasse: 120 Milliarden Tonnen.

Die enorme Zerstörung des Regenwaldes im Ausmaß von durchschnittlich 20 000 Quadratkilometer pro Jahr – eine Fläche von der Größe des deutschen Bundeslandes Rheinland-Pfalz – macht 75 Prozent der Emissionen von CO_2-Äuqivalenten Brasiliens aus und trägt ganz wesentlich dazu bei, dass das Land mittlerweile zu den zehn Hauptverursachern von Treibhausgasemissionen zählt. Klar ist: Bei steigenden Temperaturen wird die Einlagerung von Kohlenstoff in der lebenden Vegetation und in den Böden deutlich verringert. Klar ist auch, dass bei steigenden Temperaturen die Funktion der Böden des Regenwaldes als Speicher von Kohlenstoff in das Gegenteil kippen kann und sie so massiv zum CO_2-Gehalt der Luft beitragen könnten.

Der Regenwald besitzt aber auch noch eine zweite Eigenschaft als CO_2-Speicher, über die bislang noch wenig bekannt ist: Durch die Fotosynthese, die biochemische Umwandlung von Kohlendioxid in Sauerstoff, »atmet« der Wald tagsüber CO_2 in großen Mengen ein und stößt in den Nachtstunden Teile davon wieder aus. Dieser Prozess birgt das größte Rätsel, vor dem die LBA-Forscher stehen: Während das Einatmen des CO_2 bei Helligkeit an allen dreizehn Messstationen des Regenwaldes den Erwartungen entspricht und relativ konstant bleibt, bringt das Ausatmen in den Nachtstunden eine Überraschung, die bisher nicht erklärbar ist: In den Nachtstunden steigt im Umfeld der meisten Messstationen das nächtlich ausgestoßene CO_2 großteils nicht in die Höhe, sondern sinkt zu Boden. Je feuchter der Regenwald, desto stärker ist dieser Effekt. Dazu der Amazonasforscher Celso von Randow: »Nach wie vor ist dies für uns unerklärlich. Wir wissen nicht, wohin diese großen Mengen CO_2 verschwinden. Alle bisherigen Erklärungsmuster haben sich als nicht stichhaltig erwiesen. Wir versuchen mühsam, die Wege dieser CO_2-Mengen durch eine Erweiterung und Ergänzung unseres Messnetzes zu verfolgen. Es könnte sein, dass sich herausstellt, dass die Filterwirkung des Regenwaldes für CO_2 deutlich größer ist als bisher angenommen.«

Zurück im INPA-Forschungsinstitut am Stadtrand von Manaus: Hier wurden in den letzten Jahren Hunderte Wissenschaftler ausgebildet, hier läuft das Netzwerk der weltweiten Amazonasforschung zusammen. Flavio Luizao und Antonio Manzi sind Top-Forscher des LBA-Projektes: »Die Phänomene des Amazonas-Regenwaldes bergen noch viele Rätsel für uns. Die Auswirkung von Trockenheit auf den Regenwald, zum Beispiel, hängt sehr eng mit der Lage des Grundwasserspiegels zusammen. Dieser variiert regional sehr deutlich. Darüber wissen wir noch viel zu wenig, aber das wird sich bald ändern. Unser Netzwerk von Hunderten jungen Forschern, die in den letzten Jahren hier ausgebildet wurden, wird jetzt für einen Wissensschub in allen Bereichen sorgen. Eines wissen wir aber bereits jetzt mit Sicherheit: Die Bedeutung des Regenwaldes für das globale Klima ist viel größer als bisher angenommen. Wird er durch höhere Temperaturen und Abholzung geschädigt, dann bedeutet dies weniger Regen über Brasilien und Südamerika und damit mehr Trockenheit. Und dies wieder könnte die Dynamik der Klimaveränderung drastisch verstärken. Und schließlich deutet alles auf einen engen Zusammenhang des wärmeren Atlantiks mit dem Regenwald hin.«

»Flavio, gibt es eine ökologische Grenze, ab der die Zerstörung des Regenwaldes bedrohlich wird?« – »Das ist eine gefährliche Frage, weil sie suggeriert, dass es unterhalb bestimmter Grenzen unbedenklich wäre. Es ist ein schleichender Prozess. Derzeit gehen wir von rund achtzehn Prozent zerstörtem Amazonas-Regenwald aus, weitere zwanzig Prozent dürften geschädigt sein. Die ökologische Grenze, ab der ein ›Point of no Return‹ erreicht ist, dürfte irgendwo zwischen zwanzig und vierzig Prozent liegen.«

In dem Forschungsprojekt SIMAMAZONIA wurde errechnet, dass bis 2030 nur noch 41 Prozent des Waldbestandes erhalten bleiben, bis 2050 nur noch 37 Prozent, so die Welt ihren bisherigen

Kurs beibehält und dem »business as usual«-Szenario treu bleibt. Dabei gehen die Forscher davon aus, dass sich der Trend der letzten Jahrzehnte auch in den nächsten vierzig bis fünfzig Jahren fortsetzt und dies durch schwere klimatische Schäden verstärkt wird. Aber selbst in der optimistischen Simulation (»Governance-Scenario«) des SIMAMAZONIA würden bis 2050 lediglich etwas mehr als die Hälfte des Tropenwaldes erhalten bleiben.

So essen wir das Klima auf

Im Stadtzentrum von Manaus in einer unscheinbaren Gegend. Mitten in der Straßenflucht ein nahezu militärisch abgeschirmtes Gebäude – die Zentrale von Greenpeace. Die grünen Friedensfreunde haben sich in der Amazonien-Region viele Feinde gemacht. Sie bilden seit Jahren die wirksamste Speerspitze des Widerstandes gegen die Zerstörung des Regenwaldes. 2006 erzielten sie einen spektakulären Erfolg. Die größten Getreidehändler der Welt, Cargill, Bunge, Archer Daniels Midland, Freyfus und Grupo Maggi, stimmten einem zweijährigen Moratorium zu. Darin verpflichteten sie sich, während dieses Zeitraumes kein Soja von neu angelegten Feldern im Amazonas-Regenwald zu kaufen. Zudem müssen die Sojafarmer die Rechtmäßigkeit ihrer oft illegal angelegten Farmen belegen. Dieser Anbaustopp war dringend erforderlich, denn der Sojaanbau ist mittlerweile einer der Hauptgründe für die großflächige Zerstörung des Regenwaldes. Und diese Maßnahme ist vorerst in Verbindung mit der schlechten Konjunktur, einem schwierigen Wechselkurs, wachsender Verschuldung und dem Konkurs von fast einem Drittel der Sojaproduzenten auch wirksam. Die Stunde der Wahrheit allerdings wird kommen, wenn die Konjunktur wieder anzieht.

Begonnen hat der Raubbau während der brasilianischen Militärdiktatur, die für gigantische Straßenbauprojekte Tausende Kilometer lange Schneisen in den Wald Amazoniens geschlagen hat. Die Siedler wurden mit staatlichen Prämien angelockt, dann tauchte die illegale Tropenholzmafia auf und schließlich setzte eine Zerstörungswelle für gigantische Rinderweiden und den Sojaanbau ein. Diese Faktoren führten dazu, dass seit 1960 Regenwaldflächen von der Größe Frankreichs vernichtet wurden. Um eine Vorstellung von den Dimensionen zu bekommen: Eine Region so groß wie die heutige Europäische Union ist noch erhalten. 1970 lag die Zerstörung bei einem Prozent, heute liegt sie bei achtzehn Prozent. 1995 (29 000 Quadratkilometer) und 2004 (27 000 Quadratkilometer) erreichte die Zerstörung ihre bisherigen Höhepunkte. Damals wurde pro Minute eine Regenwaldfläche von sechs Fußballfeldern zerstört. Ginge es in diesem Tempo weiter, wäre bis 2050 fast die Hälfte der Klimaanlage unseres Planeten zerstört. Mit verheerenden Auswirkungen auf das globale Klima.

In etlichen südlichen und östlichen Bundesstaaten Brasiliens hat die Vernichtung bereits enorme Ausmaße erreicht. Noch immer sind mehr als zwei Drittel der Schlägerungen von Tropenholz illegal. »Auf der Jagd nach dem wertvollsten Holz fliegen Firmen über den Amazonas und sichten Mahagonibäume. Um die wertvollsten Bäume zu erreichen, werden oft kilometerlange illegale Straßen in den Regenwald geschlagen. Ein einziger Baum kann mehr als 100 000 Euro erzielen«, berichtet Carlos Rittl von Greenpeace: »Der größte Schaden entsteht hier allerdings durch die Straßen.«

Der Regenwald verwandelt sich zudem immer mehr in eine riesige Rinderweide: Brasilien ist mittlerweile mit 165 Millionen Tieren (zum Vergleich: in Argentinien grasen 55 Millionen) der größte Rindfleischexporteur der Welt. Als Faustregel hat Greenpeace errechnet: Für hundert Gramm Fleisch werden durchschnittlich vier Quadratmeter Tropenwald zerstört. Mittlerweile werden mehr als ein Drittel der Rinder Brasiliens auf ehemaligen Regenwaldgebieten gehalten. Vielfach werden die Flächen durch Brandrodung zur Rinderweide. Dies ist die »billigste« Methode, den Wald in Nutzflächen umzuwandeln, die Auswirkungen aber sind katastrophal, da die Brände neben der Veränderung der Wolkenbildung und damit des Regens auch hohe CO_2-Emissionen freisetzen. In den vergangenen fünf Jahren aber wurde, wie eingangs erwähnt, der Sojaanbau zum wichtigsten Zerstörungsfaktor: Auch zur Schaffung von Anbauflächen wird massiv Brandrodung eingesetzt. Die Anbaufläche Brasiliens hat sich – ausgehend vom Süden des Landes, nun aber zunehmend auch weiter nördlich im Regenwald – in den letzten fünf Jahren mehr als verdoppelt.

Seit 2005 ist Brasilien mit Plantagen im Umfang von 23 Millionen Hektar – das entspricht der Fläche von Großbritannien – der größte Sojaexporteur der Welt. Weit über eine Million Hektar davon im Gebiet des ehemaligen Regenwaldes. Hier gilt, wie auch bei den hauptsächlich für den Export gehaltenen Rinderherden, dass der Regenwald von den Industrieländern, also auch von uns, aufgegessen wird. Rund achtzig Prozent der Sojabohnen werden als Tiernahrung verwendet. Mit rund 38 Millionen Tonnen werden 75 Prozent der brasilianischen Sojaernte exportiert, hauptsächlich nach Europa und China. Seit dem Verbot von Tiermehl als Konsequenz des BSE-Skandals ist die internationale Sojanachfrage dramatisch gestiegen.

Dazu kommt übrigens, dass rund ein Drittel des in Brasilien angebauten Sojas aus gentechnisch verändertem Saatgut stammt. Nötig ist der Einsatz der Pflanze in der Tierfütterung keineswegs, da brauchbare Alternativen existieren. Bei Milchkühen ist die Substitution am einfachsten, bei Legehennen und Mastgeflügel etwas komplizierter, weil Geflügel spezielle Eiweißzusammensetzungen und Aminosäuren fordert. Als Ersatz können in diesem Bereich vor allem Rapsschrot und Leguminosen dienen. Würde die EU ihre Agrarförderung diesbezüglich ändern, könnte der Markt für solche Alternativen aufbereitet werden. Mittelfristig würde dies diesen Produkten auch zum Durchbruch verhelfen und die Soja-Epidemie im Regenwald eindämmen.

Eine Hochburg des Sojaanbaus ist der brasilianische Bundesstaat Mato Grosso. Dies ist vermutlich kein Zufall. Der 2006 wiedergewählte Gouverneur heißt Blairo Maggi. Er stammt aus einer der reichsten Familien des Landes, die derzeit ihren Hauptprofit im Sojageschäft erzielt. 2005 hat sich Maggi vorgenommen, die landwirtschaftliche Produktion in Mato Grosso bis 2010 zu verdreifachen. Die Welle der Erschließungen führt im Amazonasgebiet nicht nur zu ökologisch gefährlicher Zerstörung, sondern sie ist auch eine der Ursachen für die Verelendung eines Teils der Bevölkerung. Tausende Kleinbauern, die hier auf kleinen Anbauzonen den Regenwald durch ihre Produktionsweise geschont haben, müssen meist unter dem Druck der Großgrundbesitzer ihr Land für lächerlich geringe Summen verkaufen. Sobald die geringen Erträge aus dem Verkauf aufgebraucht sind, arbeiten sie wie Tausende andere oft unter menschenrechtswidrigen Verhältnissen auf Riesenfeldern mit Tausenden Hektar Fläche. Brasilianische Gewerkschaftsorganisationen prangern die häufig sklavenartigen Arbeitsbedingungen an. Auch von Umwelt- und Menschenrechtsorganisationen werden immer wieder schockierende Berichte vorgelegt, die belegen, dass Menschen mit falschen Versprechen in entlegene Farmen im Regenwald gelockt werden, wo ihnen die Papiere abgenommen werden und sie häufig unter Waffenbedrohung ausgenutzt werden. Ein Beispiel sind die mittlerweile aufgedeckten Zustände auf der Roncador-Farm in Mato Grosso: Wie Sklaven mussten die Arbeiter sieben Tage die Woche sechzehn Stunden täglich arbeiten.

Die Zerstörung des Regenwaldes Amazoniens durch illegale Rodungen von Tropenhölzern, durch die sprunghaft wachsenden Rinderweiden samt dem boomenden Sojaanbau haben dem Regenwald und damit dem Klima bereits in den letzten Jahren schwere Schäden zugefügt. Dieser Prozess zählt zu den vier weltweit gefährlichsten Klimakillern.

Regenwald-Experte Carlos Rittl von Greenpeace verweist dazu auf die neuesten Daten zur Zerstörung des Regenwaldes, die nur zweifelhaft als Fortschritt durchgehen können: 2005 und 2006 wurde im Vergleich zu den Rekordjahren davor signifikant weniger Fläche (19 000 beziehungsweise rund 14 000 Quadratkilometer) zerstört. Vorsichtig bewertet muss diese Entwicklung schon alleine deshalb werden, weil es auch im vergangenen Jahrzehnt mehrfach deutliche Rückgänge gab, auf die in einer fast pendelartigen Reaktion dramatische Zuwächse – etwa 1995 auf 29 000 Quadratkilometer – folgten. Und selbst 14000 Quadratkilometer stellen eine unvorstellbare Fläche beinahe von der Größe Schleswig-Holsteins dar. Der fortgesetzte Raubbau reißt immer tiefere Wunden in den Regenwald, die ihn zusehends verletzlicher werden lassen.

Achtzig Kilometer nördlich von Manaus befindet sich eines der ältesten Projekte der Amazonasforscher: Bereits im Jahr 1980 wurde auf einer riesigen Fläche ein langfristiges Experiment des Amazonasforschungsinstitutes INPA gestartet. Untersucht werden soll hier, wie sich die teilweise Zerstörung des Regenwaldes durch gerodete Flächen auf den dazwischen liegenden, intakten Regenwald auswirkt. Die Ergebnisse sind auch hier beunruhigend. Auf rund hundert Hektar großen verbliebenen Waldflächen wurde an den Rändern verstärktes Baumsterben beobachtet. Generell nahm die Speichermöglichkeit von CO_2 deutlich ab, es gab mehr Verwüstung durch Stürme und die Feuergefahr ist deutlich gestiegen. Dies bedeutet, dass sich bei fortschreitender Zerstörung die negativen Auswirkungen auf die intakten Restflächen dynamisieren werden.

Die Amazonasforscher müssen jedenfalls an allen Untersuchungsorten noch viele Fragen beantworten: Wie groß ist die Speicherfähigkeit des Regenwaldes für CO_2 tatsächlich? Wie genau gestaltet sich die Wechselwirkung zwischen diesem Gebiet und der Erwärmung des Nordatlantiks? Und vor allem: An welchem Punkt beginnt das einzigartige System Regenwald zu kippen? Wann werden die Auswirkungen auf das Klima des Planeten wahrlich dramatisch sein?

Die Hoffnung heißt Amazonas

Am Regenwald und seiner Funktionsweise muss zwar noch viel hinterfragt werden, bis wir ihn und seine Gesetzmäßigkeiten auch wirklich verstehen können, die katastrophalen Auswirkungen seiner Zerstörungen kristallisieren sich aber bereits jetzt deutlich heraus. Sie zeigen, dass die wichtigste Klimaanlage der Erde in eine

Doppelmühle geraten ist: durch eigenes Verschulden und die Zerstörung in der Region – an der die Industriestaaten durch ihre Importe und ihre Geschäftsinteressen wesentlich mitwirken. Und durch die drohende Gefahr der einsetzenden Klimaveränderungen andererseits. Kommt es zu einer Fortsetzung dieses schrittweisen Zerstörungsprozesses, dann hätte dies fatale Konsequenzen für unseren Planeten. »Wir sind uns unserer Verantwortung sehr genau bewusst und wissen, dass die ganze Welt auf uns schaut«, betont Omar Aziz, Vize-Gouverneur des Bundesstaates Amazonas, der im Gegensatz zu Gouverneur Eduardo Braga eher als ausgeprägter Vertreter von Wirtschaftsinteressen gilt.

Dieser brasilianische Bundesstaat birgt für viele Wissenschaftler, Klimaschützer und Menschenrechtsexperten die größte Hoffnung im Kampf gegen die Zerstörung des Regenwaldes und damit für die Eindämmung der Klimaveränderung. Aus vielerlei Gründen: Amazonas beherbergt mit 150 Millionen Hektar den größten Teil des Regenwaldes, hier ist die Niederschlagsmenge noch am größten und damit etwa der Sojaanbau bislang am wenigsten wirtschaftlich. Und Amazonas hat bisher mit drei Prozent die relativ geringste Zerstörung des Tropenwaldes zugelassen: Somit wird sich in Amazonas – und seinen nördlichen Nachbarn – die Auseinandersetzung um den Regenwald entscheiden.

Amazonas setzt dabei auf die sogenannte »Grüne Freihandelszone« – eine Verbindung aus Industrieansiedlung rund um Manaus und einem weitgehenden Erhalt des Regenwaldes. Aber auch hier nimmt der Druck der Interessen von Holzmafia, riesigen Rinderfarmen und Sojaplantagen massiv zu. Die Welle der Zerstörung droht vom abgegrasten Süden und Osten, wo es nicht mehr so viel unberührte Fläche gibt, auf den Kern des Regenwaldes zuzusteuern. Eine Allianz von Umweltinitiativen und die Selbstorganisationen der indigenen Völker zum Schutz des Regenwaldes setzt auf das Konzept umfassender Schutzgebiete, die eine drohende Fortsetzung der Zerstörung verhindern und die Plünderung des Regenwaldes stoppen sollen. Das Konzept der Schutzgebiete wird mittlerweile auch von Gouverneur Eduardo Braga und Umweltminister Virgilio Viana getragen und ist als nachhaltige Wirtschaftsentwicklung Teil des offiziellen politischen Kurses des Bundesstaates Amazonas.

Manaus, die Metropole, ist eine Stadt mit über 1,6 Millionen Einwohnern, mit monatlich dreitausend neuen Fahrzeugzulassungen, die 1600 Kilometer vom Atlantik entfernt dennoch von Hochseeschiffen auf dem Amazonas erreichbar ist. Am Rand dieser ungewöhnlichen Hauptstadt befindet sich ein unscheinbares Gebäude, der Sitz der Umweltbehörde SDS des Bundesstaates Amazonas. Im Erdgeschoss befindet sich in einem großen Raum von fünfzig Quadratmetern der Arbeitsbereich von zwanzig Mitarbeitern. Alle zwischen zwanzig und dreißig, alle arbeiten engagiert am Computer an Satellitenbildern.

Ihre zentrale Aufgabe ist es, das Konzept der Schutzgebiete umzusetzen. Mithilfe von Satellitenbildern wird dies bewerkstelligt, werden Abgrenzungen vorgenommen, wird erörtert, wo Kompromisse möglich sind und Wirtschaftszonen entstehen und wo nachhaltige Waldbewirtschaftungen genehmigt werden, aber vor allem, wie die Schutzgebiete schrittweise erweitert werden können.

Schon jetzt ist der Bundesstaat Amazonas das Land mit den größten Schutzgebieten der Welt: 45,9 Millionen Hektar Land sind den Indigenen vorbehalten, weitere vierzehn Millionen Hektar wurden bereits als nationale Schutzgebiete durch die Regierung Brasiliens definiert und mehr als siebzehn Millionen Hektar sind zusätzlich als solche durch den Bundesstaat Amazonas verankert worden. Nach Berechnung des deutschen SDS-Beraters Hans-Jürgen Krüger sind damit derzeit bereits 48 Prozent der gesamten Landesfläche von Amazonas Schutzgebiete. Für die engagierten Mitarbeiter der SDS, für die Selbstorganisationen der Indios, für Greenpeace, für viele Wissenschaftler ist aber klar: Das derzeitige Konzept der Schutzgebiete kann nur der Anfang sein und muss weiter ausgebaut werden: bis 2010 auf über sechzig Prozent, in zwanzig Jahren auf über achtzig Prozent.

Schafft man gleichzeitig ausreichend nachhaltige wirtschaftliche Entwicklung, ist dieser Zeitplan realistisch und umsetzbar. Denn

Schutzgebiete im Amazonas: Die Hoffnungsgebiete

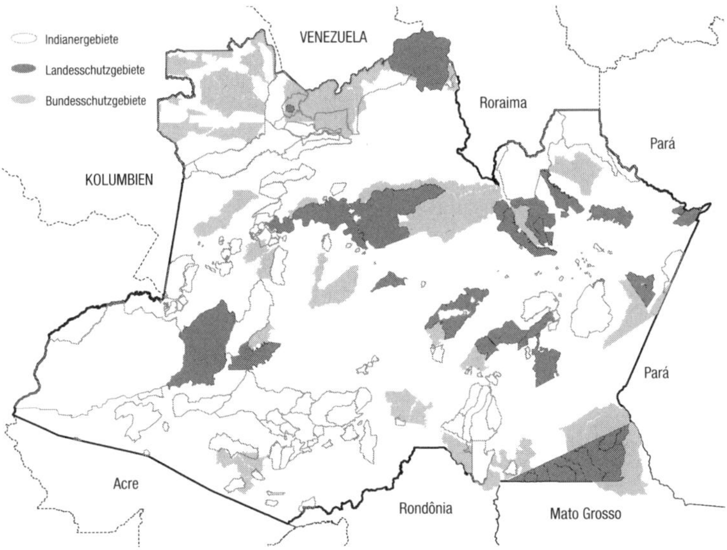

für das ganze Regenwaldgebiet gilt: Die für Ernährung und wirtschaftliche Entwicklung notwendigen Flächen wurden bereits gerodet. Es muss im Wesentlichen erreicht werden, dass sie entsprechend genutzt werden, statt auf der Suche nach immer neuen »kostenlosen« Flächen immer neue Zerstörung zu verursachen. Und das Schutzgebiete-Konzept darf nicht nur am Papier bestehen, sondern muss die betroffenen Gebiete tatsächlich wirksam gegen die drohende Fortsetzung der Zerstörung schützen. Nur dazu fehlen derzeit vor allem Geld und Personal.

In der Zentrale der FUNAI, jener Organisation des Justizministeriums von Amazonas, die Indio-Schutzgebiete gegen Eindringlinge und Zerstörung schützen soll, wird auch eingeräumt, dass diese Aufgabe derzeit nicht zu verwirklichen ist. Lediglich 91 Mitarbeiter sind für den Schutz der gesamten vierzehn Millionen Hektar der Indio-Gebiete zuständig, meist muss ein Mitarbeiter eine Region rund um zweihundert Flusskilometer betreuen. Und auch die Umweltbehörde SDS hat gegenüber der Zerstörung oft das

Nachsehen. Etwa am Fluss Manacapuru, wo die Holzmafia gerade eine riesige illegale Straße in den Regenwald geschlagen hat. Dies entdeckten Mitarbeiter der SDS über Satellitenaufnahmen zwar binnen Wochen und die Straße wurde gesperrt, die Zerstörung war aber bereits geschehen. Vierhundert Kilometer südlich von Manaus entdeckte man plötzlich, dass inmitten eines Schutzgebietes viertausend Goldgräber aktiv waren. Erst durch Zeitungsmeldungen wurde die Umweltbehörde informiert. Aber wie verbannt man viertausend Goldgräber?

So gelten die Schutzgebiete derzeit vielfach nur am Papier, wie etwa auch das seit Jahren in ganz Brasilien bestehende Gesetz, dass jeder Landbesitzer lediglich zwanzig Prozent seines Waldes roden dürfe und den Erhalt von achtzig Prozent garantieren müsse. Das Konzept von Amazonas, die Errichtung umfassender Schutzgebiete, ist trotzdem eine Hoffnung für die Rettung des Regenwaldes. Umweltexperte Krüger: »Das bedeutet, dass wir verstärkt auf Bodenrechtspolitik, Grundkataster und Rechtsstaatlichkeit bei der Umsetzung der großflächigen Schutzgebiete setzen müssen. Und dazu benötigen wir eine verbesserte fachliche Qualifizierung von Verwaltungen und ihrem Personal.«

Großflächige Schutzgebiete sind ein enorme Chance, sowohl für den Erhalt der Klimaanlage Regenwald als auch für eine nachhaltige Wirtschaftsentwicklung in ausgewiesenen Intensivzonen. Amazonas braucht dazu aber mehr als wohlmeinende Grußbotschaften der internationalen Gemeinschaft, sondern handfeste finanzielle Unterstützung: eine Form der Einbeziehung des Regenwaldes in das künftige Klimaschutzübereinkommen Kyoto 2, ein attraktives Anreizsystem für Entwicklungs- und Schwellenländer und – bis dahin – Entschädigungszahlungen für den Erhalt des Regenwaldes. Entscheidend wird dazu auch die grenzüberschreitende Zusammenarbeit mit jenen Nachbarländern im Norden sein, die vierzig Prozent des Amazoniengebietes stellen: vor allem mit Ecuador, Peru, Kolumbien und Venezuela.

Gouverneur Eduardo Braga versucht diese notwendige internationale Unterstützung vor allem durch die Unterstützung der

Weltbank zu lukrieren. Sein Stellvertreter Omar Aziz formuliert dies eindringlich: »Die ganze Welt schaut auf uns. Wir sind uns unserer Verantwortung bewusst. Aber die Welt muss uns ermöglichen, dass wir dieser unserer Verantwortung auch gerecht werden können.«

Die Klima-Krisenzone Afrikas

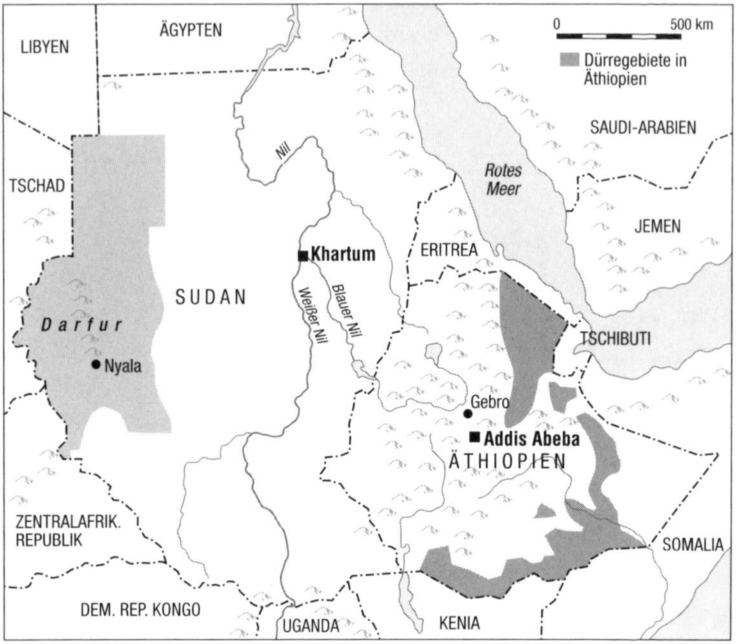

Im Sudan und in Äthiopien fordert der Klimawandel die meisten Opfer.

»Meine Schwester, eine Freundin und ich haben von einer Hilfsorganisation einen Kredit für den Kauf einer Getreidemühle bekommen: Der erste Lichtblick in unserem Leben. Dreitausend Birr, das sind 280 Euro, hat die Mühle gekostet. Das müssen wir langsam zurückzahlen. Nur, was passiert mit unserer Mühle, wenn unsere Bauern kein Getreide mehr ernten können, weil der Regen ausbleibt? Immer öfter bleibt unser Land trocken, dann regnete es wieder so sehr, dass die Saat aus dem Boden geschwemmt wird. Wenn uns der Regen im Stich lässt, dann sind wir verloren. Dann war unsere Hoffnung und alle Mühe – auch von jenen die kommen, um uns zu helfen – vergebens.«

Taiyu, Bäuerin, Äthiopien

2.5. Ausnahmezustand im Sahel

Darfur: Wahrscheinlich der erste Klimakrieg

»Wer gesund war, wer die Lage rasch genug erkannte, der lief so schnell es ging Richtung Berge«, erzählt Adam Mohammed. Die Atemlosigkeit, die Panik des Moments liegen noch immer in seiner Stimme, auch jetzt, Monate nach dem Überfall. Dabei ist er längst in Sicherheit, in einem behelfsmäßigen Flüchtlingscamp nahe der Stadt Kass, in der sudanesischen Provinz Darfur. Ihm ist es damals nicht gelungen zu fliehen, er sah das Drama mit an. Adam Mohammed war »Chief« des Dorfes Kailek im Südwesten von Darfur. Tausende Milizen griffen den Ort in den frühen Nachmittagsstunden an. »Janjaweed«, übersetzt »Teufel zu Pferd«, werden sie hier genannt. Fast sechshundert Dorfbewohner starben auf der Stelle. Nach dem Gemetzel verschwanden die Angreifer für wenige Stunden. Als sie am Abend zurückkehrten, trieben sie Tausende Gefangene vor sich her. Eine Siedlung nach der anderen in der Umgebung war von den Janjaweeds attackiert worden.

Wer überlebte, den brachten sie nach Kailek. 17 000 zählte der »Chief«. Sechs Wochen hielten die Milizen sie wie Gefangene. Niemand durfte den Ort verlassen, niemand durfte ihn betreten. »Unsere Lage war verheerend. Es gab keine medizinische Hilfe, kein sauberes Wasser, viel zu wenig zu essen«, schildert Adam Mohammed die Verzweiflung dieser Tage: »Pro Tag starben bis zu zehn kleine Kinder an den grassierenden Epidemien. Dazu kam der Terror der Milizen. Fast vierhundert Menschen wurden gnadenlos exekutiert, meist vor den Augen ihrer Familien.« Jene, die überlebten, flüchteten nach dem Rückzug der Janjaweed aus Kailek. Ihre Existenzen waren vernichtet: das Dorf verbrannt, die Felder verwüstet, die paar Schafe und Ziegen, die sie besessen hatten, geschlachtet, die Getreidevorräte geplündert. Mittellos, entwurzelt und traumatisiert, schlossen sie sich dem Flüchtlingsstrom von Millionen an. In den Lagern hofften sie auf Schutz und Nahrung.

Adam Mohammed und die Überlebenden von Kailek strandeten nahe der Stadt Kass, wo bereits 45 000 Hungrige auf Hilfe von draußen warteten.

Seit 2003 tobt in Darfur, einer Region so groß wie Frankreich, ein gnadenloser Bürgerkrieg. 250 000 Menschen sind ums Leben gekommen, 1,5 Millionen, also fast jeder dritte Bewohner, mussten flüchten. Unter ihnen Fatima Yussef. Die 25-Jährige ist eine von Tausenden Frauen, die bei Übergriffen brutal vergewaltigt wurden. Sie wurde schwanger und bekam ein Kind von ihren Peinigern: »Jede Nacht habe ich Albträume. Vom Feuer in meinem Dorf. Vom Überfall. Doch ich darf nicht daran denken, wer der Vater des Kindes ist. Sonst müsste ich es hassen, aber ich darf das nicht. Ich liebe mein Kind und es wird mit mir leben.«

Sie kauert in einem Verschlag eines provisorischen Flüchtlingslagers nahe der Provinzhauptstadt Nyala. Schwül ist es, so sehr, dass man kaum Luft kriegt. Es ist August. Die Zeit des großen Regens. Fatima hat Angst vor der Zukunft; dreifache, vierfache Angst. Vor der nackten Armut, davor, dass sie seit über einem Jahr keinen Gedanken daran verschwendet, nach Hause zu gehen, weil das, was einmal Heimat war, nur noch in ihrer Erinnerung existiert. Davor, dass die Felder ringsum immer staubiger werden, der Regen noch mehr ausdünnt und die schrecklichen Heuschrecken das wertvolle Grün wegfressen so wie im Jahr zuvor. Und sie fürchtet sich davor, auch nur einen Schritt von der Zeltstadt weg zu gehen: »Sie könnten uns wieder angreifen. Die Janjaweed lauern überall.«

Aus europäischer Perspektive folgt die Auseinandersetzung in Darfur einem einfachen Muster: Afrikanisch-stämmige Bauern, wie Fatima oder Mohammed, werden von arabisch-stämmigen Nomaden, den Janjaweed, angegriffen, die von der Regierung unterstützt werden: Es herrscht Bürgerkrieg. Bis 1916 war Darfur ein unabhängiges Sultanat und ist ein Staat im Staat geblieben. Der Sudan ist ein *melting pot,* dessen zentrifugale Kräfte seit jeher den Keim von Konflikten bergen. Hier trifft Nordafrika auf Schwarzafrika. Hier unterdrückt – teilweise brutal – eine islamisch geprägte Elite christlich orientierte Gruppen. Doch eine gepeinigte Frau wie

Fatima hat nur diese eine einzige Angst nicht, die man dieser Logik folgend am ehesten erwarten würde: dass ihr Kind, nicht zu ihrem Volk gehören wird, ausgestoßen wird. »Warum?«, fragt sie zurück: »Warum soll mein Baby nicht in unsere Gemeinschaft aufgenommen werden?« Die ethnische Bruchlinie der papierenen Analysen existiert für sie nicht. Ihr Baby gehört nicht halb zu ihrem Volk und halb zu einem anderen, weil in der Realität Darfurs die harten Grenzen zwischen Stämmen und Völkern schon seit Generationen ineinanderfließen.

Die Front verläuft woanders: zwischen Bauern, die ihre Felder bewirtschaften, und Nomaden, die mit ihren Rinder- und Kamelherden von einem fruchtbaren Weideplatz zum nächsten ziehen. Hier, entlang dieser Kann-Bruchstelle der Gemeinschaft, wachsen seit Jahrzehnten Hass und Zwietracht. Jeder fühlt sich vom anderen bedrängt. »Konflikte zwischen Sesshaften und Nomaden auf der Suche nach Wasserplätzen hat es in Darfur schon seit Jahrhunderten gegeben. Normalerweise wurden diese Streitigkeiten aber durch Verhandlungen ausgeräumt«, so der sudanesische Journalist Peter Verney: »Seit den 1970er-Jahren haben wir aber beobachtet, dass sich das Klima klar verändert, die Wüste rasant voranschreitet. Der Druck auf die Stämme, die traditionell im Norden leben, tiefer in den Süden zu wandern, stieg. In den 1980er- und vor allem den 1990er-Jahren intensivierte sich der Konflikt, weil die Regierung den ansässigen Bauern Waffen wegnahm und die – aus ihrer Sicht – loyalen Nomadenstämme im Gegenzug aufmunitionierte. Doch gleichzeitig verschlimmerten sich die Dürreperioden«, so Verney.

Damit spitzten sich die Konflikte um das immer weniger bewirtschaftbare Land mehr und mehr zu. Dieser Zündstoff wird für den Kampf um Rohstoffe und Hegemonie ausgenutzt, doch der Hass, der sich tagtäglich in der Region entlädt, zeugt von einem nackten Kampf ums Überleben: Es geht in Darfur nicht in erster Linie um Araber oder Afrikaner, Christen oder Muslime. Es geht um Wasser, Weideland und um die Existenz. Darfur zählt zur Klimaregion Sahel. Sie liegt im Süden der Sahara und erstreckt sich wie ein bis zu achthundert Kilometer breites Band von der westafrikanischen Küste bis zu den Hochländern Ostafrikas. Kaum eine Region der Erde ist, historisch betrachtet, so anfällig für Dürreperioden. Doch seit 1960 spitzt sich die Lage dramatisch zu: Überbewirtschaftung einzelner Zonen, Erosion und vor allem zunehmende Trockenheit führen dazu, dass sich die Sahara in den grünen Gürtel frisst.

Das geschah auch in der Provinz Darfur, der traditionellen Kornkammer des Sudans. Ein Bergplateau im Zentrum sorgte bislang für ein regenreiches Mikroklima. Doch in der gesamten Region ist die durchschnittliche Regenmenge während der vergangenen Jahrzehnte um ein Viertel gesunken. 400 000 Quadratkilometer weit hat sich die Wüste in den vergangenen zehn Jahren laut Berechnungen französischer Experten (Comité Français de la Désertification) in die Sahelzone gefressen. Der Stress der Erde ging direkt auf die Menschen über, die von ihr leben.

Was in diesen Jahren in Darfur passiert, zählt deshalb zu den ersten großen Klimakriegen. »Sowohl im Sudan wie auch in anderen Ländern Afrikas werden wir längst Zeugen, wie der Klimawandel bereits bewaffnete Konflikte bewirkt«, betont auch Jeffrey Sachs, Direktor des Earth Institute der Colombia University in New York, der die Wurzeln des Konfliktes untersuchte. Er fordert ein rasches Umdenken der Hilfsorganisationen und vor allem der UNO. Denn nach wie vor würden solche Konflikte in wasserarmen Regionen einzig in innenpolitischen Kategorien verstanden werden. Allerdings könnten Soldaten – auch Angehörige internationaler Friedenstruppen – die Konfliktparteien nur dann auseinanderhalten, wenn sie wieder eine Chance auf existenzsichernden Zugang zu Ressourcen bekommen.

Im März 2006 strich auch der britische Innenminister John Reid diese Dimension des Konfliktes hervor: »Die globale Erwärmung ist Motor des Genozides in Darfur. Es ist die nackte Wahrheit: Der Engpass von Wasser und bewirtschaftbarem Land sind die entscheidenden Faktoren, die diese Tragödie ausgelöst haben. Wir sollten dies als Warnung sehen.« Auch Leslie Lefkow, Darfur-Experte der Menschenrechtsorganisation Human Rights Watch, vertritt diese Position: »Die Regierung des Sudans hat sich nicht um die zunehmende Wüstenbildung, die Verringerung der Viehbestände und die Verkleinerung der Agrarflächen angenommen: Das hat die Rebellion mit ausgelöst.«

Experten sind sich einig, dass die besonders verletzliche Klimaregion Sahel quasi das Testlabor der Folgen der Klimaerwärmung ist. Regelrechte Kriege um Wasser drohen – nicht nur in Afrika: Zehn Millionen Hektar Land gehen weltweit pro Jahr an die Wüste verloren. Hass und Zwietracht stauen sich auf, ein Kampf um Wasser und fruchtbare Erde bahnt sich an. »Sie waren neidisch auf unsere Felder«, erzählt auch der Bauer Adam Mohammed. »Sie wollten unser Land für ihre Herden. Aber wir gaben es ihnen nicht. Wir brauchten es ja selbst.« Der Morast um sein kleines Zelt wird auch an diesem Tag wieder aufgeweicht durch den Regen des Nachmittags. Nachdenklich stochert er mit einem Zweig im Boden. »Selbst wenn der Krieg aufhört, wird das Land nicht mehr und der Regen nicht mehr besser.« Seine Angst vor der Zukunft lässt sich greifen. Denn er braucht keine Fachmagazine zu lesen, keine Studien: Sein Leben und das Drama, das er mit ansah, waren Beweis genug: Es herrscht Krieg. Auf der Erde um die Erde.

Äthiopien: Tödliche Kapriolen der Regenzeiten

Auch Hunderte Kilometer weiter östlich, in Äthiopien, diktiert die Angst das Leben der Bauern: Angst vor einer neuen Dürre. Die große Regenzeit bricht herein wie ein Überfall, spürbar ist es der Moment der großen Erleichterung. Es ist Anfang Juni, halb fünf am Nachmittag. Gigantische Wolkenberge haben sich in den Stunden zuvor über dem äthiopischen Hochland zusammengerottet. Sturzbäche waschen die drückende Schwüle nun binnen weniger Augenblicke aus der Luft.

Als der Wolkenbruch beginnt, sich langsam in einem sanften Regen aufzulösen, eilen der Bauer Shitto, seine Frau und die fünf Kinder hektisch aus ihrer einfachen Hütte. Das Zuhause der Familie besteht aus einem einzigen Raum, ist direkt am bloßen Erdboden aus Lehm und Ästen gezimmert, Materialien, die den Wassermassen kaum standhalten. Während der nächsten Nächte wird sich der Regenduft in feuchtwarmen Moder verwandeln, der sich in ihre Kleider und ihre schäbigen Matratzen frisst. Es ist der Geruch nackter Armut; allgegenwärtig in Äthiopien. Der 45-jährige Shitto besitzt, was er am Leib trägt, und muss seine Familie von einer Ernte zur nächsten durchbringen. Und diese Ernten stehen und fallen mit dem Regen. Die Menschen hier sind in jeder Hinsicht dem Wetter ausgeliefert: Es diktiert ihr Leben und entscheidet über ihr Überleben.

Knöcheltief versinken Eltern und Kinder am Weg zu den Feldern im Boden, der unter ihren schnellen Schritten und unter der schweren Last der Säcke mit Saatgut nachgibt wie zäher, schwarzer Brei. Die triefend nasse Erde, von der langen Trockenheit zuvor aufgeheizt, dampft. Die Straße – eigentlich ein unwegsamer Schotterpfad – ist eine Seenlandschaft aus Pfützen geworden. Die Familie läuft barfuß entlang des Weges zwischen dem aufgeweichten Boden und den lauwarmen Brühen. Die große Regenzeit sollte hier im Dorf Gebro, in der Region Derra, im Juli, nicht schon im Juni, anfangen. Von Generation zu Generation konnte man sich auf diesen Zeitplan verlassen.

Doch im Busch zählt heute nur noch der wertvolle Regen und nicht, wann er kommt. Außerdem hat sich Shitto an die immer auffälligeren Unregelmäßigkeiten der nassen Witterungsphasen mittlerweile gewöhnt; so gut es eben geht. Bleischwer fühlte sich die Hitze der vergangenen Tage an, deshalb ahnte er wie alle Bauern von Gebro, dass die Monate der Dürre sehr bald in die Monate des Regens umschlagen könnten. Auch wenn es eigentlich noch viel zu früh dafür ist, waren die Keimlinge für Hirse und Mais schon seit Tagen griffbereit. Nur jetzt, zu diesem Zeitpunkt, macht die Aussaat Sinn: Die Saat muss in die feuchte Erde, gleich zu Beginn der nassen Monate. Es ist einer der wichtigsten Tage im Jahr. Jetzt werden die Weichen für die Ernte gestellt. Neben Shitto und seiner

Familie hetzen fast alle Bewohner des Dorfes zu ihren Feldern. Auch sie mit der schweren Last der Saat auf den Köpfen, geschultert oder auf Esel gehievt. Was wie eine Prozession anmutet, ist ein gemeinsamer hektischer Wettlauf mit der Zeit: Bald wird es dunkel und dann müssen die Dorfbewohner mit ihrer Arbeit fertig sein. Wenn der Regen kommt, wird alles andere zur Nebensache.

Wie ein Metronom bestimmt der Regen den Takt der Gemeinschaft, legt den Rhythmus der Menschen in einem Wechsel aus Trockenheit und Feuchtigkeit fest, der ihre Arbeitskraft mit dem Wetter und der Erde ineinanderfügt und bis zu drei Ernten pro Jahr garantieren sollte: mit den kleinen Regenzeiten in Frühling und Spätherbst und mit der großen in den Sommermonaten. Nur zuckt dieses Metronom seit Jahren in unberechenbaren Intervallen, ist aus dem Takt geraten. Einmal schlägt es viel zu hektisch aus, dann wieder verharrt es regungslos und die Dürre scheint endlos.

»Regenzeiten haben ihren eigenen Kopf bekommen. Einmal kurz, einmal lang. Einmal früher, einmal später. Und manchmal fallen sie ganz aus.« Seit wann das so ist? Shitto zuckt mit den Schultern. Hier in Gebro, acht Stunden Fahrt im Geländewagen von der Hauptstadt Addis Abeba entfernt, hier im entlegenen Busch, unerreicht von den Highways, vermisst niemand die Ereignisse mit Lineal und Stoppuhr. »Lange schon«, sagt Shitto, »war der Regen schwierig: zu kurz, zu mickrig, und vor allem unberechenbar«, erzählt er stockend, will sich aber nicht mit dem aufhalten, was früher war.

Es wäre eine Katastrophe, wenn dieser Sturm so plötzlich, wie er kam, im Nichts verpuffen und der Regen nach dem Frühstart wieder abbrechen, erst später wieder richtig anfangen würde. »Ja, so etwas hat es auch schon gegeben. Solche Jahre waren sehr kompliziert«, erzählt der Bauer, denn viele im Dorf Gebro hätten kein Saatgut mehr für einen zweiten Anlauf. Deshalb sind die immer häufiger werdenden »Fehlstarts« von Regenzeiten nicht einfach eine neue Laune der Natur, an die man sich so einfach gewöhnen wird, sondern sie können tödlich enden. Shitto will nach den vielen schwierigen Jahren keinen Gedanken an weitere Probleme verschwenden und konzentriert sich auf seinen Optimismus und die Aussaat. »Endlich hat die Aufforstung gewirkt«, sagt er und deutet auf die vielen Eukalyptusbäume, die einige Meter hoch sind, schon zu Hainen zusammenwachsen und so die endlose Weite des flachen Tafelberges durchbrechen. »Die letzten Ernten waren sehr knapp«, sagt Shitto noch einmal: »Doch diese neuen Bäume sind nun groß genug, um uns zu helfen. Ich bin mir sicher, bald wird der Regen wieder so sein wie früher. Alle Jahre.«

Die Aufforstung der Region Derra ist eines der Projekte der Hilfsorganisation Menschen für Menschen, die hier seit 1997 arbeitet. Der Schweizer Geograf Martin Grundel betreut unter anderem diese Maßnahme. Über tausend Quadratkilometer Wälder wurden hier wieder geschaffen. Grundel lebt seit Jahrzehnten am Horn von Afrika und auch er hat längst selbst beobachtet, dass die Regenzeiten aus dem Rhythmus geraten sind und Aufforstung allein vielleicht das Mikroklima ein wenig verbessert, die große Katastrophe aber unaufhaltsam auf Afrika zurast. »Natürlich hat die großflächige Entwaldung vieles aus dem Gleichgewicht gebracht und zu Erosionen und zu häufigeren und längeren Dürreperioden geführt, so wie in vielen Regionen der Erde. Und freilich kann es sein, dass die vielen neuen Bäume, die kleinen Wälder sich positiv auf das lokale Wettermuster auswirken. Es sind sehr sensible Zusammenhänge und in einem großen Land wie Äthiopien gibt es unzählige Mikroklimazonen«, kommentiert er vorsichtig die Hoffnungen des Bauern Shitto: »Doch die Hauptursache der veränderten Regenmuster ist der Klimawandel durch die globale Erderwärmung. Dagegen hilft Wiederaufforstung alleine nicht mehr«, sagt er: »Das Tückische daran ist, etwa in Derra, dass sich derzeit die Regenmassen pro Jahr nicht wirklich verändern, allerdings die Regenzeiten. Die kurze im Frühling und die lange, die, je nachdem wie weit man im Süden ist, zwischen Juni und Juli beginnen soll, werden unberechenbarer: Die Zeiten und die Wassermengen pro Tag variieren«, hat Grundel errechnet.

Der Regen verhinderte in Derra – anders als in vielen anderen Teilen Äthiopiens – im Jahr 2006 eine bedrohliche Dürre. Doch für die dortigen Bauern, deren Ernte-Rhythmus von regelmäßigen Niederschlägen abhängt, bedeutet dies trotzdem eine mögliche Katastrophe: Auch wenn es genug Wasser gibt, hilft es nicht, wenn es zum falschen Zeitpunkt kommt. So haben sich die Zwischenregenzeiten im Frühling mehr und mehr ausgedünnt, dafür nahmen die Sommerregen an Heftigkeit zu und donnerten mit so viel Gewalt vom Himmel, dass die dünne Erdschicht immer rascher ausgewaschen wird. Das Jahr 2006, als der Regen früher kam, markierte auch das Jahr der schwersten Flutkatastrophen der Region.

Veränderte Regenzeiten als Folge des Klimawandels, das klingt auf den ersten Blick wie ein Nebenschauplatz eines wesentlich größeren Dramas. Noch ringen Wissenschaftler um genaue Prognosen. Fest steht derzeit nur so viel: Das Wetter wird unberechenbar, der Regen, über den langjährigen Durchschnitt gemessen, immer weniger. Gerade das Zusammenspiel vieler solcher »kleiner« Faktoren verursacht erst die eigentliche Katastrophe, die von steigenden Temperaturen verursacht wird. Laut den Analysen des IPCC waren die Neunzigerjahre die wärmsten in den letzten tausend Jahren der Geschichte Afrikas. Im Schnitt stieg die Temperatur in Afrika während des vergangenen Jahrhunderts um 0,5 Grad, also weniger als im globalen Durchschnitt.

Doch sterile Statistiken sagen wenig aus: In begrenzten Zonen hat sich Afrika um bis zu 3,5 Grad erwärmt, dazu ist die Sensibilität des Klimas hier größer als anderswo. »Afrika ist der ärmste Teil der Welt und gleichzeitig jene Region, die am anfälligsten für die gravierenden Folgen der Erderwärmung ist und sein wird«, so der Schluss der Klimaexperten. Warum sich das Wetter verändert hat – dafür findet man im Busch in Äthiopien ebenso viel Theorien wie Menschen, die man fragt. Von Klimaveränderung oder Erderwärmung haben die Menschen in Gebro noch nichts gehört. Dafür spüren sie tagtäglich die Folgen und rätseln, warum nichts mehr so ist, wie es immer war. So wie der Bauer Shitto einzig auf die Heilkraft neuer Wälder vertraut, haben seine Nachbarn sich andere Erklärungsmuster zusammengereimt. Die Hilflosigkeit mancher ihrer Deutungen spiegelt den Grad der Verzweiflung. »Seit der Kaiser nicht mehr da ist und die Diktatur begonnen hat, stimmt der Regen nicht mehr«, meint etwa der 78-jährige Tarraffa: »Das war in den Siebzigerjahren. Da wurde alles anders.« Er ist der Dorfälteste Gebros, der sich am längsten zurückerinnern kann. Wie eine wandelnde Chronik kann er die Regenzeiten eines jeden Jahres benennen. »Unser größter Schatz ist die Erinnerung. Je älter man wird, desto reicher ist man«, sagt er: »Doch manchmal ist dieses Wissen eine Qual und sonst nichts.«

In diese Rubrik fällt seine tiefste Erinnerung, die fast ein Vierteljahrhundert zurückliegt. An das Jahr 1984. Damals verhungerten 300 000 Äthiopier, nachdem eine verheerende Dürre jegliche Ernten zunichte gemacht hatte. »Alle starben an Entkräftung. Meine Frau und vier unserer Kinder und Dutzende Verwandte«, erzählt Taffarra: »Tod war überall.« Immer wieder folgten danach ähnlich schwere Ernte-Katastrophen: »Es war, als wäre ein Fluch über uns gekommen. Vor zwei, drei Jahren war es auch besonders schlimm«, berichtet Taffarra: »Da fielen die kurzen Regen im Frühling aus. Wir bekamen nur im Sommer Regen und da war es viel zu viel. Nur dieses Jahr könnte uns großes Glück bringen. Der Regen hat sehr früh begonnen.« Mit Holzpflügen, vor ausgehungerte Rinder gespannt wie vor Hunderten Jahren, wird in Gebro die Erde beackert. Steine werden auf die mageren Felder gelegt, um die dünne Schicht Erdreich vor dem Wind zu schützen. Jeder Quadratzentimeter wird gehegt und gepflegt. »Wenn der Regen wieder auf unserer Seite ist, können wir es schaffen«, sagt Taffarra und schaut lange Richtung Horizont, wo sich neue Regenwolken ballen, wiederholt fast wie eine Beschwörung: »Es wird ein gutes Jahr, heuer beginnt der Regen so früh wie noch nie.«

Das Jahr 1984 ist nicht nur in der Erinnerung Taffarras ein Markstein. Auch die Welt erlebte diese schwere Hungersnot in Äthiopien – wie jene 1973 mit 600 000 Verhungerten – als Schock. Doch den wenigsten war die Tragweite der Tragödie bewusst. Der katastrophale Beginn des tödlichen Domino-Effektes der Klimaveränderung. Anzeichen dieser Dimension nahm man aber bereits 1984 wahr: Klimaexperten stellten in diesem Jahr die Möglichkeit in den Raum, dass die tödliche Wetterkapriole in diesem Teil Afrikas eine direkte Folge des steigenden CO_2-Gehaltes der Atmosphäre sein könnte. Bei einer Konferenz in Nairobi in dem Jahr der Katastrophe erklärten Experten der WMO (World Meteorological Organisation), dass man niemals zuvor eine derartig Dürre in Afrika beobachtet habe und dass dies mit einer beginnenden Veränderungen des Weltklimas zusammenhängen dürfte.

Wissenschaftlich abgesichert wurde die damals geäußerte Vermutung im Jahr 2003. US-Klimatologen vom National Center for Atmospheric Research in Colardo rekonstruierten in mühsamer Kleinarbeit die Niederschlagsmuster der gesamten Sahelzone im Zeitraum von 1930 bis 2000. Dabei wurden Meeres- und Landtemperatur sowie die Veränderungen der Vegetation zu einem Klimamodell verarbeitet. Dies zeigte, dass der Rückgang, beziehungsweise die Unregelmäßigkeit der Regenmenge, hauptsächlich durch eine Klima-Variable ausgelöst worden war: die steigende Oberflächentemperatur des indischen Ozeans. Diese »Wetterküche«, wo sich die Niederschläge dieser Region Afrikas zusammenbrauen, erwärmt sich rascher als die anderen Ozeane. »Die Regenzeiten in Ostafrika werden immer unsicherer und unberechenbarer, stellten die Experten als schlichtes und ebenso schonungsloses Fazit fest. Sie markierten den Beginn der Veränderungen bereits mit den 1960er-Jahren. Untermauert wird dies durch die Berechnungen des UN-Expertenpools IPCC: Mit jedem Zentigrad, mit dem sich die globale Durchschnittstemperatur erhöht, geraten die Regenzeiten am Horn von Afrika mehr durcheinander. Zu dem Schluss – dass die Regenzeiten außer Rand und Band sind – kommt auch die äthiopische Meteorologiezentrale, die mittlerweile ein Frühwarnsystem für ausfallende Regenfälle eingerichtet hat und für jeden Bezirk genaueste Prognosen versucht: mit immer vernichtenderen Aussichten.

Das 74-Millionen-Einwohnerland Äthiopien ist mit einem durchschnittlichen Pro-Kopf-Einkommen von tausend Dollar pro Jahr eines der ärmsten Länder der Welt: Internationale Hilfslieferungen sorgen heute dafür, dass nicht mehr Millionen Menschen an Hunger sterben wie damals 1984. Doch dies bedeutet nicht, dass die verheerenden Dürreperioden weniger dramatisch ausfallen. Nur drei Jahre nach der Beinahe-Katastrophe von 2003 fiel im Süden des Landes wie auch in weiten Teilen Kenias abermals der Regen aus. Während Bauern wie Shitto im zentraläthiopischen Hochland plötzlich und viel zu früh Unmengen von Regen sahen, blieb 2006 der Süden fast vollständig trocken; so wie auch Teile Kenias und Somalias. Zwölf Millionen Menschen standen in dieser Region am Rande einer Hungersnot, nachdem alle kurzen Regenzeiten im Herbst des Vorjahres und im Frühling ausgeblieben waren. Dieses kurze Intervall von zwei großen Dürreperioden in nur drei Jahren veranschaulicht, wie rasant sich die Lage verschlimmert. Auch wenn dieser Trend durch viele Kapriolen der Regenzeiten überlagert ist und nicht für jede Region stimmt, zieht sich die zunehmende Austrocknung der Region südlich der Sahara wie ein roter Faden durch die jüngste Klimageschichte: Um ein Viertel nahm die Regenmenge in der Sahelzone im Laufe der vergangenen drei Jahrzehnte ab. Erwärmt sich die Erde um nur zwei Grad, wird die gesamte Wassermenge um ein Drittel zurückgehen.

Im äthiopischen Dorf Samant zum Beispiel, an der Grenze zwischen Äthiopien und Somalia, waren Mitte 2006 bereits alle Brunnen ausgetrocknet. Hier brauchen die Menschen nicht bloß Essenslieferungen, sondern auch Wasser musste mit Lastzügen zu ihnen gebracht werden. Längst wird nicht mehr um Ernten gebangt, sondern jeder Tag steht für sich: geprägt vom nackten Überlebenskampf. Neben ihren Häusern haben die Bewohner von Samant kleine Gruben mit Plastik ausgelegt, um so viel Wasser wie möglich horten zu können. Jeden Tag bricht morgens, wenn die Lieferungen kommen, das völlige Chaos aus, weil jeder panisch um seine

Ration kämpft. »Die Menschen sind oft so durstig, dass sie mit allen erdenklichen Behältern kommen und sofort neben den Tankwägen trinken«, berichtet Caroline Waterman von der britischen Hilfsorganisation Christian Aid: »Es sind Szenen so tiefer Not, die man kaum ertragen kann.«

»Wir sitzen hier und haben jeden Glauben an die Zukunft verloren. Die Dürre kam nicht plötzlich, wir haben von jeder kleinen Regenzeit zur nächsten gewartet und so innig gehofft, dass endlich die Wolken am Himmel aufsteigen. Früher war das so. Da mussten wir manchmal ein wenig warten. Doch dieses Mal blieb der Regen aus«, sagt Suku, eine der Frauen von Samant: »Unsere Rinder und Kamele sind längst tot. Wir haben weder Milch noch Fleisch zu verkaufen und bald bleibt uns keine andere Chance mehr, als in die Stadt zu ziehen. Sonst sterben wir wie unsere Tiere.« Noch vor wenigen Jahren schien sich das Leben der armen Frau endlich zum Positiven zu wenden: Sie war Nutznießerin eines Systems von zinsenfreien Kleinkrediten von Hilfsorganisationen. Mit dem Geld konnte sie sich das Vieh anschaffen und trotz der Rückzahlungsraten gelang es ihr, ein wenig zur Seite zu legen. So konnte ihr Sohn zur Schule gehen. »Doch damit ist es vorbei,« sagt sie erschöpft: »Ich habe kein Geld mehr, um den Unterricht zu bezahlen. Ich hatte zwar gehofft, dass sie ihn trotzdem nicht heimschicken. Aber es war anders. Weinend kam der Bub wieder zu mir zurück und sagte, er würde sich so schämen, aber ohne Geld durfte er nicht bleiben.«

Jede neue Hilfskampagne wird immer mehr zum sprichwörtlichen und auch bildlichen Tropfen auf den heißen Stein. Immer mehr Hungersnöte lassen die Spender kalt und ohne einen tief greifenden Strategiewandel werden sie völlig hilflos den prognostizierten Hunger-GAU Afrikas in den nächsten Jahrzehnten mit ansehen müssen, befürchten sie. Tadesse Dadi ist Konsulent der britischen Hilfsorganisation Tearfund in der äthiopischen Hauptstadt Addis Abeba. »Bei Hilfe für Afrika muss in erster Linie bedacht werden, wie verheerend die Folgen des Klimawandels für alle unsere Bemühungen sind. Was nützt ein System von Mikrokrediten, das den Menschen hilft, sich Milchkühe zu kaufen, wenn die Tiere verdursten? Die Veränderung des Wetters heizt den Kreislauf der Armut in einem atemberaubenden Tempo an. Deshalb muss man in erste Linie gegen die zunehmenden Folgen der Erderwärmung, gegen den weiteren Anstieg von CO_2-Emissionen kämpfen, wenn man gegen den Hunger in Afrika etwas tun will. Sonst nutzt bald nichts mehr«, so Tadi. Dieses Bewusstsein würde diesseits und jenseits von Afrika noch fehlen, bedauert er: »Für viele Menschen, die in Äthiopien am Land leben, ist es heute noch nicht klar, dass die Veränderung des Klimas mit den Emissionen in reichen Ländern zu tun haben. Doch es gibt keinen Zweifel daran, dass die Menschen in Europa den Klimawandel heute noch längst nicht in seiner Extremform spüren, aber hier in Äthiopien leiden Millionen darunter. Heute schon. Und nicht irgendwann.«

Todesopfer durch Klimawandel

Anzahl der Opfer pro Millionen; Stand 2000

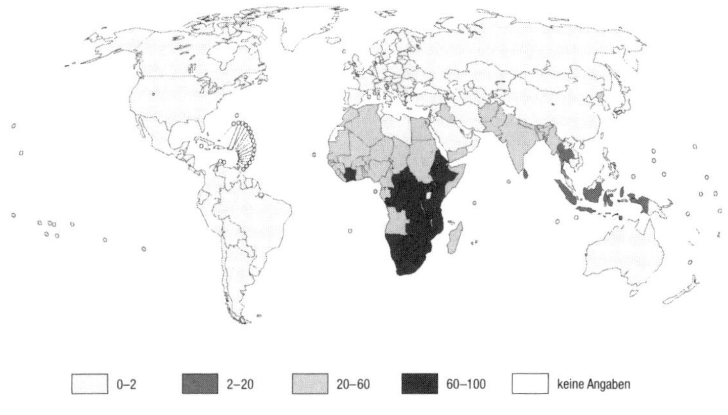

Nur vier Prozent der weltweiten CO_2-Emissionen werden von Afrika verursacht. Nirgendwo sonst auf der Welt, außer an den Polkappen und in der Tundra, gibt es Zonen, die sich so rasch erwärmen wie hier, etwa in manchen Teilen Ostafrikas. Dies illustriert der rapide Verlust der Eiskappe des 5900 Meter hohen Kilimandscharo:

Bereits 82 Prozent des Gletschers sind abgeschmolzen. Ändert sich nichts an der Belastung der Atmosphäre durch Treibhausgase, wird sich Afrika bis zum Ende dieses Jahrhunderts um weitere sechs Grad erwärmen. Dann wird es nicht bloß bei Unregelmäßigkeiten während der Regenzeiten bleiben. In der Sahelzone etwa werden mit dem kontinuierlichen Temperaturanstieg vor allem die großen Regenzeiten im Sommer mit Einbrüchen von bis zu sechzig Prozent die Hälfte ihrer Kraft verlieren. Auch wenn manche Regionen des Kontinents mit einem Zuwachs an Wassermenge rechnen können, werden 480 Millionen Menschen in Afrika bereits Mitte des nächsten Jahrhunderts mit bedrohlichem Wassermangel zu kämpfen haben. Weltweit wird befürchtet, dass aber bereits 2025 jeder zweite Mensch auf der Welt zu wenig vom kostbaren Nass haben wird, wieder der Großteil in Afrika.

Bis zu vierzig Prozent des Bruttonationalproduktes afrikanischer Staaten werden mittels Landwirtschaft erarbeitet, fast zwei Drittel der Bevölkerung haben Jobs im Agrar-Sektor. Dabei hängen die Ernten von 95 Prozent aller Bauern Afrikas direkt von der tatsächlichen Regenmenge ab, weil nur einfachste Produktionsbedingungen ohne künstliche Bewässerungssysteme vorherrschen. »Afrika ist voll von Menschen, deren Existenz von Produkten abhängt, die durch den Klimawandel gefährdet sind«, betont der südafrikanische Ökologe Bob Scholes. Dazu kommt die Struktur von Kleinbauern, deren Anfälligkeit angesichts der Wetterkapriolen sich schon jetzt zeigt: »Alles steht und fällt mit den Regenzeiten«, pflichtet ihm Jennifer Olsen vom International Livestock Research Institute in Kenia bei: »Gerade jene Menschen, die schon jetzt nur schlecht durchkommen, sind von geringsten Veränderungen schwer betroffen.« Die UN-Meteorologieorganisation WMO prognostiziert, dass die Verringerung der Regenmengen weltweit eine dramatische Ausdehnung unbewirtschaftbarer Wüsten fördern wird. Auch in diesem Report wird hervorgestrichen, dass vor allem Afrika besonders betroffen sein wird. Vor allem, was jene Zonen betrifft, die als völlig unbewirtschaftbar gelten. Sie dehnen sich von drei Prozent auf bis zu einem Drittel der Fläche aus. Wie stark die

Erträge aus der Landwirtschaft zurückgehen, darüber entscheidet, wie rasch sich die Temperatur tatsächlich erhöhen wird. Erwärmt sich die Erde zwischen drei und vier Grad, droht ein Ernteausfall um bis zu 35 Prozent. Dies betrifft nicht nur den Getreideanbau: Durch die Versteppung von Weideland sind auch Viehzüchter dramatisch von den Folgen betroffen.

Hungersnöte haben weltweit in den letzten beiden Jahrzehnten zugenommen: von durchschnittlich fünfzehn pro Jahr auf dreißig. Von dieser Zunahme sind laut der UN-Landwirtschaftsorganisation FAO (Food and Agricultural Organisation) vor allem die Länder Afrikas betroffen, wo sich die Zahl der durchschnittlichen Hungersnöte verdreifacht hat. Laut dem International Food Policy Research Institute ist die Rate von unterernährten Kindern in den Neunzigerjahren in den Ländern der Sahelzone sprunghaft angestiegen. Derzeit wiegt jedes dritte Kind so wenig, dass es deshalb als krank gilt. Diese Rate wird sich bis 2020 dramatisch steigern. Dann könnte bereits jedes zweite Kind Ostafrikas chronisch unterernährt sein. Bereits jetzt, im Jahr 2007, hungern 175 Millionen Menschen in Afrika. Diese Zahl hat sich in den vergangenen 25 Jahren verdoppelt. Bei einer Steigerung der weltweiten Durchschnittstemperatur um drei Grad droht laut Berechnungen der Experten der US-Weltraumorganisation NASA 550 Millionen Menschen der Hungertod. Bereits ab einem Plus von zwei Grad sind zweihundert Millionen in Gefahr.

Die meisten Opfer wird es in Afrika geben. Klima-Experte Anthony Nyong vom Centre for Environmental Resources and Hazards Research der Universitiät Jos in Nigeria weist auch auf die alarmierenden Prognosen der Gesundheitsgefahr durch die höheren Temperaturen hin. »Der Klimawandel zerstört jedes bisschen an Entwicklungsfortschritt der vergangenen Jahre«, so Nyong: »Denguefieber, Malaria und Meningitis breiten sich rasant aus. Malaria breitet sich in höhere Regionen aus, wo die Bevölkerung bislang von der Krankheit verschont blieb. In Kombination mit den horrenden HIV-Infektionsraten wird die ohnehin fragile Gesundheitssituation der Menschen noch weiter bedroht.« Laut

Untersuchungen der Weltgesundheitsorganisation starben zwischen 1970 – dem Zeitpunkt der beginnenden Erderwärmung – und 2000 bereits 150 000 Menschen an den direkten Gesundheitsfolgen der Klimaveränderung. Steigt die Durchschnittstemperatur um lediglich ein Grad – ein Zuwachs, der nicht mehr aufzuhalten sein wird –, dann werden diese Fälle um das Doppelte steigen. Bei einem Anstieg von zwei Grad dürften alleine in Afrika um bis zu sechzig Millionen Menschen mehr an Malaria erkranken. Bis zum Ende des Jahrhunderts könnten – wieder bei ungebremster Erwärmung auf bis zu sechs Grad – bis zu 186 Millionen Menschen südlich der Sahara an Krankheiten sterben, deren Verbreitung durch den Klimawandel begünstigt wird.

Ethnozid

550 Millionen Menschen könnten aufgrund der Folgen des Klimawandels verhungern, weitere 186 Millionen könnten aufgrund der Krankheitserreger, die sich aufgrund der höheren Temperaturen rascher ausbreiten, sterben. Eine Milliarde Menschen lebt in Küstenregionen, die vom steigenden Meersspiegel bedroht werden. Diese Prognosen haben eine Debatte unter Menschenrechtsexperten entfacht: Die Diskussion, ob der Klimawandel als Genozid gelten wird, ist entbrannt, in Großbritannien sprechen renommierte Experten sogar von Klimawandel als Massenvernichtungswaffe. Die Gesellschaft für bedrohte Völker hat dazu eine sehr eindeutige Position entwickelt, die sich derzeit als Standard durchsetzte. Nein: Klimawandel ist kein Genozid, aber ein neuer Begriff, »Ethnozid«, wird neue Maßstäbe setzen.

Exodus aus Afrika: Die Bootsflüchtlinge von Mauretanien

Kriege ums fruchtbare Land, durch Hunger, Wassermangel und Krankheiten: Bereits in zehn Jahren rechnen Experten damit, dass Afrika zum Klima-Ausnahmegebiet wird: »Nach dem Kolonialismus ist der Klimawandel die zweite große Tragödie Afrikas«, betont Karlheinz Böhm, der mit seiner Organisation »Menschen für

Menschen« seit einem Vierteljahrhundert zu den Leitfiguren im Kampf gegen die Not auf diesem Kontinent zählt. Er ist zornig, da abermals Afrika schuldlos die Lasten der reichen Länder tragen wird müssen. Ob die derzeit zirka achthundert Millionen Afrikaner die Zerstörung ihrer Lebensgrundlagen still hinnehmen werden? Oder wird ihr Zorn hochkochen? Alle spüren, dass sich das Klima verändert, immer mehr Hilfsorganisationen und Initiativen vor Ort prangern die Schuldigen an ihrer stetig wachsenden Misere an: den ungebremsten CO_2-Ausstoß durch die Industrieländer. 2006 fand die Weltklimakonferenz in Kenias Hauptstadt Nairobi statt. Tausende Menschen protestierten vor den Verhandlungssälen. Ihre Botschaft ist eindeutig: »Wir lassen uns von euch nicht zerstören!« Internet, Fernsehen, Mobiltelefone führen dazu, dass bis in entlegenste Gebiete Nachrichten über Reichtum und Sicherheit in anderen Weltgegenden dringen. Und auch Nachrichten über die Ursache der Armut. Und ihre Ausweglosigkeit.

Diese Berichte schüren unter den Jugendlichen die Sehnsucht, der Armut zu entrinnen. Gleich wie und um jeden Preis. 31 000 meist junge Männer wagten allein 2006 den lebensgefährlichen Seeweg ins mutmaßliche Eldorado Europa von Mauretanien und sogar vom Senegal aus Richtung Spanien. Tausende kamen von Libyen bis Italien. Niemals zuvor wagten so viele die Reise. Das Rote Kreuz rechnet damit, dass Tausende auf diesem tödlichen Weg gestorben sind. Tausend Kilometer über den stürmischen Atlantik müssen zurückgelegt werden, meist in maroden, völlig überfüllten Fischerbooten. Ahmedou Ould Haye ist Vertreter des Roten Halbmondes in der mauretanischen Hafenstadt Nouadhibóu. Hier wurde er im Jahr 2006 Zeuge, als dieser historische Exodus junger afrikanischer Männer Richtung Europa begann. Hunderte, die beim Verlassen des Landes aufgegriffen worden waren oder schiffbrüchig zurückkamen, hat er interviewt. »Man sollte keineswegs glauben, dass diese Menschen naiv oder schlecht informiert sind. Die wissen sehr genau Bescheid. Über die Gefahren des Meeres, über Strömungen, aber auch über die Gesetze und die Arbeitsmöglichkeiten in Europa«, berichtet er und betont: »Es gibt drei

Dinge, die unsere Welt verändern: das World Wide Web, Satellitennavigation und Handys. Sie ermöglichen eine völlig neue Vernetzung. Es gibt bereits eigene Seiten im Internet, die sich nur an Auswanderungswillige wenden, und viele organisieren sich ihre Überfahrt über diese Seiten längst selbst. Hier erfahren sie alles: auch, warum Europa die Pflicht hat, Afrikanern zu helfen. Warum auch sie ein Recht auf den Reichtum der Industrieländer haben. Oder es wird ihnen wenigstens so vermittelt.«

Ould Haye glaubt nicht an ein Phänomen, das vorübergehen wird: »Im Gegenteil. Hier beginnt ein Exodus der Armut. Wo sollen die Jungendlichen sonst hin? Die Arbeitslosigkeit liegt bei über fünfzig Prozent, die Meere sind bald leer gefischt und unsere Felder trocknen aus. Und Europa investiert Geld in Zäune statt in Hilfe.« Der 22-jährige Hanua pflichtet ihm bei. Er kam aus Mali bis Nouadhibóu und fand einen Platz auf einem der Fischerboote Richtung Europa. Nur er und sein Freund Jaar – von einer siebzigköpfigen Besatzung – überlebten den Versuch, Spanien zu erreichen. Sie sahen Menschen vor Hunger und Entkräftung sterben, weil Wasser und Lebensmittel fehlten. Tagelang trieben sie mit den anderen in dem manövrierunfähigen Boot. Doch mit ihnen hat ein Gedanke überlebt: »Wir wollen nach Europa. Wir werden es wieder versuchen, obwohl wir dabei sterben könnten, wie die anderen. Doch in Afrika zu bleiben, bedeutet auch zu sterben.«

Flucht ist für viele in Afrika der einzige Ausweg. Und mit jeder neuen Dürre, mit jeder neuen Regenzeit, die erst zu schwach kommt und dann zu heftig das Land überschwemmt, mit jedem neuen Zeichen wird der Exodus zu einer gigantischen Völkerwanderung anschwellen. Zwischen 150 und zweihundert Millionen Menschen könnten ab 2050 als sogenannte »Umweltflüchtlinge« in jene Zonen wandern, die noch bewohnbar sind. Bereits ab dem Jahr 2010 könnten, so die Befürchtungen der Hilfsorganisation CARE, fünfzig Millionen auf der Flucht sein. Bereits heute sind aus Sicht des Roten Kreuzes 25 Millionen Flüchtlinge – das sind sechzig Prozent aller Menschen, die ihre Heimat verlassen haben – als »Umweltflüchtlinge« zu charakterisieren.

Dabei tragen derzeit die größte Last afrikanische Länder selbst. In relativ entwickelten Ländern wie Nigeria oder Südafrika besteht die Bevölkerung bereits zu einem Drittel aus illegalen Einwanderern aus anderen afrikanischen Ländern. Vor allem der schwierige Zugang zu Wasser wird Ströme von Binnenflüchtlingen in Marsch setzen. »Für jene, die bereits immer weiter zum Fluss gehen, um Wasser zu holen, wird es irgendwann einmal logisch sein, einfach zum nächsten Dorf, in die nächste Region zu wandern. Heute müssen Frauen in Afrika bis zu 25 Kilometer bis zum nächsten Brunnen gehen, bald wird sich dieser Wert auf fünfzig Kilometer steigern. Früher oder später wird dies zu massenhafter Migration führen und auch nationale Grenzen werden dabei überschritten. Das wird gravierende politische Folgen haben«, sagt Maarten de Wit von der Universität Kapstadt, Autor einer Studie über die drohende Wasserknappheit in Afrika.

3. Die Revolution des Klimas:
Alarmstufe Rot auf Planet Erde

Klimatisch gesehen atmen wir die Vergangenheit ein und die Zukunft aus. Wie warm es auf der Erde ist, bestimmt vor allem die Konzentration von Treibhausgasen in der Atmosphäre. Doch Veränderungsprozesse in unserem Klima laufen sehr langsam ab und so vergehen zwanzig bis dreißig Jahre, bis eine höhere Konzentration von Treibhausgasen auch die Entwicklung der Temperaturen ankurbelt. Dieses Phänomen führt dazu, dass wir heute bei Weitem noch nicht mit jenem gigantischen Schaden konfrontiert sind, den wir unserem Klima tagtäglich zufügen. Die massiven Wetterkapriolen, die in unserem Alltag fühl- und messbare Erwärmung der Erde, die einsetzende Schmelze von Polkappen und Gletschern, Bedrohungen in vielen Regionen, sind »nur« die Folgen von Treibhausgasemissionen der 1970er- und 80er-Jahre, also dessen, was eine Generation vor uns in die Atmosphäre gepufft hat.

Seither ging die Kurve des Ausstoßes von Treibhausgasen rasant nach oben. Jene viel höheren Mengen an CO_2, die wir heute im Vergleich zur Generation vor uns emittieren, prägt dann das Klima von morgen. Und so ist, was wir erleben – trotz aller Dramatik –, »nur« ein Vorgeschmack auf das, was unseren Kindern droht, »nur« eine Ahnung unseres katastrophalen Erbes. Wie Stefan Rahmsdorf und Hans Joachim Schellnhuber vom Potsdamer Institut für Klimafolgenforschung in ihrem Buch »Der Klimawandel« erläutern, werden die nächsten Generationen wesentlich mehr aushalten müssen als wir: »Selbst bei sehr optimistischen Annahmen über die künftigen Emissionen als auch über die Klimasensitivität wird die Erwärmung mindestens das Dreifache dessen betragen, was wir bislang im 20. Jahrhundert erlebt haben,« so das alarmierende Fazit der deutschen Forscher. Diese Trägheit des Klimasystems kann somit dazu führen, dass die Menschheit erst dann begreift, was sie angerichtet hat, wenn es für eine Trendwende längst zu spät ist. Es ist wie beim Backrohr in der Küche: Wir haben den Regler auf höhere Temperatur gedreht und sehen jetzt zu, wie sich die Erde mit allen Konsequenzen erwärmt. Auch wenn wir derzeit weltweit darüber diskutieren, ob wir den Temperaturregler nicht doch deutlich herunterdrehen sollten und wie wir dies mit drastisch reduzierten Emissionen noch verwirklichen könnten, wird sich die Erwärmung der Erde auf jeden Fall noch einige Zeit hindurch ungebremst fortsetzen. Denn die Treibhausgase, unsere Temperaturregler, wirken Jahrzehnte, nachdem sie in die Atmosphäre gelangt sind.

Ein anderes Bild: Die Weltgemeinschaft gleicht derzeit den Passagieren eines Autos, das mit deutlich überhöhtem Tempo auf eine Mauer zufährt. Die Mitfahrer beginnen über die notwendigen Maßnahmen zu diskutieren: Einer hält die Gefahr für eine Täuschung, ein anderer meint, es sei ohnedies zu spät und man solle die verbleibende Zeit noch so richtig genießen, der Dritte plädiert dafür, sich mit Airbag und Gurt an die Gefahr anzupassen, der Vierte leitet – hoffentlich – die Notbremsung ein. Aber selbst wenn er sich durchsetzt: Das Auto wird nicht sofort zum Stillstand kommen. Doch je früher diese Notbremsung erfolgt, desto eher kann trotz des langen Bremsweges die Wucht des Aufpralls entschärft werden. Und in Verbindung mit den Anpassungsmaßnahmen kommen die Passagiere vielleicht noch relativ glimpflich davon, lässt sich so der Schaden begrenzen.

Das Treibhaus Erde heizt sich auf: Willkommen im »Anthropozän«

Die Temperatur auf der Erde resultiert aus einer Bilanz der Energieflüsse. Einige Gase in der Atmosphäre greifen in diese Rechnung ein, indem sie die Sonneneinstrahlung durch-, aber die abgestrahlte, langwellige Strahlung nicht mehr entweichen lassen. Dadurch entsteht ein Wärmestau an der Erdoberfläche. Ohne diesen Treibhauseffekt wäre Leben auf unserem Planeten, so wie wir es kennen, nicht möglich. Es wäre um bis zu dreißig Grad Celsius kälter, die

Welt eine unwirtliche Eiswüste. Wie stark sich die vom Menschen zusätzlich verursachte Erwärmung entwickelt, wird vor allem durch die Menge der Treibhausgase – vor allem von Kohlendioxid (CO_2), Methan (CH_4), teilhalogenierten Kohlenwasserstoffen (H-FKW) und Distickstoffoxyd (NH_2) – bestimmt. Sie sind die Temperaturregler unseres Klimas und ihre Konzentration in der Atmosphäre wird seit Beginn des Industriezeitalters stetig erhöht, was in der Fachsprache als anthropogene Störung des Klimas bezeichnet wird.

Der Großteil dieser Störung, sechzig Prozent, geht allein auf das Konto des steigenden CO_2-Gehaltes der Luft, der durch die Verbrennung fossiler Brennstoffe wie Öl, Gas und Kohle, durch die veränderte Landnutzung, aber auch Waldbrände entsteht. Seit Beginn des Industriezeitalters erhöhte sich der Ausstoß um das Achtzigfache, derzeit gelangen pro Jahr 27,5 Milliarden Tonnen CO_2 in die Luft. Bis die Atmosphäre diese Treibhausgase wieder abbauen kann, vergehen mindestens zweihundert Jahre. Deshalb ist die Tragweite der derzeitigen massiven anthropogenen Klimastörung bei Weitem nicht nur ein Problem weniger Jahrzehnte oder Generationen. Modellrechnungen von Klimaforschern lassen befürchten, dass natürliche Eiszeitzyklen über mehrere hunderttausend

Globale CO_2-Emissionen durch fossile Brennstoffe nach Sektoren

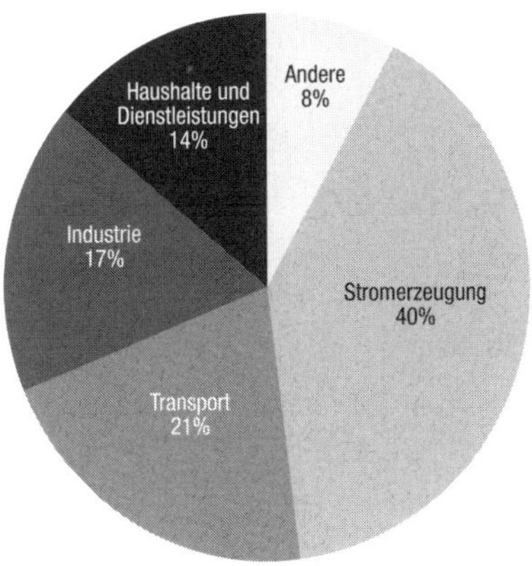

Jahre durch die vom Menschen emittierten Mengen an CO_2 verschoben werden könnten. Dies würde bedeuten, dass, wie Nobelpreisträger Paul Crutzen vorschlägt, eine neue Epoche der Erdgeschichte begonnen hat: das Anthropozän, die menschliche Klimaperiode.

Im Laufe der Jahrmillionen pendelte das Klima der Erde in einem unendlich langsamen Prozess zwischen Phasen extremer Kälte und milderen Perioden. Immer entschied das enge Wechselspiel von Temperatur und Treibhausgasen über die Richtung, in die das Pendel ausschlug. In der Kreidezeit etwa, vor 140 bis 65 Millionen Jahren, war deren Konzentration in der Atmosphäre um ein Vielfaches höher als heute. Sogar in arktischen Breiten entstand subtropische Vegetation. Dann kühlte sich die Erde in einem Prozess von Millionen Jahren langsam ab und wechselt nun seit zwei bis drei Millionen Jahren zwischen Eis- und Warmzeiten. Vor 20000 Jahren, am Höhepunkt der jüngsten Eiszeit, war es in Deutschland und Österreich fünf Grad kälter als heute. Damals lag die Elbmündung am Packeis, der Gardasee war ein Gletscher, ein Drittel der weltweiten Landfläche war mit Eis überzogen, der Meeresspiegel lag 120 Meter niedriger als heute.

Wie kam es zu solch gigantischen Klimaveränderungen, zu so massiven Schwankungen der Strahlungs- und Energiebilanz der Erdatmosphäre? Warum hat sich im Laufe der Erdgeschichte die CO_2-Konzentration in der Atmosphäre auch ohne industrielle Emissionen so oft drastisch verändert? – Sanken die Temperaturen stark ab, wurden große Teile der Landfläche von Eiskappen überzogen. Die natürliche CO_2-Speicherung durch Landschaften funktionierte nicht mehr. Der Kreislauf kam ins Stocken. Durch Vulkanausbrüche, möglicherweise auch Meteoriteneinschläge oder die Freisetzung von gefrorenem Methan aus dem Meeresboden gelangten noch mehr Treibhausgase in die Atmosphäre. Die so wieder steigende Konzentration heizte im Laufe von Millionen Jahren den Planeten wieder auf und ließ die Eisschichten abschmelzen. Gleichzeitig wurde so auch wieder das Abspeichern des CO_2 durch Landschaften möglich, die Entwicklung kehrte sich langsam, aber stetig ins Gegenteil um. Seit rund zehntausend Jahren leben wir in der relativ stabilen Warmzeit des Holozän. Erst diese gleichmäßigen Klimabedingungen dürften dazu geführt haben, dass Menschen sesshaft wurden und Ackerbau zu betreiben begannen. Wie sensibel selbst diese stabile Phase auf äußere Einflüsse reagieren kann, zeigt ein Ereignis vor rund zehntausend Jahren: In Nordamerika bildete sich als Folge des Abschmelzens von Eisresten der Eiszeit ein gigantischer Schmelzwassersee, dessen gefrorener Damm durch die fortgesetzte Erwärmung brach. Der Süßwassersee ergoss sich in den Atlantik und führte zu einer empfindlichen Störung der warmen Atlantikströmung mit massiven Auswirkungen bis hin zur europäischen Klimazone.

Die letzte Warnung vor dem Klima-GAU der Gegenwart

Seit dem 30. Oktober 2006, spätestens aber seit dem 2. Februar 2007, kann definitiv niemand mehr behaupten, nicht gewusst zu haben, was auf uns zukommt: Da veröffentlichte das UN-Weltklimagremium die ersten Ergebnisse seines vierten Lageberichtes: Die Temperaturerhöhung vollzieht sich demnach noch rascher als bisher, warnten die Forscher. Schon einige Monate zuvor präsentierte der ehemalige Chef-Ökonom der Weltbank, der Brite Sir Nicholas Stern, seinen eindrucksvollen, 616 Seiten langen Report »The Economics of Climate Change«.

Im Kern besteht Sterns Botschaft aus einer einzigen Zahl: 5 500 000 000 000 Dollar. So viel, 5,5 Billionen Dollar – was einem Fünftel der globalen Wirtschaftsleistung entspricht –, werde uns der Klimawandel ab der Mitte dieses Jahrhunderts kosten, falls wir die Treibhausgasemissionen nicht sofort radikal drosseln. Diese gigantische Summe dürfte sogar noch vorsichtig geschätzt sein, denn das Deutsche Institut für Wirtschaftsforschung legte kurze Zeit später eine Schadensberechnung vor, die allein in Deutschland bis 2050 Schäden in der Höhe von achthundert Milliarden Euro, bis 2100 von drei Billionen Euro erwarten lässt.

»Wenn die Menschheit weiter derart gigantische Mengen CO_2 in die Atmosphäre pufft, droht eine Depression in Dimensionen der 1930er-Jahre. Die Klimaveränderung birgt sogar das Risiko des größten Markt-Zusammenbruches der Geschichte. Nichts zu tun, ist die teuerste Variante«, warnte Stern und erläuterte seine Berechnung anhand der massiven Veränderungen, die auf uns zukommen könnten: »Man muss sich das vorstellen: Fünf Grad Celsius beträgt der Unterschied der Durchschnittstemperaturen zwischen der letzten Eiszeit und der Gegenwart. Derzeit ist die Menschheit dabei, die Durchschnittstemperatur um genau diesen Wert, um weitere fünf Grad zu erhöhen. Die Auswirkungen sind zudem nicht gerecht und gleichmäßig verteilt. Die Menschen in den ärmsten Ländern werden als Erste und am meisten leiden«, so Stern weiter.

Er präsentierte den Report Seite an Seite mit dem britischen Premier, der Sterns eindringliche Warnungen ergänzte: »Das, was in diesem Bericht beschrieben wurde, ist keine Fantasterei aus irgendeinem Zukunftsroman. Es ist eine reale Bedrohung und das ist deshalb der wichtigste Bericht über die Zukunft, den ich während meiner gesamten Zeit als Regierungschef zu Gesicht bekommen habe,« so Tony Blair.

Der renommierte Ökonom Stern schaffte also, was vielen zuvor nicht gelang: Er übersetzte die drohenden Folgen des Klimawandels in konkrete Dollarbeträge. Dies ist eine Sprache, die auch jene Teile der weltweiten Machtzentren verstehen, die eine drohende Klimaveränderung bislang ins Reich der Ökomythen verwiesen. Stern änderte die Sichtweise auf die Gefahr, indem er die Klimaveränderung als Wirtschaftsfaktor berechnete und eine unmissverständliche Kosten-Nutzen-Analyse zwischen »business as usual« – dem weiterhin ungebremsten Wachstum basierend auf fossilen Brennstoffen – und einer offensiven Politik der Klimarettung entgegenstellte.

Seine Warnung formulierte er aber nicht bloß als fiskales Verlustgeschäft, sondern er illustrierte eindringlich die Basis seiner Berechnungen mit der Beschreibung der Folgen. Bei einem Anstieg der Durchschnittstemperatur um fünf Grad, dem erwähnten, pessimistischsten Szenario Sterns, drohten der Welt verheerende Sturmfluten und extreme Dürren, die bis zu zweihundert Millionen Menschen obdachlos machen könnten. Mit massiven Beeinträchtigungen der Landwirtschaft müsste man bereits bei einem Plus von zwei bis drei Grad Celsius rechnen, was zu dramatischen Hungersnöten führen könnte, die zwanzig bis dreihundert Millionen Menschen betreffen würden. Steigt die Temperatur um fünf Grad Celsius, wären es sogar bis zu 350 Millionen.

Diesen verheerenden Prognosen stellt Stern eine Kalkulation der notwendigen Aufwendungen für eine weltweite Klimaschutzoffensive gegenüber. Mit vergleichsweise geringen Investitionen von einem Prozent der weltweiten Wirtschaftsleistung wäre eine Energiewende zu schaffen. Dies sei der Preis für eine Verdoppelung der Ausgaben für die Forschung zur Verringerung der CO_2-Emissionen. Ein wahres Feuerwerk an Klimaschutztechnologien brauche die Welt und dazu ein klares Bekenntnis aller Nationen, den Ausstoß von Treibhausgasen massiv zu reduzieren. Die Weltwirtschaft würde, entgegen der Annahmen vieler, nicht darunter leiden, sondern durch die Offensive am Markt neuer Technologieträger vielfach profitieren. Sterns Botschaft wurde plötzlich zum Leitmotiv der Ökonomen: »Zu geringe Investitionen in neue Energieformen sind ein reales Risiko«, betonte Ende 2006 etwa auch der Chef der Internationalen Energie-Agentur, Claude Mandil, als er den aktuellen Energiereport präsentierte.

Nur wenige Monate nach der aufrüttelnden Analyse des britischen Ökonomen wurden ab Februar 2007 die Ergebnisse des vierten Berichtes des Weltklimarates der Vereinten Nationen, des IPCC (Intergovernmental Panel on Climate Change), präsentiert, in dem Tausende führende Klima-Wissenschaftler, 450 im Rang von Autoren, und 2500 weitere Forscher aus 130 Ländern sechs Jahre arbeiteten. In drei Teile portionierten die Klimaforscher die Zusammenfassungen ihrer neuesten Analysen, die angesichts der immer dramatischeren Folgen der Erderwärmung eine »sofortige und drastische Kurskorrektur« forderten, da den Menschen nur noch bis 2020 Zeit für eine Trendwende bleibe. Sonst ist das Klima verloren.

Auch die Kernbotschaft dieses Gremiums lässt sich mit einer Zahl auf den Punkt bringen: plus 6,4 Grad Celsius. So sehr könnte sich die Erde – verglichen mit den Temperaturen Ende des 20. Jahrhunderts – bis 2100 im Extremfall aufheizen. Diese Prognose liegt gar noch deutlich über jenem Fünf-Grad-Anstieg, auf dem Sterns Horrorszenarien basieren. Das hier skizzierte Szenario eines weiteren ungebremsten CO_2-Ausstoßes liest sich wie die Schilderungen der biblischen Apokalypse: Stürme, Hitzewellen, Millionen von Opfern wären bei diesem rasanten Temperaturanstieg zu befürchten. 2001, im dritten IPCC-Bericht, war noch von einer maximalen Erhöhung der Temperaturen auf 5,8 Grad die Rede gewesen. Neu ist in dem aktuellen Bericht aber nicht nur das nach oben korrigierte Gefährdungspotenzial. Mit einer nie da gewesenen Deutlichkeit stellten die Forscher unisono fest, dass der Klimawandel mit neunzigprozentiger Sicherheit vom Menschen verursacht wurde, und erklärten die Debatte um die Ursachen somit für beendet.

Die beunruhigendste Nachricht der UN-Experten war aber, dass sie erstmals die Gefahr von beginnenden Runaway-Effekten andeuteten. Damit ist eine im Katastrophenfall unkontrollierbare Dynamik der Klimaveränderung gemeint. Hintergrund: Durch einen bestimmten Grad der vom Menschen verursachten Erwärmung werden Rückkoppelungsprozesse der Natur in Gang gesetzt. Irgendwann beginnt sich so die Erwärmung wie in einem Teufelskreis selbst hochzuschaukeln.

Als wolle das Wetter die Warnungen der Wissenschaft ergänzen, setzten zeitgleich mit der Veröffentlichung dieser alarmierenden Berichte Wetterkapriolen wie selten zuvor ein: »Eine deutliche Warnung aus meinem Garten«, nannte der US-amerikanische Starautor und Vordenker Thomas Friedman die Kirschblüten, die er im Jänner 2007 in seiner Heimatstadt Washington sah. Warnungen dieser Art sandte die Natur auch bei uns aus: Wintertemperaturen von bis zu achtzehn Grad Celsius in Österreich und Deutschland, der heftige Orkan Kyrill sowie apere Pisten in den Wintersportorten und Dürre und Hitze im Frühling rüttelten die Bevölkerung wach.

John Holdren, Präsident der US-Gesellschaft für die Weiterentwicklung der Wissenschaft, meint dazu: »Heute reden wir nicht mehr nur davon, was Klimamodelle für die Zukunft prognostizieren, wir erleben schon jetzt in unserem Alltag, welch gefährliche Störungen des Klimas wir verursachen.« Diese zeitgleichen Warnungen von Umwelt und Wissenschaft fügten sich in einen deutlichen Appell: Die Phase des Debattierens und der Sonntagsreden ist vorbei. Die Zeit der klaren Handlungen muss folgen. Nur eine Revolution durch Politik, Wirtschaft und Konsumenten kann die bedrohliche Revolte des Klimas begrenzen.

Die Fieberkurve steigt

Eine feuerrote Kugel, die in unterschiedlich kräftigen Farbtönen leuchtet: Dieses mögliche Gesicht der Welt im Jahr 2100 sprach für sich. Die Grafik zeigte das regional unterschiedliche Ausmaß einer durchschnittlichen, globalen Temperaturerhöhung von bis zu 6,4 Grad Celsius der Erde und stand im Zentrum der Präsentation des vierten UN-Klimaberichtes des ICPP. Wie bei einer auf Rot gestellten Verkehrsampel lautete die Botschaft: Stopp, hier und jetzt. »Für die Forscher des IPCC ist entscheidend gewesen, eine klare Warnung zu formulieren, aber nicht den Eindruck zu erwecken, dass eine Zerstörung der Erde unvermeidbar ist, dass wir die Hände über dem Kopf zusammenschlagen können und die Klimaanlagen nach oben drehen«, erläuterte Achim Steiner, Chef der UNEP, der Umweltbehörde der Vereinten Nationen, den heiklen Balanceakt: »Dieser Bericht ist nicht nur ein Meilenstein der Geschichte, sondern ein entscheidender Wendepunkt: Ab jetzt sollten wir unsere Energie nicht mehr mit Diskussionen vergeuden, ob es genug wissenschaftliche Belege für die menschliche Schuld am Klimawandel gibt, sondern auf die Diskussion verwenden, was in aller Welt wir dagegen tun werden.« Ein unmissverständliches Bekenntnis von

Politikern, Wirtschaftschefs und den Autoritäten der Gesellschaft erwarte man sich jetzt: Dem Kampf gegen den Klimawandel müsste oberste Priorität gegeben werden.

Seit zwei Jahrzehnten setzt das IPCC im Auftrag der Vereinten Nationen die Standards der Klima-Wissenschaft, indem es in kontinuierlichen Berichten eine Zusammenfassung der jeweils wichtigsten Forschungsergebnisse zusammenstellt. Und mit jedem neuen Report werden die Prognosen düsterer. Im aktuellsten Bericht kommen die Experten zu dem äußerst besorgniserregenden Schluss, dass sich der durch CO_2 bedingte Treibhauseffekt in den letzten zwanzig Jahren um ein Fünftel verstärkt hat. Elf der zwölf Jahre zwischen 1995 und 2006 waren die wärmsten seit dem Beginn der Wetteraufzeichnungen 1850. Besonders kalte Tage waren weniger häufig, besonders warme Tage und vor allem Nächte umso mehr.

Noch im dritten IPCC-Bericht, der 2001 veröffentlicht wurde, konstatierten die Forscher eine durchschnittliche Erwärmung von 0,6 Grad Celsius während der vergangenen hundert Jahre. Stimmt so leider nicht mehr, hieß es 2007: Um 0,74 Grad Celsius sind die Temperaturen gestiegen, in manchen Teilen sogar noch mehr. So berichtet das UN-Klimagremium von einer Verdoppelung der Temperatur in der Arktis während des vergangenen Jahrhunderts. Genauere Daten für Europa liefert dazu die EU-Umweltbehörde: Hier erwärmte sich die Erde um durchschnittlich 0,95 Grad Celsius, im Alpenraum um 1,4 Grad Celsius, in Österreich im Schnitt um 1,8 Grad Celsius. Für Gesamteuropa gilt die Faustregel, dass die globale Durchschnittserwärmung mit dem Wert 1,5 multipliziert den hier schon erfolgten oder zu erwartenden Temperaturanstieg ergibt.

Schon jetzt werden massive Störungen der gewohnten Wettermuster beobachtet: Weltweit haben sich die Niederschläge verändert, extreme Witterungssituationen wie Dürren und Fluten haben zugenommen. Während des vergangenen Jahrhunderts verstärkten sich die Niederschläge in Amerika, in Nordeuropa und Zentralasien signifikant. Dabei spielt das höhere Fassungsvermögen von

Globale Temperaturveränderung

Mittelwerte 1856–2006 und Prognosen bis 2100

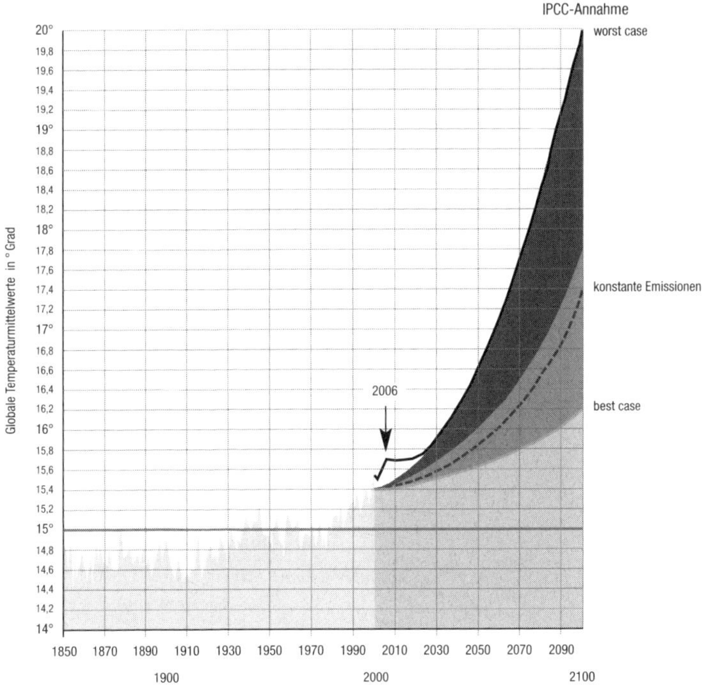

Feuchtigkeit in warmer Luft eine wesentliche Rolle. Die Häufigkeit von sintflutartigen Regenfällen wurde dadurch deutlich erhöht. Gleichzeitig verstärkte sich in der Sahelzone, den Mittelmeerstaaten, in Südafrika und Teilen Südasiens die Trockenheit.

Von der Erwärmung besonders betroffen sind derzeit bereits die Ozeane, so ein weiteres Fazit der UN-Forscher: Sie nehmen mehr als achtzig Prozent der zusätzlichen Wärme auf. Dies hatte bereits zur Folge, dass die Temperaturen bis in eine Tiefe von dreitausend Meter gestiegen sind. Weil sich wärmeres Wasser stärker ausdehnt und die Gletscher Grönlands abzuschmelzen beginnen, steigt schon jetzt der Meeresspiegel: Bis zum jetzigen Zeitpunkt wurde bereits ein Plus von siebzehn Zentimeter registriert. Zwischen 1961 und 2003 ist der Meeresspiegel im Schnitt um 1,8 Millimeter pro Jahr angestiegen. Diese Rate schnellt jetzt – genauso wie die Temperatur- und CO_2-Zunahme – rasant in die Höhe. Im vergangenen Jahrzehnt wurde ein jährlicher Anstieg von 3,1 Millimeter pro Jahr gemessen. Bis zu sechzig Zentimeter könnte der Meeresspiegel steigen, heißt es im Report des IPCC, zu befürchten sei aber ein noch höherer Pegel. Und die IPPC-Gremien behielten recht. Im Dezember 2006 veröffentlichte der Potsdamer Ozean-Experte Stefan Rahmstorf im Wissenschaftsmagazin *Science* neueste Berechnungen, die einen Anstieg auf bis zu 140 Zentimeter bis 2100 befürchten lassen. Er sieht keinen Widerspruch zu den UN-Prognosen und erklärt den Unterschied folgendermaßen: »Tatsächlich sagt der neue IPCC-Bericht: Ohne Eisdynamik werden bis 2095 bis zu 59 Zentimeter Meeresspiegelanstieg erwartet, dazu können durch Abrutschen von Eis von Grönland oder der Antarktis noch zehn, zwanzig Zentimeter oder sogar mehr hinzukommen, dies kann man heute noch nicht abschätzen.«

So wie Rahmstorf es andeutet, bereiten derzeit allen Experten die Reaktionen des westantarktischen Eispanzers und der Gletscher Grönlands auf steigende Temperaturen die größten Sorgen. Kriti-

Wege zur Stabilisierung

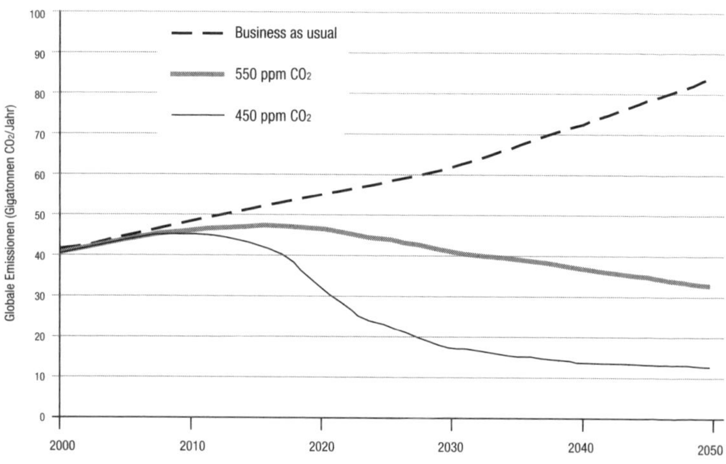

scher Punkt ist hier: eine Temperaturerhöhung von mehr als 4,6 Grad Celsius. Erreichen wir diese Marke, drohen die Gletscher langfristig, wahrscheinlich sogar für immer abzuschmelzen. Dies wird vor allem nach dem Jahr 2100 zum Tragen kommen, könnte aber verheerende Ausmaße annehmen und einen langfristigen Anstieg des Meeresspiegels um bis zu sieben Meter bedeuten (siehe dazu Kapitel 2.2.).

Zwischen zwei und sechs Grad plus: Wir bestimmen das Ausmaß der Klimaveränderung

Wie wird unser Planet auf die steigenden Temperaturen reagieren? Was steht uns bevor? Mit mehr als vierhundert Computersimulationen haben die IPCC-Forscher versucht, diese Fragen zu beantworten. Darauf basieren die Berechnungen von sechs Szenarien, die zeigen, wie groß die Bandbreite der Klimaveränderung in den nächsten Jahrzehnten sein wird. Welches der von den Forschern vorgelegten Szenarien allerdings unsere Zukunft beschreibt, wird in erster Linie davon abhängen, wie sich unsere CO_2-Emissionen weiter entwickeln.

Die Prognosen reichen vom erfreulichsten Szenario mit dem kryptischen Code B1, das ein Einpendeln der Weltbevölkerung ab 2050, einen rapiden Umstieg der Zivilisation auf einen sparsamen Umgang mit Rohstoffen und eine Wende hin zu erneuerbaren Energieträgern erwartet. Im schlimmsten Fall schlägt die Weltbevölkerung den Kurs mit dem Kennnamen A1FI ein: Dies ist nichts anders als das »business as usual-Szenario«, sprich fossile Brennstoffe bleiben zentrale Energieträger und die Weltbevölkerung wächst mit der heutigen Geschwindigkeit weiter. Entscheidet sich die Welt für die radikale Trendwende, also für B1, wird die Temperatur auf der Erde bis 2100 wahrscheinlich um 1,8, höchstens um 2,9 Grad Celsius steigen. Geht alles weiter wie bisher und das Szenario A1FI wird Realität, dann drohen ein exorbitanter Anstieg der Treibhausgaskonzentration auf 1500 ppm und zwischen 4,5 und bis zu 6,4 Grad Celsius mehr. Die drei weiteren Szenarien beschreiben Mischformen der Kurse.

Gleich welche Entwicklung der CO_2-Emissionen errechnet wurde, eine Erwärmung von 0,2 Grad Celsius während der nächsten zwanzig Jahre ist laut all diesen IPCC-Szenarien nicht mehr zu vermeiden. Eine Trendumkehr hin zu klimaschonenden Energieträgern wird erst ab Mitte des Jahrhunderts zu greifen beginnen. Doch – und das ist eine weitere zentrale Botschaft des IPCC-Berichtes und die beste Nachricht – die Trendwende kann greifen und wir haben noch die reale Chance, mit einem radikalen Schwenk einen völligen Klimakollaps zu verhindern.

Die alarmierenden Prognosen des IPCC-Berichtes schockten die Weltöffentlichkeit. Nach einer ersten Schrecksekunde ging das Leben am Tag danach aber weiter wie zuvor. Die Gefahr einer Temperaturerhöhung von bis zu 6,4 Grad Celsius vor Augen änderte nichts: »business as usual«, das gefährlichste Szenario, war wieder auf dem Programm. Mag sein, dass es einfach nicht möglich ist, die eigentliche Tragweite solcher Botschaften sofort zu begreifen und das Leben radikal zu ändern. Medienpsychologische Analysen zeigen, dass Menschen über einen robusten Schutzmechanismus gegen schlechte Nachrichten verfügen. Berichte von mehr als zwanzig Todesopfern, zum Beispiel, werden in ihrer Dramatik nicht mehr verstanden. Das Hirn begreift zwar die Fakten, aber die Gefühle kommen damit nicht zurecht. Wie soll man da die Botschaft wirklich begreifen können, dass ein fortschreitender Klimawandel für bis zu zweihundert Millionen Menschen den Hungertod bedeuten wird? Das übersteigt das Fassungsvermögen unserer Gefühlswelt.

Dieses Abschalten, das Resignieren, das Verdrängen des Problems birgt jedoch die große Gefahr, dass wir die letzte Chance zur Rettung unseres Klimas verpassen. Jetzt bestünde noch die Möglichkeit, zu verhindern, dass eine Erwärmung von über sechs Grad Celsius Wirklichkeit wird. Trotz der abschreckenden Nachricht geht es jetzt darum, diese nicht auszublenden, sondern unserer Verantwortung für die Zukunft der Erde gerecht zu werden. Selbst wenn wir uns die erschreckenden Details nicht vorstellen können und wollen, ist die Botschaft klar und sehr deutlich: Leben, so wie wir es kennen, ist bei einer Temperaturerhöhung um mehr als sechs Grad nicht mehr möglich.

Der sprunghafte CO_2-Anstieg und seine Auswirkungen

Die Maßeinheit der Gefährdung unseres Planeten durch Überhitzung ist der Wert von Treibhausgasen, vor allem von CO_2-Molekülen in der Atmosphäre pro Millionen Luftteile, abgekürzt mit »ppm«. Seit der letzten Eiszeit ist die CO_2-Konzentration von 190 ppm auf einen konstanten Wert von 280 ppm gestiegen. Mit dem Beginn der Industrialisierung schnellte dieser Wert aber plötzlich nach oben. Laut dem jüngsten UN-Klimabericht haben wir bereits einen Wert von 379 ppm erreicht, 2007 liegt die Konzentration bereits über 382 ppm. Das entspricht einem Zuwachs von mehr als einem Drittel seit dem späten 18. Jahrhundert.

Analysen von Eiskernen in den Gletschern der Pole, die kleine, uralte Luftbläschen einschließen und so Vergleiche über Jahrtausende ermöglichen, beweisen, dass in unserer Atmosphäre eine dermaßen hohe CO_2-Konzentration seit 650 000 Jahren nicht mehr vorgekommen ist. Renommierte Experten gehen sogar davon aus, dass es so hohe Werte zuletzt vor einer Million, möglicherweise zuletzt vor dreißig Millionen Jahren gegeben hat.

Wir verursachen also durch unsere Emissionen an Treibhausgasen in einem irrwitzigen Tempo Lebensbedingungen, die es für Menschen mit aufrechtem Gang noch nie gegeben hat. Alarmierend ist aber nicht nur die fast unvorstellbare erdgeschichtliche Dimension des Problems. Wissenschaftler messen seit einigen Jahren geradezu sprunghafte Zuwächse des CO_2-Gehaltes der Luft. So nahm laut dem IPCC-Klimabericht die CO_2-Konzentration der Luft zwischen 1960 und 2005 im Schnitt um 1,4 ppm zu. Nimmt man aber nur den Durchschnitt der vergangenen zehn Jahre, zeigt sich eine Steigerungsrate von 1,9 ppm. Noch steiler wird die Kurve, werden nur Werte von 2005 und 2006 betrachtet. Laut dem US-Wissenschaftler David Hofmann von der US Oceanic and Atmospheric Administration lag der jährliche CO_2-Zuwachs in diesen Jahren bereits bei 2,6 ppm. Ähnlich dramatische Ergebnisse wurden im November 2006 von australischen Wissenschaftlern veröffentlicht. Die britische Zeitung *The Guardian*, eines der führenden Medien der weltweiten Klima-Berichterstattung, widmete den Daten im Jänner 2007 eine Titelgeschichte mit einer Schlagzeile, die Gänsehaut erzeugt: »Die Angst vor einem Runaway-Effekt wächst.«

Noch hat die Forschung erst in Ansätzen die Dynamik eines solchen nicht mehr zu bremsenden Erwärmungstrends verstanden. Als wahrscheinlich gilt aber, dass ab einer Verdoppelung der Treibhauskonzentration des vorindustriellen Zeitalters, also ab einem Wert von 550 ppm CO_2, dieser Effekt massiv einsetzen könnte. Die Schilderungen der heute vielfachen katastrophalen Folgen der Klimaveränderung im ersten Kapitel dieses Buches – das Abschmelzen unserer Gletscher, das Auftauen der Frostböden, der Anstieg des Meeresspiegels, die dramatischen gesundheitlichen Auswirkungen, die wachsende Schar von Klimaflüchtlingen, die immer extremeren Witterungssituationen – sind Botschaften aus der Zukunft an uns. Botschaften, die uns zeigen, wohin wir diesen Planeten steuern, wenn wir so weitermachen wie bisher, wenn unsere Energieversorgung, unser Lebensstil weiter dem Motto »business as usual« folgt.

Die ohnehin gigantischen Emissionen steigen trotz aller Warnungen weiter an: 23,5 Milliarden Tonnen CO_2 gelangten während der 1990er-Jahre durchschnittlich pro Jahr in die Atmosphäre. Diese Rate hat sich auf den Rekordwert von 27,3 Milliarden Tonnen im Jahr 2005 erhöht; Tendenz weiter steigend. – Welche Zukunft droht uns angesichts dieser Dimension der Klimastörung? Haben wir so überhaupt noch eine Zukunft? Die renommierte Wiener Meteorologin Univ.-Prof. Helga Kromp-Kolb, die ob ihres Engagements in Sachen Klimaschutz 2006 zur österreichischen Wissenschaftlerin des Jahres gekürt worden ist, weiß, dass ein Teil des Schadens nicht mehr rückgängig zu machen sein wird: »Die Frage ist nicht, ob die Menschheit überlebt. Die Frage ist vielmehr, wie viele Menschen unter welchen Bedingungen überleben werden.«

Runaway-Effekte: Das Klima gerät außer Kontrolle

Jahrelang wurde die Klimaveränderung als lineare, als schrittweise Entwicklung gesehen, erforscht und diskutiert. Doch so funktioniert unser Klima nicht: Ab einem bestimmten Ausmaß der Temperaturerhöhung kann durch sogenannte positive Rückkoppelungen der Umwelt ein dynamischer Veränderungsprozess einsetzen. Das heißt: Bei einer Fortsetzung der bisherigen Politik und damit der derzeitigen Emissionstrends von Treibhausgasen wird sich die Klimaveränderung bis zu einem »Point of no Return«, einem irreversiblen Grad der Zerstörung dynamisch verstärken. Einer der ersten Wissenschaftler, der vor einer unkontrollierbaren Dynamik warnte, war 1988 James Hansen, weltweit führender Klimaforscher und Direktor des NASA Goddard Institute for Space Studies. Doch erst in den letzten Jahren beginnt die Wissenschaft verstärkt die Rückkoppelung der Natur als Teil der Klimaveränderung zu untersuchen und das Entstehen eines neuen Kreislaufs der Erwärmung zu berechnen.

»Seid besorgt, seid sehr besorgt.« Diese einfache Schlagzeile prangte Anfang März 2006 am Cover des US-Magazins *Time*. Just eines der einflussreichsten Medien der USA, die nach wie vor den weltweit höchsten Anteil der CO_2-Emissionen verantworten, bewies mit dem Artikel, dass endlich auch dort eine breitere Öffentlichkeit das Problem bei seinem richtigen Namen nennt. Der Artikel war eine der ersten Veröffentlichungen außerhalb des Wissenschaftszirkels, in dem umfassend die Gefahr des Runaway-Effektes geschildert wurde. Das globale Klimasystem sei von hochsensiblen Kipp-Punkten quasi vermint, hieß es dort: würden sie aktiviert, entstehe eine bedrohliche Dynamik.

Bei den Temperaturprognosen des vierten IPCC-Klimaberichtes

wurde ein möglicher Rückkoppelungseffekt in einige Zukunftsmodelle erstmals eingerechnet: Ein Grad der prognostizierten Erwärmung werde demnach bereits durch das sogenannte »positive Feedback«, der Rückkoppelung der natürlichen Klimaregulatoren, verursacht. Die stellvertretende Vorsitzende des Gremiums, Susan Solomon, betonte, »dass die höhere Bandbreite der Temperaturprognosen im vierten Bericht darauf zurückzuführen ist, dass wir diese Effekte in unseren Berechnungen berücksichtigt haben, aber die Tragweite dieser Mechanismen noch sehr spärlich erforscht ist«. Berechnet wurde die Reaktion von Meer und Land auf die Erwärmung. »Derzeit absorbieren die Ozeane und der Boden die Hälfte des Kohlenstoffes, der emittiert wird. Durch den Klimawandel wird sich ihr Zustand aber immer mehr verschlechtern. Deshalb wird mehr von dem CO_2, das wir in die Atmosphäre abgeben, auch dort bleiben«, so Corinne Le Quéré von der britischen Universität East Anglia, eine der Autorinnen des IPCC-Berichts.

Schon wenige Wochen nach dem Erscheinen dieser Ergebnisse meldeten sich andere Autoren des Berichtes zu Wort, die kritisierten, dass im Gegensatz zur ursprünglichen Version ihres Berichtes in der im Februar 2007 präsentierten ersten Zusammenfassung diese Runaway-Effekte fast gänzlich ausgeblendet worden sind. Von einer Verwässerung berichtete im März 2007 das renommierte britische Fachmagazin *New Scientist* und berief sich dabei auf die Aussagen zweier führender britischer Klimawissenschaftler: Peter Wasdell von der Universität Cambridge etwa sagte: »Der ursprüngliche Bericht wurde vor der Veröffentlichung durch Regierungsvertreter eindeutig aufgeweicht.« So seien die Warnungen, dass der Regenwald, die Böden und Meere weniger CO_2 aufnehmen werden, in der Letztfassung nicht berücksichtigt worden. Gestrichen wurde in letzter Minute auch die Befürchtung, dass neueste Beweise eine Verstärkung des Erwärmungstrends durch Wasserdampf befürchten.

Dies bedeutet: Trotz der sehr alarmierenden Prognosen sind wir uns erst eines Teils der Gefahren bewusst. Was wir derzeit erleben, gleicht also in Wahrheit einem Wettlauf: Entweder gelingt es uns, noch rasch die CO_2-Emissionen stark zu senken, um diese Rückkoppelungseffekte wenigstens noch einzudämmen, oder das Fenster der Möglichkeiten, unserer Verantwortung noch gerecht zu werden und die Klimaveränderung zu begrenzen, schließt sich. Auch wenn die Forschung heute noch keine exakten Daten liefern kann, steht doch fest: Ab einer gewissen Konzentration von CO_2 in der Luft werden die Rückkoppelungseffekte in einen unkontrollierbaren Runaway-Effekt münden.

»Tipping Points«: Die entscheidenden Kipp-Punkte des Weltklimas

Der US-Autor Malcolm Gladwell hat mit seinem 2002 erschienenen Buch »The Tipping Point« diesen Begriff kreiert: Damit beschrieb er Umstände, unter denen selbst kleine Änderungen dramatische Auswirkungen für das gesamte System haben, weil durch sie eine Schwelle überschritten wird. Dieser Begriff wurde für die Beschreibung des komplexen Systems von Klimaphänomenen übernommen und spätestens ab August 2005 war klar, welch große Rolle derartige »Tipping Points« spielen können.

Damals präsentierten die beiden Wissenschaftler Sergei Kripotin von der Universität Tomsk und Judith Marquand von der Universität Oxford eine alarmierende Studie über das Ausmaß der Erwärmung von Dauerfrostböden in Westsibirien: Auf der Fläche von einer Million Quadratkilometern – das entspricht dem Gebiet von Deutschland und Frankreich – habe in einem massivem Ausmaß der Auftauprozess begonnen. Klimaforscher David Viner von der Universität East Anglia brachte diese alarmierende Entdeckung auf einen knappen Nenner: »Dieses Phänomen wird unsere Temperatur noch stärker beeinflussen, als unsere Emissionen es ohnedies bereits tun.«

Der Dauerfrostboden der Tundra zählt zu den entscheidenden »Tipping Points«, die man frei mit »Kipp-Punkten« der Erdatmosphäre übersetzen kann. Sie sind eigentlich die Ausgleichsregulatoren unseres hochsensiblen Klimasystems, sorgen für Stabilität, sind aber für oft kleinste Veränderungen massiv anfällig und können das ganze System aus dem Gleichgewicht bringen. Zwölf dieser Punkte wurden vom britischen Tyndall Center for Climatic Research identifiziert: Die wichtigsten Kipp-Punkte sind demnach neben den Dauerfrostböden der Amazonasregenwald, die Gletscher Grönlands sowie die westantarktische Eisdecke und die Meeresströmungen, vor allem der Golfstrom im Atlantik. Sie alle sind durch hochkomplexe Zusammenhänge mit unserem Klima vernetzt und schaffen jene Wettermuster, auf die unsere Zivilisation seit der letzten Eiszeit baut. Geraten diese Kipp-Punkte durch die zunehmende Erwärmung aus ihrem Gleichgewicht, kann ein »positives Feedback« ausgelöst werden, ein Rückkoppelungseffekt, der den Temperaturanstieg zusätzlich verstärkt. Sie verlieren ihre Schutzfunktion für unser Klima und werden selbst zu Störfaktoren. Nicht nur die Forscher in Sibirien, sondern viele andere Experten warnen davor, dass ein solcher Prozess bereits in Gang gekommen sein könnte. Darauf könnte die derzeit auffallend rasche Steigerung der CO_2-Konzentration unserer Atmosphäre hinweisen, befürchtet etwa der britische Klimaforscher Peter Cox von der Universität Exeter: »Die Hitzewellen in Europa, das Niedrigwasser im Amazonas und die gestiegene Anzahl von Waldbränden könnten die CO_2-Aufnahmefähigkeit der Umwelt gebremst haben.«

Welche Prozesse hier genau in Gang gekommen sein könnten, darüber rätseln Experten noch im Detail. Die Forschung zu den Kipp-Punkten, ihrer möglichen Rückkoppelungen und den möglichen Runaway-Effekt hat erst begonnen. Trotzdem wissen wir bereits genug, um alarmiert zu sein und um die Szenarien der Dynamisierung der Erwärmung beschreiben zu können.

Runaway-Effekt durch Auftauen der Dauerfrostböden

Nicht weniger als ein Viertel der Erdoberfläche nördlich des Polarkreises besteht aus Dauerfrostböden, dem sogenannten »Permafrost«. Im Sommer taut eine dünne Schicht an der Oberfläche auf, der Boden darunter bleibt aber immer gefroren. Die Dicke dieser gefrorenen Schichten ist sehr unterschiedlich: 150 Meter im Süden Alaskas, wenige Dutzend Meter in Nordschweden, bis zu 1250 Meter in Teilen Sibiriens. Seit elftausend Jahren ist der Boden durchgehend gefroren und birgt riesige Methanvorkommen: Alleine der Permafrost Westsibiriens speichert mindestens siebzig Milliarden Tonnen. Das ist etwa ein Viertel der Weltbestände von Methan, einem Treibhausgas mit der mehr als zwanzigfachen Wirkung von CO_2.

Laut den im vierten IPCC-Bericht veröffentlichten Daten hat sich der Permafrost seit 1980 um drei Grad erwärmt: vor allem in Sibirien, einem Hotspot der Klimaveränderung. Hier sind während der vergangenen vierzig Jahre die Durchschnittstemperaturen mehr als doppelt so stark gestiegen wie im globalen Schnitt. Die hohen Temperaturen fordern nun ihren Tribut: Wissenschaftler warnen, dass im Westen Sibiriens der Permafrost auf einer Fläche von einer Million Quadratkilometer zu schmelzen beginnt. Die Folgen dieses Prozesses schlagen sich bereits in der Atmosphäre nieder. So hat Ted Schuur von der Universität Florida gemessen, dass der sibirische Permafrost in der Tundra heute bereits fünfmal mehr Methan abgibt, als die Wissenschaft bislang prognostizierte.

In Schweden haben Forscher festgestellt, dass über der sumpfigen Tundra Nordschwedens im Sommer bereits bis zu sechzig Prozent mehr Methan entweicht, als vor dreißig Jahren. »Der Permafrost wird zum Auftauen wahrscheinlich etliche Dekaden brauchen, daher wird das eingeschlossene Methan nicht in einem, sondern langsam und schrittweise freigesetzt«, so der britische Klimaforscher Stephen Sitch.

Entwarnung ist dies keine. Falls das gespeicherte Methan im Laufe der nächsten hundert Jahre entweicht, würde dies jedes Jahr zu zusätzlichen Treibhausgasemissionen von 700 Millionen Tonnen führen, hat er berechnet. Dies würde einen Anstieg der Erwärmung um 25 Prozent bedeuten. Von einem »ökologischen Erdrutsch« spricht deshalb der führende russische Wissenschaftler Sergei Kripotin angesichts des einsetzenden Tauwetters in den Tiefen der Tundra. Denn es ist ein teuflischer Kreislauf: Je rascher sich die Temperaturen erhöhen, desto rascher schreitet das Auftauen der Dauerfrostböden voran. Und je rascher dies erfolgt, desto stärker wird Methan freigesetzt, desto rascher erhöhen sich wiederum die Temperaturen. Eine irreversible Dynamik setzt sich in Gang.

Runaway-Effekt durch den Eisverlust an den Polen

In unserem Weltklima spielen die großen Eisflächen, vor allem an den Polkappen, eine entscheidende Rolle: Diese Klima-Kipp-Punkte reagieren besonders empfindlich auf die steigende Erwärmung. Wie gigantische Spiegel reflektieren sie Sonnenlicht und strahlen so neunzig Prozent der ankommenden Energie retour. Dem diametral entgegengesetzt wirkt eisfreies Meer, dessen dunkle Oberfläche fast achtzig Prozent der Energie absorbiert. Wenn, wie es derzeit in alarmierendem Ausmaß der Fall ist, dieses Eis schmilzt, wird daher weniger Sonnenlicht reflektiert und vom Meer viel mehr Wärme gespeichert: eine Dynamik, die sich selbst aufzuschaukeln beginnt.

Das arktische Packeis, zum Beispiel, schmilzt während der Sommermonate an den Rändern und stellenweise mittlerweile auch weiter im Inneren. Es entstehen größere Flächen offenen Wassers, wo ein Vielfaches an Sonnenlicht im Vergleich zu früher absorbiert wird und das Meer erwärmt. Im kommenden Winter reicht die Abkühlung nicht mehr aus, um die Eisfläche so wie früher vollständig zu schließen.

Laut den Daten des IPCC schrumpft das Packeis am Nordpol um 2,7 Prozent im Winter, im Sommer um 7,4 Prozent, laut aktuellsten Beobachtungen der Weltmeteorologiebehörde WMO sogar schon um 8,6 Prozent pro Jahrzehnt. Bis Ende 2004 hat das arktische Sommereis damit bereits ein Viertel seiner Fläche verloren. Alleine 2005 schmolzen dort bereits 300 000 Quadratkilometer ab, 2006 verlief der Schmelzprozess fast ebenso dramatisch.

Die Erwärmung am Nordpol setzt mittlerweile auch den gigantischen Gletschern Grönlands zu: Bis zu drei Kilometer dick und fünfmal so groß wie Deutschland ist der Eispanzer, der anders als das Packeis am Pol aus Süßwasser besteht. Laut NASA-Forscher James Hansen hat sich jene Zone Grönlands, wo es im Sommer taut, während der vergangenen 25 Jahre verdoppelt. Seit dem Jahr 2000 verliert sie hundert Kubikkilometer Eis pro Jahr. Ähnlich verläuft der Prozess auch am Südpol: Die Westantarktis verliert zirka achtzig Kubikkilometer Eis pro Jahr. Und selbst die Gletscher der fast sechsmal so großen, bisher als stabil geltenden Ostantarktis haben ihre Fließgeschwindigkeit um mehr als achtzig Prozent erhöht.

Würden alle diese Eismassen abschmelzen, die fragile Westantarktis und Grönlands Gletscher, würde der Meeresspiegel um bis zu zwölf Meter ansteigen, würde sogar die riesige Ostantarktis tauen, dann um unglaubliche fünfzig Meter. Es wäre das Ende der Welt, wie wir sie kennen. Dieser Prozess dürfte Jahrhunderte dauern, doch das sollte keine Beruhigung sein: Beginnen die Gletscher der Polkappen massiv aufzutauen, wird der Prozess nicht mehr zu stoppen sein. Experten befürchten, dass, wenn die Treibhausgasemissionen nicht bald drastisch gesenkt werden, ein solcher unumkehrbarer Prozess bereits Mitte dieses Jahrhunderts beginnen könnte.

Schon jetzt erhitzt sich die Arktis, wie übrigens auch die Gebirgsregionen, wesentlich rascher als der Rest der Erde. Bei einem durchschnittlichen Temperaturanstieg von 2,5 Grad würde die Schere noch wesentlich weiter auseinanderklaffen: Dies würde für die Zonen am Äquator etwa plus ein Grad Celsius bedeuten, am Nordpol aber plus 6,5 Grad. Dies bedeutet: Mit den Lufttemperaturen steigt auch die Wärme der Ozeane, wodurch der »Motor« des Klimasystems gestört werden könnte: Die Meeresströmungen, die, vereinfacht zusammengefasst, durch den Tausch von kaltem Wasser an den Polregionen und warmem Wasser um den Äquator gesteuert werden.

Seit dem Ende der letzten Eiszeit folgen die globalen Meeresströmungen demselben Muster. Fällt dieser Motor aus, dann droht eine abrupte Klimaänderung und – so paradox das auch klingen mag – die Erwärmung könnte einen Kälteschock auslösen. Dies alles illustriert, wie enorm wichtig die polaren Eiszonen für unser

Klima sind: Sie steuern die Wärmeregulation des Klimasystems, die Reflexion von Wärme in die Atmosphäre und die Höhe des Meeresspiegels. Ein nicht mehr kontrollierbarer Runaway-Effekt, der in einen unumkehrbaren Verlust dieser Eiskappen münden würde, gilt deshalb als das »worst case«-Szenario der Klimaforscher (siehe auch S. 146).

Runaway-Effekt durch vermehrten Wasserdampf in der Luft

Gigantische Mengen an Wasserdampf, das Zwanzigfache der Wassermenge der Ostsee, werden pro Jahr in einem Kreislauf von Verdunstung und Niederschlag bewegt. Innerhalb von nur zehn Tagen wird die gesamte Menge in der Atmosphäre ausgetauscht. Im Gegensatz zu den anderen, sehr langlebigen Treibhausgasen schwankt die Menge von Wasserdampf rasch und stetig und noch sind sich die Experten sehr unsicher, welche Rolle dieser Faktor beim vom Menschen verursachten Treibhauseffekt tatsächlich spielt.

Faktum ist, dass wärmere Luft mehr Wasserdampf halten kann: Dies könnte zu einem klassischen Rückkoppelungseffekt führen, da eine höhere Konzentration von Wasserdampf in der Atmosphäre auch den Treibhauseffekt verstärkt. Die Experten des IPCC betonen in ihrem jüngsten Bericht, dass dieser Trend seit den 1980er-Jahren nachzuweisen sei. »Wasserdampf ist eines der stärksten Feedback-Mechanismen der Klimasensitivität«, heißt es dort.

Klimaforscher der Universität Miami veröffentlichten 2005 im Wissenschaftsmagazin *Science* Studienergebnisse, die eine bis dato sehr umstrittene Dynamisierung des Treibhauseffektes durch Wasserdampf bestätigen. »Wir haben in der Troposphäre, also der untersten Schicht der Atmosphäre, die etwa bis zehn Kilometer oberhalb der Erdoberfläche reicht, eine deutliche Erhöhung der Konzentration gemessen«, so der Klimaforscher Brian Soden: »Die Rolle von Wasserdampf ist unumstritten, nur verusacht er den höchsten Treibhauseffekt aller klimarelevanten Gase. Und es ist eindeutig, dass die wachsende Erwärmung diesen Effekt noch verstärkt.«

Runaway-Effekt durch CO_2-Emissionen aus Ozeanen und Böden

Höhere Temperaturen behindern zunehmend die CO_2-Aufnahmefähigkeit von Böden und Meeren. Dies ist eine besonders problematische Folge der höheren Temperaturen, da Land und Wasser derzeit die Hälfte des frei werdenden Treibhausgases CO_2 aus der Atmosphäre aufnehmen. Diesem Notkühlsystem unseres Planeten verdanken wir, dass unsere Emissionen nicht schon viel mehr Schaden angerichtet haben. CO_2 wirkt wie ein Dünger für die Böden, ermöglicht das Wachstum von Wäldern und anderen Pflanzen. Doch ab einer bestimmten Konzentration des Gases ist die Natur gesättigt, die Fähigkeit einer weiteren Aufnahme sinkt.

Gleichzeitig beginnt das wärmere und trockenere Klima einen für die Vegetation tödlichen Stress zu verursachen. Pflanzen sterben ab und setzen in dem Verfallsprozess CO_2 frei. Das Fatale an diesem Rückkoppelungseffekt ist also, dass er doppelt wirkt: Die CO_2-Speicher werden zu CO_2-Emittenten. Der Forscher Peter Cox hat berechnet, dass dies bis zu 1,5 Grad Celsius an zusätzlicher Erwärmung führen könnte. Besonders gravierend wirkt sich die zunehmende Entwaldung aus: 5,9 Milliarden Tonnen CO_2 bleiben schon jetzt in der Atmosphäre, die nicht mehr wie früher gespeichert werden können, weil die Wälder abgeholzt sind.

Derselbe Effekt scheint in den Ozeanen zu beginnen. Auch ihre Fähigkeit, CO_2 zu speichern, sinkt. Die höheren Wassertemperaturen führen zu einem Absterben von Photoplankton, das in den Ozeanen CO_2 absorbiert. Die Spirale, die hier in Gang gesetzt wird, könnte wie bei den Böden zu einem zweifachen Effekt führen: Wärmere Ozeane beginnen CO_2 zu emittieren und könnten zu einer weiteren Erwärmung des Klimas beitragen.

Runaway-Effekt durch die Zerstörung des Kohlenstoffspeichers Regenwald

Seit 1960 wurden in Brasilien rund achtzehn Prozent des Regenwaldes abgeholzt. Wird dieser Kahlschlag in gleichem Tempo fortgesetzt, dann ist 2050 die Hälfte des weltgrößten CO_2-Speichers verschwunden. Brasilien ist seit wenigen Jahren unter den Top Ten der größten CO_2-Emittenten der Erde. 75 Prozent des CO_2-Ausstoßes Brasiliens, zweihundert Millionen Tonnen Treibhausgase, entstehen durch die schrittweise Zerstörung des Tropenwaldes.

Nicht nur die Brandrodung erweist sich als Klimakiller erster Kategorie: Seit dem Jahr 2000 errechneten Ökologen des Amazonas-Forschungsinstitutes INPA, dass angesichts der vorliegenden Temperaturprognosen der Amazonas langsam austrocknen könnte. »Deutlich weniger Regen und Spitzentemperaturen von bis zu fünfzig Grad würde der Regenwald nicht überleben«, so der Forscher Philip Fearnside. Das wiederum hätte für den Planeten wahrlich gravierende Auswirkungen: Im Amazonas-Regenwald sind rund 120 Milliarden Tonnen Kohlenstoff gebunden. Würde tatsächlich der gesamte Wald verschwinden, würden damit langfristig diese Menge Kohlenstoff in die Atmosphäre entweichen: Dies entspricht einem Viertel der Menge, die vom Menschen in Form des Treibhausgases CO_2 seit Beginn der Industrialisierung in die Atmosphäre gepumpt wurde.

Runaway-Effekt durch Stopp der Meeresströmungen

Bisher wurden Rückkoppelungseffekte beschrieben, die jene vom Menschen verursachte Erwärmung zustätzlich ankurblen. Möglich ist aber auch, dass ein weiterer Temperaturanstieg zu einem sogenannten »abrupten Klimawandel« führt. Der Verlauf der Erdgeschichte beweist, dass dies möglich ist. So haben Forscher Anhaltspunkte dafür gefunden, dass sich alleine während der letzten Eiszeit das Klima mindestens zwanzigmal plötzlich radikal geändert hat. Einmal stieg innerhalb von nur zwei Jahrzehnten die Temperatur in Grönland um zwölf Grad Celsius an. Einen spontanen Gefrierschock erlebte die Erde vor 8200 Jahren: Der Nordatlantikstrom kam damals plötzlich zum Stillstand und eine deutliche Abkühlung setze ein. Dieses Phänomen könnte theoretisch auch durch die derzeitige Erwärmung ausgelöst werden, da vor allem die Erwärmung am Nordpol die Temperaturunterschiede zwischen dem südlichen und dem nördlichen Nordatlantik immer mehr angleicht. Diese Unterschiede sind der Motor dieser Strömung, die mit dem Austausch von kaltem und warmem Wasser das Klima Westeuropas maßgeblich beeinflusst.

Derzeit beobachten die Forscher zwar eine Verlangsamung des Golfstromes, ein Stopp dieser wichtigen Meeresströmung gilt im Laufe dieses Jahrhunderts aber noch als sehr unwahrscheinlich. Das Szenario eines plötzlichen Stillstandes des Golfstromes wurde in einem Klimabericht des US-Verteidigungsministeriums im Jahr 2003 jedenfalls sehr ernst genommen. Die Studie wurde zur Grundlage des ersten Klima-Thrillers namens »The Day after Tomorrow«.

Runaway-Effekt Klimaanlagen: Wie wir die Erderwärmung dynamisieren

Der Klimawandel ist kein ausschließlich ökologisches Problem, sondern auch ein gesellschaftliches. Durch die Mechanismen des Industriezeitalters basiert unser Lebensstil in der entwickelten Welt auf der Vergeudung von Rohstoffen, auf einem exorbitanten Verbrauch fossiler Energieträger. Deshalb sind wir Menschen auch einer der »Tipping Points« des Klimas: Unser Verhalten, vor allem unser zukünftiges, kann ein Klimaregulator werden oder auch ein massiver Störfaktor. Ohne einen Bewusstseinswandel von Verleugnung hin zur Akzeptanz unserer Verantwortung wird sich der Klimawandel weiter verschlimmern. Die Dynamik ist ebenso besorgniserregend wie alle zuvor erwähnten Gefahren eines Runaway-Effektes: Erfolgt kein drastisches Umdenken, besteht die Gefahr, dass die Menschheit in Reaktion auf die bereits spürbare Erwärmung ihre Emissionen noch weiter steigert.

Diesen beginnenden fatalen Kreislauf illustriert zum Beispiel der enorm anwachsende Einsatz von Klimaanlagen: Viele davon sind extreme Energievergeuder und bewirken eine spürbare Erhöhung des Energieverbrauches. Weil auch die Wasserführung unserer Flüsse in den immer heißeren Sommermonaten zwischen zwanzig und vierzig Prozent sinkt, müssen um diesen Anteil mehr fossile Kraftwerke zugeschaltet werden. Die CO_2-Emission erhöht sich dadurch neuerlich deutlich und dynamisiert den Kreislauf der Klimaveränderung. In europäischen Großstädten bedeutete der Klimaanlagen-Boom während der Hitzesommer der Jahre 2003 und 2006 eine Erhöhung des Energieverbrauches um bis zu einem Drittel. Vor allem Bürohäuser, meist energetisch verantwortungslos konzipiert, sind dafür verantwortlich. Während der Heizwärmebedarf im Winter durchschnittlich bei rund sechzig Kilowattstunden pro Quadratmeter liegt, benötigen Klimaanlagen in vielen, meist gläsernen Hochhäusern im Sommer mit bis zu dreihundert Kilowattstunden das Fünffache.

Dazu kommt ein deutlich steigender Energiebedarf auch im Auto, das bei Verwendung der Klimaanlage um bis zu 1,8 Liter mehr Benzin verbraucht. Sprunghaft mehr Energie verbrauchen auch die privaten Haushalte für Kühlung. So bedeutet eine vergleichsweise kleine mobile Klimaanlage mit zweitausend Watt, die in den drei Sommermonaten im Schnitt zwölf Stunden am Tag betrieben wird, einen dramatischen Anstieg an Energieverbrauch. Wird die Raumtemperatur um durchschnittlich drei Grad abgesenkt, fallen so jährlich um durchschnittlich dreihundert Euro höhere Stromkosten und entsprechend wachsende CO_2-Emissionen an.

Zwei Grad: Die magische Klimagrenze

Diese möglichen Runaway-Effekte veranschaulichen, dass sich die Klimaveränderung nicht nur linear fortsetzen, sondern in eine heftige Dynamik münden kann. Ab einer bestimmten Temperaturerhöhung wird die Erde so sehr Schaden nehmen, dass eine sprunghafte Erwärmung einsetzen könnte, die nicht mehr zu bremsen ist. Die zentrale Frage ist deshalb heute: Ab welchem Grad der Temperaturerhöhung setzten diese Rückkoppelungsmechanismen des Klimas mit voller Wucht ein? Ab wann drohen uns Runaway-Effekte, die zu einem Kollaps führen könnten? Ab wann wird sich unser Planet durch die stetig steigenden Emissionen der Menschen so sehr aufheizen, dass die Erwärmung außer Kontrolle gerät? Wo liegt diese Grenze?

Vieles deutet darauf hin, dass diese Grenze bei einer Erwärmung von plus zwei Grad liegen könnte. Berechnungen von Klimaexperten haben ergeben, dass eine Konzentration von 450 ppm CO_2 in der Atmosphäre einen solchen Temperaturanstieg mit einer Wahrscheinlichkeit von über fünfzig Prozent auslösen könnte. Angesichts der vielen offenen Fragen zu den Dynamiken der Runaway-Effekte raten sie aber zu so viel Vorsicht wie möglich. Deshalb gilt als oberstes Limit eine CO_2-Konzentration von vierhundert ppm, die wir auf keinen Fall überschreiten sollten, damit wir wirklich sicher sein können, dass diese entscheidende Marke von zwei Grad plus unser oberstes Limit bleibt.

Vierhundert ppm: Das bedeutet, angesichts der aktuellen CO_2-Konzentration von über 380 ppm schwindet unser Handlungsspielraum täglich. Achtzig Prozent des Weges hin zu einem Ausmaß von Erwärmung, das wir nicht mehr kontrollieren können, sind zurückgelegt. Um 0,8 Grad Celsius hat sich die Erde seit dem 19. Jahrhundert aufgeheizt. Das sieht so aus, als hätten wir noch einen bequemen Puffer von weiteren 1,2 Grad Celsius, bis wir um zwei Grad mehr messen. Und so verhält sich auch der Großteil der politischen Führungskräfte. Doch dieser Eindruck ist eine fatale Täuschung, das Verhalten ein fahrlässiges Risiko. Das Klima spielt uns bekanntlich einen bösen Streich: Bis sich höhere CO_2-Konzentrationen in höheren Temperaturen niederschlagen, vergehen zirka zwanzig Jahre. Das bedeutet: Auch wenn ab sofort kein Gramm CO_2 mehr emittiert würde, ginge der Kreislauf der Erwärmung um 0,6 Grad weiter. Ein Plus von einem weiteren Grad ist deshalb nicht mehr zu verhindern. Das heißt, plus 1,8 Grad Celsius ist de facto schon erreicht und nur noch eine Frage der Zeit, bis wir es auch spüren.

Unser Verhandlungsspielraum mit der Umwelt ist deshalb gleich null. Rufen wir uns in Erinnerung: Wir legen jährlich bereits 2,6 ppm CO_2 zu. Allein bei einer Fortsetzung des bisherigen Trends – weitere sehr wahrscheinliche Steigerungen der Rate noch nicht berücksichtigt – würde bis zum Ende des Jahrhunderts eine

Konzentration von sieben- bis achthundert ppm CO_2 in der Atmosphäre erreicht werden. Das wäre beinahe das Doppelte der kritischen Marke von vierhundert ppm und damit Auslöser einer rapiden Temperaturerhöhung von deutlich mehr als zwei Grad: »Jenseits dieser Grenze würden wir Entwicklungen und Veränderungen erleben, die die Erde zu einem anderen Planeten machen würden, als wir ihn kennen«, warnt der führende US-Klimaforscher James Hansen. Ähnlich sieht es Tom Burke, Professor des Imperial College London und früherer Regierungsberater in Fragen der Klimaveränderung: »Bei Überschreiten von plus zwei Grad erreichen wir einen Punkt, ab dem unsere Kinder nicht mehr länger auf ein sicheres Klima zählen können.«

Noch etwas muss bedacht werden: Ein durchschnittlicher Wert von zwei Grad plus bedeutet nicht überall das Gleiche: Bis 2100 würde dies einen Temperaturanstieg um gar 4,6 Grad im Norden (Grönland, Kanada, Alaska, Sibirien, Skandinavien) bedeuten, für Mitteleuropa einen um 3,4 Grad, in der Arktis wäre ein Plus von über sechs Grad der Fall. Trotz dieser Dramatik muss die Weltgemeinschaft einen Kraftakt setzen und die Schadensbegrenzung durch einen Stopp bei zwei Grad plus schaffen. In Wahrheit ist dies die einzige Chance.

Nur eine Vollbremsung der CO_2-Emissionen verhindert noch den Klimakollaps

Diese Zwei-Grad-Grenze ist das offizielle Klimaschutzziel der EU und wurde per Ratsbeschluss bereits 2005 festgelegt. Diesem ambitionierten Ziel muss sich die gesamte Weltgemeinschaft anschließen, weil es nur durch globale Klimaschutzanstrengungen erreicht werden kann. Die Industrieländer müssten dazu ihre Emissionen bis 2050 um bis zu achtzig Prozent verringern (vom Niveau 1990), weltweit ist eine Halbierung der Treibhausgase erforderlich. »Das sind nicht einfach nur gedämpfte Emissionen. Das ist eine Vollbremsung jener Kohlenstoffwirtschaft, die die westlichen Industriestaaten erst reich machte«, verdeutlichte ein Kommentar der *Süddeutschen Zeitung* am 9. Februar 2007, vor welcher Herausforderung wir eigentlich stehen.

Im selben Artikel wird die jüngste Klimapolitik heftig gegeißelt: Klimaschutz in seiner radikalen Notwendigkeit werde von Deutschland nicht ernst genug genommen, die Reduktionsziele des Kyoto-Protokolles seien nur »dank« der Schwäche der Industrie der neuen Bundesländer geschafft worden. Peinlich aber die Klimazwischenbilanz, die Österreich vorlegte, das sich so gerne als Umweltmusterland präsentiert: bereits 93,2 Millionen Tonnen an Treibhausgasen wurden im Jahr 2005 emittiert, das Kyoto-Ziel um mehr als ein Drittel verfehlt.

Doch die notwendige drastische Verringerung der Emissionen – von Wien bis Washington – scheiterte bislang nicht am Know-how zur alternativen Energiegewinnung, sondern an der Entscheidungskraft der Verantwortlichen. »Wir haben alles, was wir brauchen, um unsere Erde zu retten, längst parat. Das Einzige, was fehlt, ist politischer Wille. Und da bin ich zuversichtlich: Denn politischer Wille ist eine erneuerbare Ressource«, kommentiert dies der US-Klimavordenker Al Gore. Dass eine solche Vollbremsung der Emissionen keine Vollbremsung unserer Wirtschaftsleistung bedeutet, bewies der britische Ökonom Nicholas Stern eindrucksvoll. Denn nach dem Treibhausgas-Stopp kann ein Neustart basierend auf modernen, grünen Technologien folgen, der nicht bloß machbar und ökologisch nötig ist, sondern einen kräftigen Wachstumsimpuls für die globale Wirtschaft bedeuten kann.

Der Countdown läuft: Die entscheidenden zehn Jahre

»Wir haben nur noch ein Jahrzehnt, um den bisherigen Emissionstrend zu brechen und wirksame Maßnahmen einzuleiten. Sonst ist diese Welt eine andere, sonst wird die Klimaveränderung unkontrollierbar.« – James Hansen, der als einer der Ersten vor der Klimaveränderung warnte, hat den Countdown eingeläutet: Sein Statement kann und muss als Definition eines »Point of no Return« verstanden werden: Jetzt oder nie, lautet die Devise. Wir befinden uns also am Beginn des Jahrzehnts der Klimaentscheidungen, an einem Scheideweg der Menschheit: Was jetzt getan wird – oder nicht getan wird –, entscheidet langfristig über die Lebensbedingungen auf unserem Planeten. Es ist die Phase, in der die Regierungen und jeder Einzelne vom Reden zu den Taten wechseln muss. Die Phase, in der wir die Zukunft der nächsten Generation wesentlich mitentscheiden: Der Countdown läuft.

Tony Blair, jener europäische Regierungschef, der sich getrieben von einer kritischen britischen Öffentlichkeit bislang am offensivsten in der Klimapolitik positionierte, überraschte seine Amtskollegen beim EU-Gipfel am 20. Oktober 2006 in Helsinki mit einer kräftigen Ansage: »Wir haben nur noch zehn bis fünfzehn Jahre, um zu verhindern, dass die Klimaerwärmung unkontrollierbar wird und ein katastrophales Ausmaß erreicht.« Das *Rolling Stone Magazine* formulierte es weniger diplomatisch und noch drastischer: »We are entering the Oh Shit era of Global Warming.« Entscheidend ist heute, dass vor allem Europa zum Vorbild wird, sich ein Mitzieheffekt bildet, der Schwellenländer wie Indien und vor allem China, das ab 2009, möglicherweise schon ab 2008, die USA an der Spitze der Treibhausgasemittenten ablösen wird, davon überzeugt, dass die Energiewende machbar ist.

Am Beginn dieses »Jahrzehnts der Entscheidung« ist der Klimaschutz zum Lieblingsthema der Sonntagsreden der Politiker geworden, doch die Wirklichkeit der Emissionsentwicklungen spricht eine andere Sprache: Sämtliche Klimaschutzziele wurden bisher dramatisch verfehlt. Vom einstigen Toronto-Ziel, das eine CO_2-Reduktion von zwanzig Prozent zwischen 1988 und 2005 vorsah, vom einstigen Klimabündnisziel, das eine CO_2-Reduktion um fünfzig Prozent von 1987 bis 2010 erreichen wollte, war wegen Aussichtslosigkeit bald keine Rede mehr. Die Konsequenz: Die Ziele wurden immer bescheidener, während die Konzentration der Treibhausgase immer weiter stieg.

Selbst der Entstehungsprozess hin zum ersten weltweiten Reduktionsprogramm von Treibhausgasen, dem Kyoto-Protokoll, war von diesem Mix aus lauthalsen Ankündigungen und lauen Aktivitäten geprägt: 1992 unterzeichnen 157 Staatschefs beim Weltgipfel von Rio die Rahmenkonvention zum Schutz des Klimas. Die Industriestaaten verpflichten sich, ihre Treibhausgase bis ins Jahr 2000 auf das Niveau von 1990 zu senken. Selbst der damalige US-Präsident George Bush greift zur Feder und signiert für sein Land. 355 ppm CO_2 werden in diesem Jahr in der Atmosphäre gemessen.

1997 wird das Protokoll von Kyoto festgelegt. Die Versprechen von Rio werden verbindlich. Ein neues Ziel gibt es auch: Die Industrieländer verpflichten sich dazu, zwischen 2008 und 2012 ihre Treibhausgasemissionen um durchschnittlich 5,2 Prozent zu senken. Unter anderen verweigern die USA und Australien die Ratifizierung. Ihre Begründung: Schwellenländer werden von den Verpflichtungen ausgeklammert. Unterdessen steigen die Treibhausgase weiter: auf 364 ppm im Jahr 1997.

Fast zehn Jahre später, im November 2006, verkündet die Weltwetterorganisation WMO einen neuen Rekordwert an CO_2 in der Atmosphäre: 379 ppm CO_2. »Das Kyoto-Protokoll wird nicht ausreichen, um selbst diese Konzentration zu stabilisieren«, so die ernüchternde Bilanz von Geir Braathen, dem leitenden Wissenschaftler der WMO. Er veröffentlichte die Daten am Tag vor dem Start der Weltklimakonferenz in Nairobi. Dort hätte die Weltgemeinschaft eigentlich damit beginnen wollen, die Details der nächsten Klimareduktionsschritte zu verhandeln. Gelungen ist nicht einmal ein Anfang.

Nur wenige Monate später, im Jänner 2007, schlägt die EU-Kommission hehre Einsparungsziele vor: Dringend sollte ein Nachfolgeabkommen für Kyoto geschaffen werden und die globalen Anstrengungen müssten sich darauf konzentrieren, dass auf keinen Fall eine Erwärmung von zwei Grad überschritten werden sollte, heißt es. Bis 2020 sollten deshalb die Treibhausgasemissionen in der EU um dreißig Prozent und bis 2050 gar um bis zu achtzig Prozent, vom Niveau 1990 gerechnet, sinken. Der Vorschlag liest sich wie die Presseaussendung einer Umweltorganisation. Die zähen Diskussionen zwischen Kommission und Mitgliedsstaaten, die dann folgten, passen aber wieder ins gewohnte traurige Bild des »Möglicherweise-irgendwann-ja-doch-Klimaschutz« made in EU.

Es war im selben Monat, im Jänner 2007, als US-Forscher einen Warnruf abgaben: »Der CO_2-Wert liegt bereits bei 381 ppm. Und er steigt derzeit rasanter denn je.«

Warum Kyoto so viel heiße Luft, aber keine CO_2-Reduktionen brachte

Kyoto ist zwar ein Erfolg, weil sich erstmals ein wesentlicher Teil der globalen Bevölkerung zu einem Klimaschutzvertragswerk bekannt hat, weil erstmals ein Weckruf erfolgte, um der Welt den Ernst der Lage bewusst zu machen. Kyoto ist ein Erfolg, weil durch den Handel mit Emissionsrechten der CO_2-Ausstoß erstmals fiskalisch bewertet wurde. Die darin vorgesehenen »Clean-Development-Mechanismen« machten Geld locker, das klimafreundliche Investitionen ermöglichte und Hunderten Klimaschutzprojekten in Entwicklungsländern auf die Beine half.

Viel mehr Positives gibt es nicht zu berichten. 2005 trat das Protokoll verbindlich in Kraft, doch von den versprochenen minus 5,2 Prozent ist keine Spur. Weltweit wird der Ausstoß von Treibhausgasen während der Kyoto-Periode um fast vierzig Prozent in die Höhe schnellen. Alleine die OECD-Staaten verbuchen laut der Internationalen Energie-Agentur eine Emissionssteigerung von 25,3 Prozent und verfehlen damit ihre Ziele um über dreißig Prozent. Die sogenannten Entwicklungsländer schließlich werden während der Kyoto-Periode ihre Emissionen an Treibhausgasen mit einem Zuwachs von 5,4 Milliarden Tonnen sogar verdoppeln. Relativierend muss hier allerdings angefügt werden: Achtzig bis neunzig Prozent der Klimagase, die derzeit in die Atmosphäre emittiert werden, kommen aus den Industrie- und Schwellenländern, ein Viertel allein aus den USA, die Kyoto verweigerten.

27,3 Milliarden Tonnen CO_2 wurden alleine 2005 in die Luft gepufft. Von Eile und drastischen Reduktionen keine Spur. Die Welt schaffte nicht einmal ein Minus von 5,2 Prozent. – Wie soll dann jetzt ein Trendwende hin zu zweistelligen Einsparungszielen im nächsten Jahrzehnt zu machen sein? – Und solche Ziele sind angesichts der unbedingt nötigen Einhaltung der Plus-zwei-Grad-Grenze lebenswichtig für unseren Planeten. Um das Nachfolgeabkommen von Kyoto erfolgreicher zu gestalten, ist eine Fehleranalyse des ersten Protokolls unbedingt notwendig. Die Ursachen des Scheiterns waren zuallererst:

- Die USA und Australien haben sich den verbindlichen Emissionsverringerungen entzogen. Schwellenländer mit hohen CO_2-Emissionen wie Indien und China waren nicht eingebunden.
- Mit einem Selbstverpflichtungssystem ohne Anreizmechanismus und Zusatzoptionen wurden die Entwicklungsländer nicht in den aktiven Klimaschutz miteinbezogen.
- Das Kyoto-Protokoll formulierte kein einheitliches, konkretes Klimaziel für alle. In vielen anderen Fällen wurden völlig unerklärliche Länderrechte ausgehandelt – auch innerhalb der damaligen EU-15: Das Gesamtziel einer Emissionseinsparung innerhalb der EU von acht Prozent wurde teilweise ungerecht verteilt: Während etwa Spanien und Portugal ihre Emissionen um fünfzehn beziehungsweise 27 Prozent steigern dürfen, sollen Deutschland und Dänemark mit Verringerungen von 21 Prozent ihren Beitrag liefern.
- Innerhalb der EU bezieht der Handel mit Emissionszertifikaten lediglich Industrie und Kraftwerke mit ein, die nur die Hälfte der CO_2-Emissionen verursachen. Entscheidende Verursacher wie etwa der Flugverkehr sind vom Zertifikathandel noch immer ausgenommen.

Einer der größten Mängel des Kyoto-Protokolls war dieser festgelegte Handel mit Emissionsrechten: Mit dem System »Cap and Trade« – Begrenzen und Handeln – sollte innerhalb der EU das

Kyoto-Ziel erreicht werden. Jeder betroffene Betrieb aus Energiewirtschaft und Industrie, der CO_2 ausstößt, benötigt seit 2005 Emissionszertifikate. Diese werden vom jeweiligen Umweltministerium des Mitgliedslandes zugeteilt. Benötigt ein Betrieb mehr Zertifikate, kann er diese von Firmen kaufen, die weniger CO_2 verbrauchen. Dieses logisch anmutende System wurde aber durch eine Fülle von Ausnahmen unterlaufen: Tricks der Mitgliedsstaaten bei der Zuerkennung und bei den nationalen Allokationsplänen, Ausnahmen für bestimmte Industrieanlagen bis Ende 2007.

Diese mangelnde Konsequenz setzt sich in vielen Politikfeldern fort. Zwischen Reden und Taten der politisch Verantwortlichen liegt eine Klimawelt. Derzeit werden weltweit bereits 27,3 Milliarden Tonnen CO_2 emittiert, jedes Jahr erfolgt ein Zuwachs an Emissionen von einer halben Milliarde Tonnen. Wer aber will, dass die Weltgemeinschaft so weitermacht wie bisher und alles bleibt, wie es ist, der will nicht, dass die Welt so bleibt, wie sie ist. Nur weiter so, ist der sichere Weg in die unkontrollierbare Klimakatastrophe. Noch zehn Jahre bleiben der Menschheit für die Trendwende, für die Umsetzung der politischen Sonntagsreden, für echte Verringerungen der Emissionen. Denn setzt sich der Trend wie bisher mit einem Emissionszuwachs von über zwei Prozent pro Jahr fort, würde die Emissionsmenge 2015 um 35 Prozent über dem Niveau des Jahres 2000 liegen. Und die schlimmsten Warnungen und Prognosen der Klimakatastrophe würden bei Weitem übertroffen.

4. Die Revolution beginnt:
Hundert Schritte zur Klimarettung

Die Gefahr des Klimawandels prägt noch nicht das politische Handeln, erfasst aber im Rekordtempo das Bewusstsein breiter Schichten. Der Jahresbeginn 2007 wurde zu einer Wasserscheide des Zeitgeistes, zum Moment des globalen Erwachens. Plötzlich begannen Politiker aller Couleurs und aller Kontinente ihre Reden mit grünen Versatzstücken zu dekorieren. Auch Wirtschaft und Industrie fanden sich über Nacht in einer sich verändernden Konsumlandschaft wieder. Sogar der Autosalon in Genf, wo jahrelang das Hochamt der heiligen Kuh Auto nach der Devise immer schneller, immer schillernder zelebriert wurde, stand im Zeichen der Klimaschutzdebatte: CO_2-Werte, nicht PS dominierten.

Doch was bleibt vom Schall und Redeschwall übrig? Von den Schlagzeilen und den Bekenntnissen? Was hilft dem Klima wirklich? – Ganz einfach: Taten von Politik und Bürgern, eine Revolution der Lebensweise und der Energieverwendung. Jeder Einzelne kann dazu seinen Beitrag liefern – deshalb folgt in diesem Kapitel ein Leitfaden zur Klimarettung: hundert Tipps für konkretes Engagement in Sachen Klimaschutz, für Energiesparen, zur privaten Energiewende, für Klimaschutz im Job sowie im Verkehr und auch für die Klima-Revolution durch mündiges Konsumverhalten. Es sind hundert Bausteine für den Wandel unserer Gesellschaft: hin zu einer CO_2-neutralen Zivilisation. Ergänzt werden sie mit zehn Thesen im nächsten Kapitel, die uns aufzeigen, warum die Klima-Revolution zu schaffen ist. Warum es nach dem Klimafrühling 2007 weder für den einzelnen Verbraucher noch für Wirtschaftsbosse und Politik ein Zurück geben darf und kann. Warum die versprochene Trendwende nun Realität werden muss.

Der amerikanische Klimaforscher Stephen Schneider, der sich schon in den späten 1980er-Jahren getraute, die Dinge sehr offen beim Namen zu nennen, fordert von uns allen ein grundsätzliches Umdenken: »Derzeit verursacht das Verhalten einiger weniger Generationen unwiderrufliche Veränderungen, die Jahrtausende lang wirken. Man muss sich die ethische Dimension des Problems vorstellen: Haben die Menschen des Zeitalters der fossilen Brennstoffe wirklich das Recht, so zu handeln, dass sie Veränderungen auslösen, die nicht wieder rückgängig gemacht werden können, wie den Anstieg des Meeresspiegels, der Jahrtausende so bleiben wird.«

Eine Revolution des Klimas gegen dieses Handeln hat begonnen. Wie dramatisch sie ausfällt, wird davon abhängen, ob die zweite Revolution, jene der Menschen gegen diese Zerstörung, einsetzt, ob so, wie Schneider es fordert, Klimaschutz zum Muss wird.

Es geht nicht um abstrakte Zukunftsprognosen, es geht in erster Linie um Menschenleben: Schon heute sterben 150000 Menschen jedes Jahr an den Folgen des Klimawandels, fünf Millionen Krankheitsfälle hängen direkt damit zusammen. Falls die Erwärmung massiv zunimmt, wird diese Rate exponenziell steigen. Noch ist eine solche Apokalypse keine beschlossene Sache: Ob die Temperaturerhöhung bis zum Ende des Jahrhunderts bei zwei oder mehr als sechs Grad Celsius liegt, ob daher die Todesrate durch die Erderwärmung exponenziell steigt, entscheiden einzig und allein wir. Jeder Einzelne von uns.

Völlig unbeschadet werden wir nicht davonkommen: Eine Begrenzung der Temperaturerhöhung bei zwei Grad Celsius ist das Maximum, das wir schaffen können. Doch ein Stopp bei zwei Grad bedeutet auch eine massive Eindämmung der Folgen. Die Umweltorganisation Greenpeace fasste die zentralen Erkenntnisse der Wissenschaft zusammen: Die Gefahr, dass Millionen von Menschen von Wasserknappheit und Hunger bedroht werden, wäre wenigstens begrenzt, der Anstieg des Meeresspiegels, der sich über Jahrhunderte fortsetzen könnte, eingebremst, die Instabilität der Eisdecken Grönlands und der West-Antarktis wäre einigermaßen unter Kontrolle gebracht. Das ist enorm viel wert.

Der Unterschied zwischen zwei Grad plus und sechs Grad plus ist dramatisch: Es ist ein Unterschied zwischen Begrenzung und

Dynamisierung. Und für viele Menschen ist es ein Unterschied zwischen Leben und Tod.

Das nächste Jahrzehnt wird entscheiden, ob diese neue Ethik des Klimaschutzes noch rechtzeitig greift, damit wir verantwortungsvoll zu handeln beginnen. Ob wir die Treibhausgasemissionen radikal verringern, damit wir diese wichtige Grenze von zwei Grad plus schaffen. Ob wir eine konsequente Energiewende, weg von fossilen Brennstoffen, hin zu einer effizienten Nutzung von erneuerbaren Energieträgern, auf politischer Ebene genauso schaffen wie im privaten Umgang mit Mobilität und Energie. Wenn wir so weitermachen wie bisher, setzen wir das wichtigste Gut der Menschheit für die Sicherung unseres Lebensstils aufs Spiel: unsere Erde.

Die stellvertretende Vorsitzende des UN-Klimarates IPCC, Susan Solomon, wollte die Präsentation ihres vierten, äußerst alarmierenden Berichtes nicht in eine politische Forderung münden lassen: »Es ist nicht meine Aufgabe als Chemikerin, hier zu kommunizieren, was getan werden müsste«, sagte sie: »Es ist die Wahl der Gesellschaft, was sie tun wird. Aber was auch immer geschieht: Niemand kann behaupten, nicht gewarnt worden zu sein.« Im Leitartikel der britischen Zeitung *The Guardian* wurde Solomons kryptischer No-Comment am nächsten Tag aber sehr wohl politisch gedeutet: »Die Botschaft der Experten an die Verantwortlichen der Politik ist deutlich: Der Klimawandel ist kein flüchtiges Phänomen, das Umweltapostel beschwören, sondern eine Gefahr, die uns alle bedroht. Aber nicht nur Regierungen müssen diese Botschaft hören: Als Individuen haben wir die Macht, mit unseren Verhaltensänderungen großen Einfluss zu nehmen, als Konsumenten können wir durch die Wahl bestimmter Produkte die Märkte bewegen, als mündige Bürger können wir auf allen Ebenen, national und lokal, unsere politischen Führer dazu bewegen, in der Frage endlich Führungsqualität zu zeigen.«

Die Bevölkerung sorgt sich, die Ängste angesichts des Problems nehmen derzeit sprunghaft zu. Zwei Drittel der Europäer sehen die Erderwärmung als massives Problem, zeigt eine Umfrage des »Eurobarometers« Anfang März 2007, das im Auftrag der EU-Kommission in regelmäßigen Abständen die Stimmungslage der Bevölkerung erhebt. Besonders groß ist die Angst in Deutschland: 69 Prozent glauben laut einer im Jahr 2006 vom Magazin *Zeit Wissen* veröffentlichten Umfrage, dass der Welt eine Klimakatastrophe bevorstehe. Drei Viertel der Österreicher betrachten den Klimawandel bereits als gegebene Tatsache, so das Resultat einer Umfrage des Wiener Marktforschungsinstitutes SDI-Research. Ebenso viele, fast zwei Drittel, befürchten, dass deshalb ihre Heimat bald zum Schauplatz massiver Klimakatastrophen wird. Und etwas mehr als die Hälfte der Österreicher, 52 Prozent, stellt sich bereits jetzt auf große Veränderungen in ihrem Leben ein.

Aber wo bleibt der aufrüttelnde und andauernde Aufschrei? Wo das schlechte Gewissen, etwa beim Kauf sogenannter SUVs, Sport Utility Vehicles, die ausgesprochen hohe CO_2-Emissionswerte haben und in Wahrheit keine andere Funktion erfüllen, als bloßes Statussymbol zu sein? Wo bleibt die soziale Sanktion von Verhalten, das krass dem Klima schadet? Warum ändern wir nicht einfach Verhaltensformen, die zu hohen und häufig völlig unnötigen Emissionen führen? – Weil uns eine echte Bereitschaft zur Veränderung – noch – fehlt, weil der Handlungswille der Politiker zu wenig ausgeprägt ist und weil wir viel mehr gesellschaftliche Fantasie entwickeln müssen, wie die Zeitung *taz* es am 27. Februar 2007 formulierte: »Die Wissenschaft kann uns helfen, den Klimawandel zu verstehen. Sie kann uns die Leitplanken nennen, innerhalb derer wir uns zu bewegen haben, um den Absturz zu vermeiden. Aber sie kann uns keine Hinweise geben, wie wir den sozialen Prozess gestalten können, der uns vom Pfad der Selbstzerstörung abbringt.«

Dennis Meadows, Begründer des Club of Rome, hat bereits vor über dreißig Jahren der Welt die Grenzen des Wachstums aufgezeigt. Bei seinen Vorträgen versucht er den elementaren Widerspruch zwischen Worten und Taten oft durch ein Publikumsspiel zu veranschaulichen. Dabei fordert Meadows die Besucher auf, ihre Hände zu verschränken. Dann bittet er sie, nachzuschauen, welche Hand sich näher an der Brust befindet. Nochmals bittet er sie, die

Hände zu verschränken: Bei den meisten ist wieder die gleiche Hand obenauf. Dann ersucht er, die Hände so zu verschränken, dass dieses Mal die andere Hand näher an der Brust liegt. Und ein Mühen und Verdrehen macht sich im Publikum breit. Meadows' Schluss: Jede Änderung des Verhaltens wird uns durch die Macht der Gewohnheit enorm erschwert – vor allem wenn dies elementare Gewohnheiten des Alltagslebens sind: Das gilt für den Einzelnen, aber noch viel mehr für Staatschefs.

Der ehemalige US-Außenminister Henry Kissinger bietet eine weitere, sehr einleuchtende Erklärung für die überdurchschnittlich stark ausgeprägte Veränderungsresistenz von Politikern: »Sie lernen in ihrem Amt nichts dazu, was über ihre alten Überzeugungen hinausgeht. Diese sind ihr intellektuelles Kapital, das sie vor Amtsübernahme erworben haben und während der Funktionsperiode verbrauchen.« Dieses fahrlässige Versäumnis reduziert die nötige Anpassungsfähigkeit an neu entstehende Problemlagen. Die mittlerweile verstorbene US-Historikerin Barbara Tuchman illustriert in ihrem Buch mit dem treffenden Titel »Torheit der Regierenden. Von Troja bis Vietnam« wie die politischen Führer immer wieder gegen die eigenen Interessen und jene der Mitbürger handelten. Ein Übermaß an Macht führte in der Geschichte immer wieder zu geistigem Stillstand und wurde damit zum Auslöser von Torheit, Leichtfertigkeit und Katastrophen, so Tuchmans Analyse, die nicht nur für den Vietnam-Krieg gilt, sondern ganz besonders für den Klimawandel, den der ehemalige UN-Generalsekretär Kofi Annan in seiner letzten großen Rede am Ende seiner Amtszeit »zum größten Problem des 21. Jahrhunderts« erklärte.

Tatsächlich gibt es wenige politische Themen – und dies will einiges heißen –, bei denen die Kluft zwischen Ankündigungen und Taten, Sonntagsreden und praktischen Entscheidungen so eklatant auseinanderklafft wie beim Klimaschutz. Sehen wir uns doch den selbst ernannten »Klimaschutzweltmeister«, die EU, ein bisschen genauer an: Europaweit steigen im Verkehrsbereich die Treibhausgasemissionen am stärksten. Begegnet die EU diesem Negativtrend mit einer umfassenden Wende der Verkehrspolitik, mit einer großen Investitionsoffensive in den öffentlichen Verkehr und in klimaverträglichere Technologien? Weit gefehlt: Bis 2020 sollen insgesamt 350 Flughäfen ausgebaut beziehungsweise neu gebaut und 75 000 Kilometer an hochrangigen Straßen errichtet werden. Schon in den vergangenen Jahren sind zwei Drittel des EU-Verkehrsbudgets in den Ausbau von Straßen geflossen. Die EU stellt lediglich sieben Prozent der Weltbevölkerung. Doch die Europäer emittieren fünfzehn Prozent der Treibhausgase und verbrauchen ein Fünftel der weltweiten Stromerzeugung. Weltmeister sehen anders aus.

CO_2-Ausstoß nach Ländern je Einwohner in Tonnen

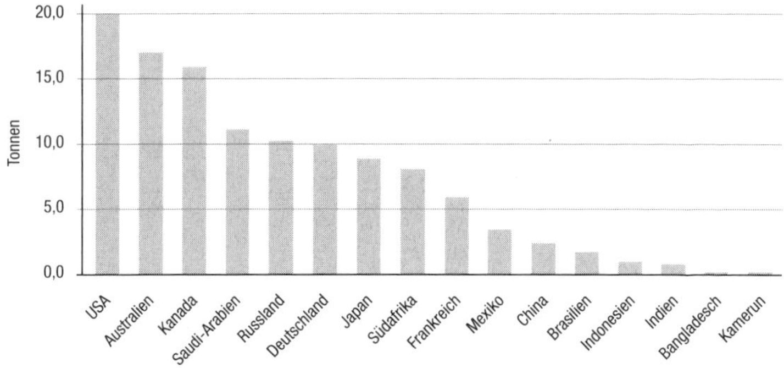

Der Rohstoff unseres Wohlstandes ist fossile Energie: Achtzig Prozent des Stroms, der Treibstoffe, der Wärme wurden im Jahr 2005 aus Gas und Kohle und vor allem Öl erzeugt. Dieser Prozentsatz wird kräftig steigen, falls wir dem Szenario »business as usual« (BAU) auch künftig folgen. Laut Berechnungen der Internationalen Energie-Agentur (IEA) aus dem Dezember 2006 wird sich laut diesem Szenario der Ölverbrauch bis ins Jahr 2030 auf 116 Millionen Barrel pro Tag steigern. Tun wir das, erhöhen wir damit den CO_2-Ausstoß um 55 Prozent. Denn immer mehr Menschen (ver-)brauchen immer mehr Energie: 6,5 Milliarden Menschen leben derzeit auf der Erde, bis 2030 werden es 8,2 Milliarden sein, die dann doppelt so viel Strom konsumieren, wie dies heute der Fall ist.

Das BAU-Szenario treibt uns also mit Hochgeschwindigkeit in den Klima-GAU.

Berechnet wurde von der IEA aber auch, was ein sofortiger Umstieg auf erneuerbare Energieträger und Energieeffizienz brächte: Die Umsetzung von nur zwölf Maßnahmen, vor allem im Verkehr und durch Energiesparen, könnte den CO_2-Ausstoß bis 2030 um vierzig Prozent verringern, längerfristig sogar um achtzig Prozent. Alleine durch die Einführung strengerer Verbraucherstandards für elektrische Geräte in privaten Haushalten könnten die Industriestaaten bis 2010 um 320 Millionen Tonnen CO_2 reduzieren; ein Drittel weniger, als die Emissionen im Jahr 1990 betrugen.

Beim Sparen geht es nicht nur ums Geld, sondern vor allem auch um Fairness: Bereits in der zweiten Woche im Jänner 2007 hatte ein Europäer genau so viel CO_2 verbraucht wie jemand aus Afrika im ganzen Jahr. Die britische Organisation World Development Movement hat dies in ihrem Klimakalender ausgerechnet. Menschen in den ärmsten Ländern der Welt emittieren so gut wie keine Treibhausgase: im Durchschnitt zwanzig Kilo CO_2 pro Jahr etwa in Afghanistan, in Kenia siebzig Kilo. Die durchschnittlichen Pro-Kopf-Emissionen in Deutschland liegen laut der EU-Statistik bei 10 300 Kilo, in Österreich bei 8300 Kilo. Klimasünder Nummer eins: Qatar, wo pro Einwohner 67 900 Kilo CO_2 pro Jahr emittiert werden, ein US-Bürger kommt auf 20 000 Kilo, ein Chinese auf 2400. Weltweit liegt der Durchschnitt bei fünftausend Kilo pro Kopf. Dieser Wert dürfte aber bei nicht mehr als dreitausend Kilo liegen, damit wir die Einsparungsziele erreichen, die garantieren, dass wir keinen Klima-GAU erleben.

Der britische Ökonom Nicolas Stern hat die zentrale Botschaft des Klimaschutzes vorgerechnet: Die Emission einer Tonne CO_2 verursacht einen Schaden von 85 Dollar. Im Vergleich dazu kostet es nur 25 Dollar, eine Tonne CO_2 einzusparen. Doch das Problem dabei: »Was wir jetzt tun, hat auf das Klima der nächsten Jahre zunächst wenig Einfluss, erst auf das, was in der zweiten Hälfte des 21. Jahrhunderts und danach passieren wird«, so Stern. Und diese Zeitverzögerung zwischen Ursache und Wirkung führt Politik und

Gesellschaft ins Dilemma, wie Christoph Böhringer vom Zentrum für Europäische Wirtschaftsforschung meint: »Individuelle Vernunft verhindert kollektive Vernunft. Denn egal, wer die Emissionen senkt, alle profitieren, auch diejenigen, die nichts dazu beitragen. Das Trittbrettfahren bestimmt derzeit noch immer die Klimaschutzpolitik.«

Dazu kommt, dass die neue Gefahr keine bekannte, unmittelbar sichtbare Gefährdung wie Krieg darstellt. Der Klimawandel ist ein komplexes Phänomen. Viele reagieren mit massiver Angst, fühlen sich gelähmt und glauben, es sei ohnehin alles zu spät. Diese Art der Bedrohung ist neu für den Menschen. Und eine leise Stimme flüstert uns zu: Die Folgen könnten ja auch zuerst andere treffen oder vielleicht sogar nur andere. Ähnlich strukturiert ist auch die zweite Reaktion oder vielmehr Ausrede, die oft zu hören ist: Was kann ich schon tun, solange Länder wie die USA und China, die zusammen für vierzig Prozent aller Treibhausgasemissionen verantwortlich sind, nicht aktiv werden? – Darin liegt ein Körnchen Wahrheit: Kein einzelner Mensch kann das Klima alleine retten. Und natürlich ist ein Teil der massiven Folgen der Klimaveränderung nicht mehr aufzuhalten. Aber in den nächsten zehn Jahren entscheiden wir, wie dramatisch die Veränderung sich zuspitzen wird: ich, mein Nachbar, mein Partner, mein Arbeitskollege, meine Verwandten, der Vorstandsvorsitzende meiner Firma, die von mir gewählten Politiker. Wir alle entscheiden, ob es auch für die nächsten Generationen noch ein gesichertes, berechenbares Klima geben wird.

Die Revolution der Bürger

»Dies ist unsere Zeit, uns zu erheben und um unsere Zukunft zu kämpfen«, schreibt Al Gore, der ehemalige Vizepräsident der USA, in seinem 2006 erschienenen Buch »Eine unbequeme Wahrheit«. – Das spüren immer mehr Menschen. Und deshalb wachsen seit Monaten in vielen Teilen der Welt die ersten Pflänzchen einer Klima-Revolution.

Al Gore wurde zu einer Leitfigur dieses Bewusstseinsprozesses: Für den Film zum Buch erhielt er im darauffolgenden Jahr zwei Oscars. Nicht bloß sein Auftritt, sondern die gesamte Verleihung stand im Zeichen des Klimaschutzes. Millionen Fernsehzuseher erlebten, wie die Stars der Filmbranche mit umweltschonenden Hybridautos statt Stretchlimousinen vorfuhren. Spots, die zum Energiesparen anregen sollten, unterbrachen das Showprogramm. Die Stars der Filmmetropole Los Angeles feiern sich selbst durch ein klares Bekenntnis zu einem neuen, grünen Gewissen. Es war eine kleine Revolution, ausgestrahlt zur besten Sendezeit, zu einem Zeitpunkt, als weite Teile der Weltbevölkerung begannen, zu zeigen, dass sie bereit sind, für den Schutz des Planeten zu kämpfen. Weltweit organisieren sich Initiativen, die veranschaulichen, dass unser aller Zukunft auf dem Spiel steht.

Nur wenige Wochen zuvor, Anfang 2007, kündigte Al Gore die Organisation des größten Popkonzerts der Geschichte im Zeichen des Klimaschutzes an. Gleichzeitig begannen sich die ersten weltweiten Bürgerinitiativen zu formieren, die synchrone Massendemonstrationen für eine drastische Reduzierung von Treibhausgasen rund um den Globus in Gang bringen wollen. Der britische Umweltminister David Miliband von der Labour Party verglich schon im Herbst 2006 die Bedeutung der Klimaschutzbewegung mit jener der Gewerkschaftsbewegung vor hundert Jahren.

Und die britische Hauptstadt London wurde zu einem Epizentrum der neuen Bewegung. Am 5. November 2006 gingen hier 20 000 Menschen für Klimaschutz auf die Straße. Es war der erste Massenprotest, somit ein historischer Moment mit großem Symbolwert: Erstmals gehen die Menschen in Europa, in Australien, in Nordamerika auf die Straße, um für wirksame Maßnahmen für die Begrenzung der Klimaveränderung Druck zu machen. Vor allem in Großbritannien haben sich bereits viele private Initiativen gebildet, die, meist basierend auf modernen Kommunikationsmitteln, vor allem der Vernetzung durch das Internet, massiv für einen Kurswechsel eintreten: Dies reicht von einer Aufklärungsinitiative gegen zu viel Flugverkehr bis hin zu einem Klimaschutzbündnis der wichtigsten Nichtregierungsorganisationen aus dem Entwicklungshilfebereich.

Wir brauchen aber mehr als regionale Ansätze, wir brauchen eine internationale Klimaschutzbewegung, die den Protest täglich sichtbar macht, so Druck auf die politisch Verantwortlichen ausübt. Das Hoffen auf die Konsequenz und Gestaltungsfähigkeit der Mächtigen, auf die nächste Weltklimakonferenz, den nächsten Klimagipfel alleine ist zu wenig. Wir, die Betroffenen, müssen unsere Zukunft selbst in die Hand nehmen. Wir brauchen eine globale Klimaschutzbewegung, die auch klare Worte findet, die der Dramatik der Lage gerecht werden. Wir brauchen mündige Bürger und Konsumenten, die den Druck auf die Politik stetig erhöhen. Die Zeit für diplomatische Übungen ist vorbei.

TIPPS

Klimarettung durch Engagement

1. Gutes Klima wählen

Auf allen politischen Ebenen, also in meiner Gemeinde, in meinem Land und auf EU-Ebene, brauchen jene Kandidaten und jene Parteien meine Stimme, die sich zum Klimaschutz bekennen. Sie müssen eine Chance bekommen, unsere Zukunft zu gestalten. Durch Vorzugsstimmen oder direkte Reaktionen an Parteien kann ich jene Vertreter unterstützen, die sich quer durch alle Lager für das Thema stark machen. Nur noch ein Zeitfenster von zehn Jahren entscheidet, ob wir die Klimawende schaffen. Das sind nur zwei Legislaturperioden.

2. Klimakommunikator werden

Durch Reaktionen – E-Mails, Leserbriefe, Anrufe – an Zeitungen, Radio, Fernsehen, Parteien und Interessensverbände verleihe ich meiner Meinung Gewicht. Ich nutze auch gezielt die Chance, wenn ich bei Votings mitmachen kann oder wenn ich bei Meinungsumfragen ausgewählt werde. Aktive Stimmen haben sehr viel Gewicht: Ein Brief an eine Redaktion steht für zirka tausend andere, die zwar Ähnliches denken, sich aber nicht rühren. Wenn ich mehr Klimaberichterstattung will, teile ich dies den Redaktionen auch mit.

3. Aufmerksamkeit schaffen

Im stillen Kämmerchen die Welt verändern wollen, wird wenig nützen: Die drohende Veränderung des Klimas wird eines der wichtigsten Themen des 21. Jahrhunderts sein. Bei Demonstrationen, Mahnwachen und auf Unterschriftenlisten kann ich auch mein Engagement zeigen und verdeutlichen, dass dieses Thema niemanden kalt lassen darf.

4. Eigene Aktivitäten sind Werbung für alle

Ich setze mich aktiv für Klimaschutz ein: Meine Solaranlage, mein Passivhaus, meine neue Pelletsheizung oder andere neue Ideen zur Reduktion meiner CO_2-Bilanz sind ideale Werbeträger für den Klimaschutz. Ich zeige sie meinen Nachbarn, ich frage bei lokalen Medien an, ob Interesse an Berichten über meine Errungenschaften besteht.

5. Netzwerke etablieren

Klimaschutz ist grenzenlos: Wichtig ist, dass sich die internationalen Gruppen vernetzten, damit weltweit an einem Strang gezogen wird: Das gilt auch für engagierte Bürger.

6. Klimabündnis stärken

Wenn mein Heimatort noch nicht dem Internationalen Klimabündnis beigetreten ist, setze ich mich massiv dafür ein. Und ich engagiere mich dafür, dass in diesem Rahmen auch neue Ideen aufgegriffen werden: So hat der Bürgermeister von London, Ken Livingstone, das Konzept eines CO_2-freien Londons bis zu den Olympischen Spielen von 2012 vorgelegt.

7. Meinen Verein einbringen

Ich bin bereits Mitglied einer Organisation: als Spender oder Aktivist. Ich kann durch einen Brief zu meiner Spende eine Zusammenarbeit mit Klimaschutzorganisationen anregen. Durch Vernetzung können die Vereine die Klimaschutzbewegung massiv stärken. Denn Hilfe für unterentwickelte Länder ergibt wenig Sinn, wenn das Wetter die Erträge zerstört.

8. Initiativen setzen

In der Nachbarschaft, im Freundeskreis, bei meinem Verein verkünde ich, dass Energiesparen keine Privatsache ist: Einladungen, Feste, Treffen kann ich künftig auch unter dieses Motto stellen und CO_2-neutrale Veranstaltungen propagieren: vom Hobby-Sport-Wettbewerb bis zum Ball. Auch Gruppenausflüge können per Bahn organisiert werden und müssen keine Flugreisen sein. Eine Reihe von Unternehmen bietet konkrete Beratungsleistungen für das Absenken der CO_2-Emissionen bei Veranstaltungen an. Informationen unter anderem bei: www.climatepartner.com

9. Klimaschutz für alle

Das öffentliche Leben der Gesellschaft wird Vorbild: Amtsgebäude, Schulen, Kirchen, Kindergärten, Spitäler, Pflegeheime, Verkehrsmittel sollten in ihrem Betrieb auf erneuerbare Energie setzen und bei Neubauten Passivhaus-Konzepte verwirklichen. Kantinen und Großküchen könnten durch eine Umstellung auf Bio-Lebensmittel und regionale Kost vorzeigen, wie eine CO_2-Diät gelingt. Ich kann als mündiger Bürger in allen diesen Bereichen Druck ausüben, Fahrgemeinschaften für Abholungen organisieren. Setzt die öffentliche Verwaltung einmal Standards, werden sie von vielen leichter übernommen.

10. Zum Klimaschutz erziehen

Es geht um die nächsten Generationen – und es geht nur mit den nächsten Generationen: Sporne ich meine Kinder durch kleine Anreize an, sich von klein auf für einen sparsamen Umgang mit Energie einzusetzen, schaffe ich die Basis eines langfristigen Umdenkens: etwa durch Freizeitaktivitäten, die bewusst wenig CO_2-Belastungen verursachen. Auch im Unterreicht muss Klimaschutz zum Pflichtthema, wenn nicht zum Pflichtfach werden.

11. Selbst aktiv werden

Sie haben Ideen, Engagement und den nötigen Idealismus? Trauen Sie sich und überlegen Sie die Kandidatur für Sprecherfunktionen, Vorsitz in Vereinen, um hier den nötigen Einfluss zu gewinnen. Auch ein mögliches EU-weites Volksbegehren für den Klimaschutz wird Unterstützung brauchen.

Klima-Revolution im Haushalt

Energiesparen ist jene Energiequelle, die für jeden am raschesten und billigsten verfügbar ist und ein enormes Potenzial im Klimaschutz hat. Die EU will bis 2020 den Verbrauch um ein Fünftel reduzieren, was ein Minus von 780 Millionen Tonnen Treibhausgasen und ein Minus von hundert Milliarden Euro an Energiekosten bedeuten könnte. Durch kleine Veränderungen des Alltagslebens, die in Summe eine große Veränderung bewirken, durch die Verwendung neuer Technologien, durch ein Verbot energieverschwendender Produkte. Und der Schritt ist dringend nötig: Derzeit steigt der Energieverbrauch auch innerhalb der EU beträchtlich, innerhalb der letzten zehn Jahre um 111 Prozent.

Wie viel machbar wäre, illustrieren einige Beispiele: In der kleinen Fünftausend-Einwohner-Gemeinde Schwanenstadt in Oberösterreich macht ein europäisches Modellprojekt im besten Sinne des Wortes Schule. Am Ortsrand befindet sich seit den 1970er-Jahren das Schulzentrum. Bisher waren die Gebäude regelrechte Energieschleudern mit einem Gasverbrauch von 43 000 Kubikmeter jährlich. Das Areal wurde nun mit Hilfe modernster Technologien saniert und auf »Passivstandard« gebracht: Der Energieverbrauch zur Wärmeerzeugung konnte um achtzig Prozent, die CO_2-Emission damit um neunzig Prozent verringert, die Raumbehaglichkeit deutlich verbessert werden. Im Vergleich zu einer herkömmlichen Sanierung entstanden zwar um acht Prozent höhere Kosten, aufgrund der deutlich niedrigeren Betriebskosten werden sich jedoch die zusätzlichen Investitionen bereits nach spätestens elf Jahren amortisieren.

In unmittelbarer Nähe der Schule erstreckt sich ein spektakulärer Holzbau: Die Produktionshalle der Firma Obermair, die wesentlich an der Konzeption der energieeffizienten Modellsanierung des Schulareals mitwirkte, hat ihre Fabrikationshalle für große Holzelemente auch auf Passivhausstandard umgestellt: keine Heizung, keine Heizkosten, sondern intelligente Raumlüftung, Nutzen der Sonneneinstrahlung, beste Isolationstechniken. Das ist die Zukunft im gesamten Bau. Wir besitzen die Technologien, sie müssen nur in Serie umgesetzt werden.

Noch ein Beispiel aus Österreich, aus Hagenberg im Mühlviertel: Diese Gemeinde beherbergt eine Fachhochschule und einen Software-Entwicklungspark. Bei der nötigen Erweiterung um sechstausend Quadratmeter kam eine weltweite Innovation zum Einsatz: Durch ein ausgeklügeltes System sorgt jetzt die Abwärme der Computeranlagen für die Heizung des gesamten Zubaus.

Durch neue technologische Lösungen kann unser Energieverbrauch dramatisch verringert werden. Oft aber auch durch ganz einfache Maßnamen: Der Großteil des Energieverbrauches in den Haushalten, in Deutschland im Durchschnitt siebzig Prozent, wird für Heizung und Warmwasser aufgewendet. Eine der einfachsten Methoden, um CO_2 einzusparen, liegt auf der Hand: Runter mit dem Thermostat. Wer die Temperatur daheim um lediglich ein Grad senkt, reduziert die Heizenergie – und auch die Kosten – um sechs Prozent. Bis zu zwei Drittel der Heizkosten könnten gespart werden, wenn Dämmung und Effizienzsteigerung auf den neuesten Stand der Technik gebracht werden.

Ein Drittel des Stroms in Deutschland verbrauchen private Haushalte. Alleine der Stand-by-Betrieb von Geräten ist für vierzehn Prozent des Stromverbrauches verantwortlich. Energieeffizienz ist das Wundermittel moderner Energiewirtschaft. Welch gigantische Einsparungen an Energie möglich sind, beweisen auch internationale Daten: Die US-amerikanische Wissenschaftlerinitiative Concerned Scientists hat errechnet, dass durch den Austausch einer einzigen Glühbirne gegen eine Energiesparlampe in jedem US-Haushalt insgesamt jene Menge an CO_2 eingespart werden könnte, die jährlich durch 1,5 Millionen Autos verursacht wird.

Doch der Wechsel zu Energiesparlampen ist nur ein Schritt von vielen: Um siebzehn Prozent ist der Stomverbrauch in privaten deutschen Haushalten zwischen 1995 und 2004 gestiegen. Schuld daran ist der Boom bei Heimcomputern um plus 213 Prozent, bei Wäschetrocknern um plus 106 Prozent und bei Geschirrspülern um plus 103 Prozent. Energiesparen muss aber nicht Verzicht auf diese Standards bedeuten, sondern einen sinnvollen Umgang mit den Geräten und die bewusste Kaufentscheidung für möglichst energieeffizente Produkte.

Dies bewiesen etwa Maßnamen in Kalifornien: Indem höhere Standards für Energieeffizienz gesetzt wurden, konnte der Energieverbrauch im Land in den vergangenen Jahrzehnten stabilisiert werden und zwei Dutzend Großkraftwerke mussten nicht gebaut werden. Diese wären nötig gewesen, wäre in Kalifornien der Energieverbrauch genauso rasch gestiegen wie in den restlichen US-Bundesstaaten.

Und schließlich zeigt der kalifornische Energieexperte Alan Meier, dass massive Energieeinsparungen auch kurzfristig möglich sind. Dies illustrieren Maßnahmen, die zur Verhinderung von »Blackouts«, von drohenden Zusammenbrüchen der Stromversorgung, verwirklicht wurden. Durch Verhaltensänderungen konnte etwa in Brasilien im Jahr 2001 binnen weniger Wochen ein Fünftel des Stromverbrauches eingespart werden, im kanadischen Bundestaat Ontario, wo zwölf Millionen Menschen leben, achtzehn Prozent, in Kalifornien fünfzehn Prozent, in Schweden innerhalb weniger Tage zur Vermeidung des Zusammenbruchs fast fünf Prozent. Es geht also: Solche Einsparung wären für den Klimaschutz auch möglich. Wir müssen nur begreifen, dass der Handlungsdruck genauso stark gegeben ist wie zur Vermeidung eines Zusammenbruchs der Stromversorgung.

Faktum ist: Derzeit liegt der Pro-Kopf-Ausstoß von CO_2 in Deutschland und Österreich zirka beim Dreifachen jener Menge, die notwendig wäre, um die Erwärmung zu bremsen. Jeder Einzelne kann durch die Umsetzung einfacher Tipps Energie sparen und die Geldbörse schonen, die Industrie muss für die Erarbeitung immer besserer Technologien sorgen und die Politik die Rahmenbedingungen liefern. So ist es heute selbstverständlich, dass Elektrogeräte einen bestimmten Sicherheitsstandard erfüllen müssen, sonst dürfen sie nicht auf den Markt. Genauso müssen Standards für Energieeffizienz vorgegeben werden. Japan und Südkorea haben derartige Maßnahmen bereits verwirklicht. Dies könnte auch bei der »Öko-Design-Richtlinie« der EU umgesetzt werden: Energieschleudern werden vom Markt genommen, die energieeffizientesten Geräte werden zum Mindeststandard.

Um die Einsparungsziele einzelner Staaten zu erreichen, wird es zudem nötig sein, den Energieverbrauch nicht nur von Großverbrauchern durch Zertifikate zu regeln, sondern alle Emissionen zu limitieren. Die britische Regierung diskutiert derzeit, ob ab 2009 auch für Privatpersonen bestimmte CO_2-Limits gelten sollen. In der Praxis sieht der Plan folgendes Vorgehen vor: Jeder Brite erhält eine CO_2-Kreditkarte, die mit Kilo-Einheiten CO_2 aufgeladen sein wird und deren Abbuchung chipgesteuert in einer nationalen Datenbank zusammenläuft. Bei der Stromrechnung, dem Kauf von Heizmaterial oder beim Tanken werden die Einheiten von der Karte abgebucht. Plant eine Familie etwa eine Flugreise, müssen die dafür nötigen CO_2-Einheiten das Jahr über eingespart werden: das heißt etwa weniger Auto fahren oder energiefreundlich heizen.

12. Stromdetektiv werden

Wie viel Energie verbraucht mein Haushalt? So wie man sich am Anfang einer Diät natürlich auf eine Waage stellt, ist der logische Anfang der CO_2-Diät die Erhebung des Verbrauchs. Eine Bewertung meines Energieverbrauches ist im Internet beispielsweise unter www.energieverbrauchskalkulator.at möglich. Bei regionalen Energieberatungsstellen kann jeder ein Strommessgerät entlehnen, um die Energiefresser zu entlarven. Auch die Bedürfnisse nach Wärme kann ich überdenken: Reicht nicht manchmal ein warmer Pullover?

13. Klares Ziel definieren

Wie viel Energie will und kann ich abspecken? Klare Ziele ermöglichen Erfolgserlebnisse. Im Durchschnitt wird ein Kilogramm an CO_2-Emissionen vermieden, wenn 1,7 Kilowattstunden Strom eingespart werden. Diese Menge wird durchschnittlich durch 150 Stunden Betrieb einer Energiesparlampe oder durch 29 Stunden Betrieb einer herkömmlichen Glühlampe, durch 68 Stunden Musik hören verbraucht. Um diese 1,7 Kilowattstunden Strom zu erzeugen, müsste man sich siebzehn Stunden am Hometrainer abstrampeln.

14. Ich halbiere den Strombedarf

Derzeit verbraucht ein Haushalt Mitteleuropas rund 4300 Kilowattstunden (kWh) pro Jahr: davon jeweils rund siebzehn Prozent für die Unterhaltungselektronik und den Elektroherd, elf Prozent für das Gefriergerät und je acht Prozent für Kühlschrank und Beleuchtung. Durch eine kluge Umstellung auf einen Energiesparhaushalt kann der Stromverbrauch und somit die persönliche CO_2-Emission beinahe halbiert werden. Der Verbrauch durch Beleuchtung lässt sich so etwa von 285 auf 115 kWh, jener beim Kühlschrank von 260 auf 105 kWh, jener beim Gefriergerät von 330 auf

170 kWh reduzieren. Das bedeutet eine jährliche Ersparnis von 1,2 Tonnen CO_2 bei durchschnittlichen Haushalten. Zehn Prozent Einsparungen gelingen in kurzer Zeit, weitere zehn Prozent der Investitionen amortisieren sich nach zehn Jahren.

15. Schluss mit Stand-by

Derzeit verursacht der »Stand-by«-Modus vieler Geräte pro Haushalt zwischen 85 und 115 Euro pro Jahr. Auf ganz Deutschland gerechnet, kostet dies drei Prozent des gesamten Stromverbrauches: Also nur die Bereitschaftsfunktion von Haushaltsgeräten und Computern verursacht jährlich die gigantische Menge von vierzehn Millionen Tonnen CO_2. Es geht auch ins Geld: Alleine ein DVD-Player mit aktiver Stand-by-Funktion verursacht Stromkosten von bis zu sechs Euro pro Jahr, das Fernsehgerät bis zu zehn Euro. Besonders viel Strom verursacht der Stand-by-Betrieb von Standcomputern, die so fast genauso viel Energie wie im Normalbetrieb brauchen. Durch Verteiler-Steckdosen, die einen Ausschaltknopf haben, kann ich mit einem Handgriff die Geräte eines Zimmers auf »Aus« stellen. Bei selten genutzten Nebengeräten wie Druckern zahlt es sich aus, sie nur bei Nutzung mit dem Stromnetz zu verbinden.

16. Kluge Vorschaltgeräte

Spezielle Vorschaltgeräte erkennen Stand-by-Funktionen und schalten Geräte automatisch ab und wieder ein: Das empfiehlt sich etwa bei Fax-Geräten, die anders viel Energie brauchen.

17. Fernsehen für die Zukunft

Flachbildschirme erobern derzeit den Markt. Allerdings verbrauchen sie nicht weniger Energie als Röhrengeräte. Die Bildschirmgröße ist maßgeblich entscheidend. Aber auch technologisch gibt es große Unterschiede. So brauchen Plasmabildschirme tendenziell mehr Energie. Ein Blick in Vergleichslisten lohnt sich.

18. Rechenstift ansetzen

Meist rentiert sich der Austausch von alten Elektrogeräten rascher, als man glaubt: Enorme Stromverbrauchsreduktionen gab es in den vergangenen Jahren etwa bei Kühl- und Gefriergeräten. Das bringt ein hohes Potenzial an CO_2-Einsparung.

19. Nur Stromsparer dürfen ins Haus

Ich überprüfe den Energieverbrauch von Haushaltsgeräten vor dem Einkauf nach der GED-Prämierung auf der Homepage www.energielabel.de. Oder ich informiere mich über den Energieverbrauch aller Geräte bei www.topprodukte.at und wähle die sparsamsten Produkte aus. Bei allen Haushaltsgeräten müssen die Energieeffizienzklassen deklariert werden: Ein Kühl- und Gefriergerät der Klasse A++ verbraucht etwa die Hälfte eines Gerätes der Klasse B. In sechs Jahren können so zweihundert Euro eingespart werden.

20. Umstiegshilfen nutzen

Manche Energieversorger bieten Contracting-Modelle (neue Geräte, die durch Stromeinsparung »abbezahlt« werden) oder andere fachliche und finanzielle Unterstützung für den Austausch stromverbrauchender Haushaltsgeräte an. Ich nütze diese Möglichkeit bei meinem Energieversorger, falls dies nicht möglich ist, wechsle ich den Anbieter.

21. Auf den richtigen Zeitpunkt kommt's an

Wann muss welches Gerät in Betrieb sein? Ich kann viele Haushaltsgeräte außerhalb der Spitzenlastzeiten, nachmittags, nachts oder am Wochenende verwenden. Dadurch leiste ich einen Beitrag, Verbrauchsspitzen, die häufig mit dem Zuschalten von fossilen Kraftwerken verbunden sind, zu entlasten. Sie liefern nicht nur den teuersten Strom, sondern auch jenen, durch dessen Herstellung am meisten CO_2 entsteht. Intelligente Stromzähler können dabei helfen.

22. Gut gekühlt

Elf Prozent eines Haushalts werden alleine für das Gefrieren aufgewendet: Ohne viel Aufwand kann dieser Anteil reduziert werden. Brauche ich wirklich ein eigenes Gefriergerät oder reicht – etwa bei einem Singlehaushalt – nicht auch die Gefrierbox im Kühlschrank? Der Kühlschrank sollte möglichst frei stehen, nicht neben dem Herd. Ich überprüfe von Zeit zu Zeit, ob Kühlschrank (ideal: fünf bis sieben Grad Celsius) und Gefriergeräte (ideal: minus achtzehn Grad) die richtigen Temperaturen aufweisen, um sinnlose Energieverluste zu vermeiden.

23. Der Beleuchtungsumstieg

Ich stelle meinen Haushalt auf Energiesparlampen um und spare damit rund achtzig Prozent Strom gegenüber Halogen- beziehungsweise Glühlampen. Pro Energiesparlampe kann ich, schon ab einer Einschaltdauer von täglich einer Stunde, rund fünf Euro pro Jahr an Stromkosten einsparen, was ein CO_2-Reduktionspotenzial von sieben Kilo pro Jahr bedeutet. Die herkömmliche Glühlampe nutzt nur fünf bis zehn Prozent der elektrischen Energie für sichtbares Licht, der Rest der Energie verpufft als Wärme. Insgesamt werden neunzehn Prozent des weltweiten Stromverbrauches für Beleuchtung genutzt. Licht verbraucht damit mehr Strom, als alle Wasserkraftwerke der Welt herstellen. Die US-Umweltagentur wirbt deshalb für diesen scheinbar kleinen Schritt der Umstellung auf Energiesparlampen mit: »Change a Light, Change a World.«

24. Wie wär's einfach mit Ausschalten?

Welche Beleuchtung brauche ich in meinem Haus, in meiner Wohnung wirklich? Verbraucherschutzexperten des EU-Umweltkommissars haben errechnet, dass der Verzicht auf unnötige Beleuchtung pro Jahr sechzig Euro an Stromkosten und vierhundert Kilo CO_2 einsparen kann.

25. Außenbeleuchtung

Lichterketten an der Fassade sind malerisch vor Weihnachten, dauerhafte Beleuchtungskörper in der Nacht bieten ein Gefühl von Sicherheit, kosten aber viel Energie. Ein Bewegungsmelder reicht in diesem Fall auch. Lichterketten gibt es übrigens auch in der stromsparenden Variante mit LED-Technik.

26. Nicht dem Klima einheizen

Reduziere ich die Raumtemperatur nur um ein Grad, dann senke ich den Energieverbrauch für Heizen um etwa sechs Prozent. Pro Jahr macht das im Schnitt ein Minus von vierhundert Kilo CO_2 bei Heizöl aus. Ein durchschnittlicher Haushalt mit Öl-Heizung kommt auf ungefähr sieben Tonnen CO_2 im Jahr.

27. Raus mit der alten Heizung

Bei veralteten Heizsystemen kann ein Wechsel zu einem modernen, effizienten System den Energieverbrauch zwischen einem Fünftel und einem Drittel senken. Viele Länder fördern Umstellungen zumindest zu Heizsystemen auf Basis erneuerbarer Energieträger. Ist dies nicht der Fall, fordere ich dies bei der Politik ein.

28. Wärme muss im Haus bleiben

Wärmedämmung ist für den Energieverbrauch beim Heizen am entscheidendsten. Ich sorge daher dafür, dass diese entlang der Außenmauern etwa zwanzig Zentimeter beträgt. Generell macht es Sinn, bei älteren Häusern, deren Energieverbrauch pro Quadratmeter oft bei mehr als dem Fünffachen eines Niedrigenergiehauses liegt, einen Experten zu konsultieren: Entscheidend ist vor allem die Dämmung der gesamten Hülle, besonders von Dach und Außenwänden.

29. Energie kommt beim Fenster rein

Moderne Fenster sorgen durch gedämmte Rahmen und spezielle Verglasungen für einen sehr geringen Energieverbrauch. Werden sie nach Süden ausgerichtet, können sie sogar mehr Sonnenwärme ins Haus lassen als Raumwärme abgeben. Bei gut erhaltenen Rahmen kann es auch sinnvoll sein, Fenster nicht zu tauschen, sondern lediglich die Verglasungen oder Dichtungen zu verbessern. Die Kosten betragen meist nur zehn Prozent des Fenstertausches.

30. Gezielt Luft tanken

Ein gekipptes Fenster im Winter kostet enorme Mengen an Heizenergie: Ideal ist es, die Räume mehrmals täglich jeweils einige Minuten zur Gänze durchzulüften, sonst aber die Fenster geschlossen zu halten.

31. Raumklima ohne Klimaschaden

Eine Raumlüftungsanlage mit Wärmerückgewinnung unterstützt die Energieeinsparung, sorgt für Behaglichkeit und lässt sich meist auch nachträglich installieren. Neben zentralen Anlagen für das gesamte Gebäude existieren auch Geräte, die einzelne Räume belüften.

32. Warmwasser

Alleine zehn bis fünfzehn Prozent des Energieverbrauches eines durchschnittlichen Haushaltes werden für die Aufbereitung von Warmwasser verwendet. Idealerweise wird das Warmwasser außerhalb der Heizperiode von thermischen Solaranlagen erzeugt.

33. Klimaanlage

Klimaanlagen können in einem Einfamilienhaus in einem Monat mehr Energie verbrauchen als ein Kühl-Gefrierschrank in einem ganzen Jahr und so bis zu 350 Euro an Stromkosten verursachen. Eine Alternative ist: Stoßlüften morgens und abends, wenn es selbst an heißen Tagen noch kühl ist, kombiniert mit gutem Lichtschutz. Geht es gar nicht ohne Klimaanlage, bringt die Anschaffung eines neuen Gerätes sehr viel: Verwendet man statt einer zehn Jahre alten Klimaanlage ein Gerät, das den modernen Standards entspricht, bringt dies eine CO_2-Einsparung von 390 Kilo pro Jahr. Technologisch gibt es Alternativen zur Klimaanlage wie etwa Solar Cooling. Mithilfe dieser neuen Technologie wird Sonnenenergie direkt in Kühlenergie umgewandelt. Heute eine Lösung für Großgebäude, die aber auch für Einfamilienhäuser entwickelt wird.

34. Hier kocht der Klimaschützer

Ich nütze die Restwärme der Heizplatte, das heißt, ich schalte aus, bevor ich das Kochgeschirr wegnehmen muss. Dazu: Deckel drauf beim Kochen: Das spart ein Viertel der Energie. Schnellkochtöpfe und Wasserkocher helfen zudem sparen. Der Espresso als Klimafalle? Vielfach liegt der durch die Espressomaschine erzeugte Energieverbrauch besonders hoch – vergleichbar mit jenem von Waschmaschine oder Kühlschrank.

35. Richtig spülen

Ist der Geschirrspüler voll eingeräumt, würde es unter Umständen die zehnfache Energie kosten, die gleiche Menge Geschirr mit der Hand zu waschen.

36. Keine halben Sachen

Nur die volle Waschmaschine und der volle Geschirrspüler sollten in Betrieb gehen. Dazu verfügen die meisten modernen Geräte über Energiesparfunktionen. Aber Vorsicht: Oft sind dies nicht die Programme mit dem geringsten Stromverbrauch, sondern jene mit niedrigen Temperaturen.

37. Nicht alles braucht's heiß

Waschmittelhersteller haben dazugelernt: Mit niedrigeren Temperaturen wird es in den meisten Fällen genauso sauber. Statt einer Kochwäsche reichen sechzig Grad meist völlig aus. Alleine damit spart man fast die Hälfte der Energie. In vielen Fällen reichen zudem noch niedrigere Temperaturen. Einfach ausprobieren! Auch das Vorwäscheprogramm ist meist nur ein Fall für wirkliche Schmutz-Härtefälle.

38. Wäsche trocknen

Wäschetrockner haben einen enormen Stromverbrauch. Diese Geräte verursachen pro Jahr durchschnittlich 150 Euro an Stromkosten. Am besten: im Freien oder in der Wohnung trocknen. Zuvor gut schleudern ist ein Muss.

39. Laptop statt Desktop

Brauche ich einen fest stehenden Computer samt Flachbildschirm oder reicht für zu Hause auch ein Notebook? – Diese Lösung braucht zumindest um ein Drittel weniger Energie und viel weniger Platz. Auch Tintenstrahldrucker brauchen weniger Energie als Laserdrucker. Die Laptop-Tintenstrahl-Drucker-Kombination braucht um neunzig Prozent weniger Energie als Desktop mit Laserdrucker.

40. Gezielt aufladen

Das Ladegerät für mein Handy schalte ich aus, sobald das Gerät aufgeladen ist. Manche tun dies auch selbstständig: Test: Das Gerät gibt keine Wärme mehr ab.

41. Neubau richtig anlegen

Plane ich einen Hausbau, dann sollte ich mich für ein Passivhaus entscheiden: Minus neunzig Prozent CO_2-Emissionen im Vergleich zu einem durchschnittlichen Haus und siebzig Prozent weniger als beim Standard-Neubau sind so möglich. Durch gezielte Nutzung von Himmelsrichtungen und Schatten kann ich beim Kühlen und Heizen zudem massiv Geld sparen. Ich erkundige mich rechtzeitig über Förderungen.

Die CO_2-Diät

Um bis zu achtzig Prozent müssen die Industrieländer bis 2050 ihren Ausstoß von Treibhausgasen reduzieren, damit die Erwärmung der Erde nicht außer Kontrolle gerät. Möglich ist dies nur, wenn jeder Einzelne sich seiner Verantwortung bewusst wird und entsprechend handelt. In den USA formieren sich derzeit in vielen Städten und Gemeinden Initiativen, die nach dem Muster der »Weight Watcher« statt Kalorien gemeinsam lernen CO_2 zu sparen. Freilich wird ohne Politik und Wirtschaft, ohne die Einbindung von boomenden Schwellenländern wie China und Indien, die Erde nicht zu retten sein. Doch die Verantwortung hört bei der eigenen Haustür nicht auf. Sie beginnt hier. Wesentlich ist es, eine Bestandsaufnahme des eigenen Verhaltens durchzuführen. Derzeit gibt es zahlreiche, meistens vom Internet gestützte Rechner, mit denen man seine eigene CO_2-Bilanz errechnen kann. Wir haben vier der besten für Sie ausgewählt:

http://www.umweltbildung.at
http://www.ecospeed.ch
http://www.proclim.ch/
http://www.prima-klima-weltweit.de

Die dritte – grüne – industrielle Revolution

»Bis 2050 wird der Markt für CO_2-schonende Technologie (»Low Carb Tech«) bei fünfhundert Milliarden US-Dollar liegen. Die Weltwirtschaft könnte durch den Impuls um 2,5 Billionen Dollar reicher werden, hat der britische Ökonom Nicolas Stern vorgerechnet. Im jüngsten Bericht des UN-Weltklimarates werden sogar Investitionen in der Höhe von sechzehn Billionen Dollar in diesem Bereich gefordert. Eine neue, grüne, industrielle Revolution, die eine Energiewende weg von fossilen Rohstoffen und hin zu Energieeffizienz und den erneuerbaren Energieträgern bewirkt, ist die faszinierendste Zukunftsperspektive und größte Chance für eine Rettung des Klimas: Schon jetzt wäre die CO_2-Belastung unserer Atmosphäre um ein Viertel höher, würden Sonne, Wind, Wasser und Biomasse nicht eingesetzt. Gleichzeitig ist diese Wende eine neue tragende Säule von künftigem Wachstum und Beschäftigung.

Auf erneuerbare Energie und Energieeffizienz zu setzen, heißt schrittweise auf »Null-Emissionspolitik«, auf kohlenstofffreie Energieerzeugung zu wechseln. Dazu müssen wir forschen, fördern, informieren, ein Feuerwerk neuer Technologien starten, Bewusstsein bilden, das Verhalten jener honorieren, die in ihrem Bereich eine Energiewende umsetzen. Sie schafft Unabhängigkeit von Energieimporten, belässt die Wertschöpfung in der Region und könnte damit mittelfristig Millionen neuer Arbeitsplätze in Europa schaffen. Kaliforniens »grüner« Gouverneur hat es vorgerechnet: Dort werden die neuen Fördergesetze vor allem für solare Energieformen allein in nächster Zukunft der Wirtschaft Mehreinnahmen von 74 Milliarden Dollar bringen und 89 000 Jobs bringen.

Derzeit, mit Stand 2006, liegt der Anteil erneuerbarer Energieträger bei der Stromerzeugung weltweit bei fünfzehn Prozent, in Deutschland bei zwölf, in Österreich, aufgrund des Einsatzes der Wasserkraft, bei 57 Prozent. Am gesamten Energiemix hingegen betragen diese erneuerbaren Träger nur wenige Prozentpunkte. So wird derzeit weltweit nur ein Prozent der Fahrzeuge mit Bio-Treibstoffen betrieben, während einige Länder, etwa Brasilien, schon einen Mix von mehr als einem Drittel schaffen.

Die grüne industrielle Revolution ist nicht zu stoppen: trotz politischer Fehlentscheidungen in vielen Ländern, die zu teilweise schlechten Rahmenbedingungen geführt haben. Auch das Fehlen langfristiger Konzepte und karger Forschungsbudgets erschwert – noch – die Wende: Das derzeitige EU-Forschungsprogramm etwa stellt pro Jahr für erneuerbare Energie 125 Millionen Euro, aber allein für den Kernfusionsreaktor Iter sechshundert Millionen Euro zur Verfügung.

Und die grüne industrielle Revolution wird von »überzeugenden Werbeträgern« unterstützt: den Energie-Muskelspielen von Russlands Präsident Wladimir Putin, dem hohen Ölpreis, der weiter und weiter steigen wird, der politischen Instabilität in den meisten Förderregionen, den Spekulationen an den Ölmärkten, der stark steigenden Nachfrage in Schwellenländern und den USA und der Verknappung der Ressourcen. Dazu kommt, dass die modernen Technologien für Ökostrom eine der größten Zukunftshoffnungen der europäischen Wirtschaft sind.

Schon jetzt sichern die boomenden, meist mittelständischen Betriebe der Ökoenergiebranche alleine in Deutschland bei einem

Umsatz von sechzehn Milliarden Euro 200 000 Arbeitsplätze, in Österreich werden bereits 7,8 Millionen Euro von dieser Branche erwirtschaftet. Die Kosten für klimaverträgliche Energietechnologien wie Biomasse, Sonne, Wind oder Energieeffizienz sinken mit dem immer größeren Markt, während die Kosten für die fossilen Energieträger und die Schäden des Klimawandels steigen.

Je stärker also diese volkswirtschaftlichen Schäden durch die Erderwärmung, etwa durch eine CO_2-Steuer, eingerechnet werden, desto rascher wird die Energiewende umgesetzt. Wird dieser Siegeszug auch noch durch eine engagierte Forschungspolitik für Effizienz und erneuerbare Träger forciert (etwa für die Entwicklung von günstigen Speicherungsformen von Wind- und Sonnenkraft), dann ist eine Vollversorgung mit grüner Energie möglich.

Das deutsche »Erneuerbare Energiegesetz«, in dem Kriterien zur Förderung festgelegt sind, dürfte laut jüngsten Berechnungen bis ins Jahr 2020 zu einem Anteil von 25 Prozent des deutschen Gesamtstromverbrauches führen. Der Klimaeffekt des Gesetzes ist sensationell: In der letzten Ausbaustufe, geplant für das Jahr 2010, werden sich die CO_2-Einsparungen auf 110 Millionen Tonnen belaufen.

Bereits 42 Staaten haben deshalb diese vorbildliche Regelung übernommen. Auch aus wirtschaftlichen Gründen. Denn Impulse am Inlandsmarkt geben den Branchen wichtige Impulse für den Export. Wer jetzt auf den Bau effizienter Kraftwerke und erneuerbare Energien setzt, kann mit einem gigantisch großen Zukunftsmarkt rechnen. Der Trend hat schon eingesetzt. So hat Deutschland im Jahr 2000 grüne Technologien im Wert von einer halben Milliarden Euro exportiert, im Jahr 2006 waren es bereits sechs Milliarden Euro.

Einige Beispiele illustrieren die noch zu erwartenden Steigerungsraten: Die Philippinen planen, den Anteil erneuerbarer Energieträger bis 2013 zu verdoppeln und um zehn Millionen weniger CO_2 auszustoßen. Japan will bis 2010 eine Windenergieleistung von dreitausend Megawatt errichten. China will bis zum Jahr 2010 zehn Prozent des Stroms, bis 2020 dreißig Prozent durch erneuerbare Energie gewinnen. Das Klima wird enorm profitieren: Alleine die erste Etappe der Maßnahmen bis 2010 würde eine weltweite Einsparung von 813 Millionen Tonnen CO_2 bedeuten.

Den radikalsten Einschnitt weltweit plant Schweden: Die frühere Linksregierung hat sich bereits Anfang 2006 dazu entschieden, bis zum Jahr 2020 aus dem Nutzen von Öl auszusteigen. Die dann durchgeführten Berechnungen der »Regierungskommission für Unabhängigkeit vom Öl«, die aus Energieexperten, Industrievertretern und auch der schwedischen Automobilindustrie besteht, hat gezeigt, dass dies zwar ein wenig länger dauert, aber realistisch ist. Demnach kann in Schweden bis 2020 der Energieverbrauch um zwanzig Prozent verringert werden, der vollständige Ausstieg aus dem Öl ist bei der Wärmeerzeugung tatsächlich bis 2020 machbar, die Industrie kann bis 2020 ihren Ölverbrauch um 25 bis vierzig Prozent verringern und im Verkehr ist ebenfalls bis 2020 eine Absenkung des Verbrauchs von Benzin und Diesel um vierzig bis fünfzig Prozent möglich. Insgesamt würde ein Ausstieg aus dem Öl bis 2050 eine CO_2-Einsparung um achtzig Prozent bringen.

Das österreichische Bundesland Oberösterreich mit seinen 1,6 Millionen Einwohnern zeigt vor allem im Bereich der Wärmeerzeugung, was in diesem Bereich möglich ist: 41 Prozent des Wärmeverbrauchs stammen aus Ökowärme, vor allem aus Biomasse und Sonne. 850 000 Quadratmeter Solarfläche arbeiten an der Warmwassererzeugung und als Pufferspeicher zur Heizungsunterstützung – das ist dieselbe Solarfläche wie in Frankreich, Spanien und Italien zusammen. Und bei Biomasse ist das waldreiche Land auch aufgrund attraktiver Landesförderungen sowie einer Struktur von innovativen Kesselherstellern in Europa fast unschlagbar: Die Verarbeitung von einer Million Tonnen Biomasse jährlich führt zu einer CO_2-Einsparung im beinahe gleichen Ausmaß. Oberösterreich hat wie Schweden die Zukunft der Energiewende berechnet. Auch hier sind die Ergebnisse ähnlich ermutigend: Bis 2030 könnte die Wärme- und Stromerzeugung des Industrielandes vollständig auf erneuerbare Energie umgestellt werden, die CO_2-Emission um 65 Prozent verringert werden.

Dies alles beweist: Die Energiewende, die größte Zukunftschance, der Schlüssel zur Begrenzung der Klimaveränderung, ist machbar. Wenn Politik, Wirtschaft und Konsumenten konsequent an der Umsetzung arbeiten und die Finanzmittel für neue Energieerzeugung vollständig in die Umsetzung der Energiewende investiert werden.

TIPPS

Selbst die grüne Wende einleiten

42. Der Strom-Umstieg

In einem durchschnittlichen Haushalt erspare ich durch den Umstieg auf Ökostrombezug jährlich etwa neunhundert Kilo CO_2.

43. Mit der Wärme der Sonne

Ich installiere eine Solaranlage zur Wärmeerzeugung und als Pufferspeicher zur Heizungsergänzung. Ein Rechenbeispiel: Die CO_2-Einsparung bei einer durchschnittlichen Anlage von sechs Quadratmeter beträgt pro Haushalt achthundert Kilo CO_2 pro Jahr.

44. Biomasse als Energielieferant

Pellets oder Nahwärme aus Biomasseprojekten sind wirtschaftlich attraktiv und CO_2-neutral. In vielen Ländern wird dieser Umstieg gefördert. In einem durchschnittlichen Haushalt erspare ich damit im Vergleich zu einer Ölheizung nach Haushaltsgröße und Dämmstandards rund vier Tonnen pro Jahr und Haushalt.

45. Strom vom Himmel abzweigen

Eine eigene Fotovoltaikanlage kann weitreichende Unabhängigkeit bedeuten: Solarstrom wird in manchen Ländern finanziell gefördert. Durchschnittlich erspart eine Sonnenstromanlage pro Haushalt tausend bis dreitausend Kilo CO_2 pro Jahr (je nachdem, wie Strom zuvor bezogen wurde).

46. In die Zukunft investieren

Im Bereich der Ökoenergieunternehmen existiert mittlerweile eine ganze Serie börsennotierter Firmen und Fonds. Ihre Performance ist derzeit ausgezeichnet. Wenn ich mein Kapital in derartige Anlageformen investiere, unterstütze ich damit die Weiterentwicklung der Ökoenergie.

47. Öko-Initiativen setzen

Viele Ökoenergieanlagen werden als Bürgerbeteiligungsmodelle vorbereitet und umgesetzt. Damit habe ich als Konsument die Möglichkeit, mein Geld sinnvoll als Teilhaber zu investieren, regionale Projekte und damit die dezentrale Erzeugung von Ökoenergie zu unterstützen.

48. Gemeinschaftsprojekte starten

So dies zu meiner Wohn- und Lebenssituation passt, kann ich in diesem Bereich aktiv werden: Ich setze in meiner Gemeinde den Umstieg auf eine Biomasse-Nahwärmeanlage durch und gründe gemeinsam mit Nachbarn und Landwirten aus der Region eine Interessensgemeinschaft.

49. Projekte in Entwicklungsregionen

In Deutschland und Österreich existiert mittlerweile eine ganze Reihe von Partnerschaftsprojekten, die Ökoenergieprojekte in Afrika, Asien oder Süd- und Mittelamerika unterstützen. Hier kann ich mich sinnvoll engagieren.

Atomkraft gegen die Klimakatastrophe?

Bei jeder Weltklimakonferenz ist »Foratom« unübersehbar prominent vertreten: Die Lobbyorganisation der Atomwirtschaft wittert ihre neue Chance und versucht die Atomenergie als Lösung des Klimaproblems zu bewerben, gar manche prophezeien sogar eine Renaissance der Atomenergie. Dem Realitätstest hält diese Erwartung nicht stand: Bis 2020 wird der Anteil der Atomenergie am weltweiten Stromverbrauch sogar weiter sinken, viele Reaktoren gehen aus Altersgründen vom Netz, aber nur sehr wenige werden neu gebaut. Im Westen Finnlands wurde im September 2005 in Olkiluoto der einzige AKW-Neubau Europas verwirklicht und so wurde es zum Wallfahrtsort der Lobby. Tatsächlich überlegen einige Staaten, etwa Frankreich, das in den nächsten Jahren damit beginnen müsste, den Atompark zu erneuern, Neubauten, so wie andere Länder auch. Realisiert werden derzeit aber nur Stilllegungen. Etwa die deutschen AKW Stade und Obrigheim im Zuge des deutschen Atomausstieges. In Litauen, Bulgarien und der Slowakei wurden mit den AKW Ignalina, Kosloduj und Bohunice in den letzten Jahren die gefährlichsten Blöcke von Europas Hochrisikoreaktoren vom Netz genommen.

Eine Renaissance sieht anders aus. Trotzdem: Wäre der Atomstrom, der keine unmittelbaren CO_2-Emissionen erzeugt, ein Mittel im Kampf gegen die Klimaveränderung? – Nein, ist die sehr einfache Antwort. Derzeit sind weltweit 435 Atomreaktoren in Betrieb. Um nur zehn Prozent fossiler Energie durch Atomenergie zu ersetzen, müssten tausend zusätzliche AKW errichtet werden. Anders gerechnet: Der Atomstromanteil am Weltenergieverbrauch liegt derzeit bei rund sieben Prozent. Sollte die Zahl der nuklearen Stromfabriken in den kommenden zwanzig Jahren verdoppelt werden, müsste ab sofort alle drei Wochen ein neuer Reaktor ans Netz gehen. Dafür fehlt die Akzeptanz in der Bevölkerung, weil dies zu einem sprunghaft erhöhten Sicherheitsrisiko führen wird.

Außerdem ist der Atom-Brennstoff Uran nicht in ausreichenden Mengen vorhanden. Und: Gigantische Investitionen würden schon bei einem Bruchteil eines solchen Programmes entstehen. Der »Klima-Teufel« kann also nicht mit dem »Atom-Beelzebub« ausgetrieben werden, die Energiewende muss den schrittweisen Ausstieg aus Öl und Atom bringen und damit die volle Konzentration der Investitionen auf Energieeffizienz und den Ausbau der erneuerbaren Energieträger. Wieder zum Beispiel Frankreich: Aufgrund der Dominanz der Atomenergie ist der Strommarkt derzeit gesättigt, viel Kapital gebunden. Folge: Die riesigen Potenziale an erneuerbarer Energieerzeugung werden nicht einmal ansatzweise genützt. Deshalb ist ein Atomausstieg kein Gegensatz zum Klimaschutz, sondern vielmehr die Voraussetzung dafür.

Während in Europa je nach Mitgliedsland und Politstrategie in einzelnen Bereichen des Klimaschutzes erste kleine Teilerfolge zu verzeichnen sind, fährt die Verkehrspolitik mit Vollgas in die Klimakatastrophe. Um 26 Prozent haben die Treibhausgasemissionen in diesem Bereich EU-weit seit 1990 zugenommen, allein beim LKW-Verkehr lag das Plus beim Doppelten. Ein Spitzenreiter ist Österreich: Hier verzeichnete man seit 1990 eine Steigerung von 93 Prozent der CO_2-Emissionen im Verkehrsbereich.

Dasselbe Bild ergibt sich weltweit: In ihrem vierten Weltklimabericht warnt das IPCC vor einer katastrophalen Autoflut, der dringend entgegengesteuert werden müsse: Schon jetzt ist der Verkehr, auch Flüge und Schiffstransporte mit eingerechnet, an dreizehn Prozent aller Treibhausgasemissionen schuld. Bis 2050 werde sich die Zahl der PKW verdreifachen. Deshalb fordern die Klimaforscher im Namen der UN dringend Maßnahmen zur Eindämmung der Emissionen in diesem Bereich. Dazu zählt der Umstieg auf klimaschonende Motoren und Treibstoffe, vor allem aber auch die Anleitung zum CO_2-schonenden Betrieb von Kraftfahrzeugen.

Fazit aller Experten: Ohne eine Wende der Verkehrspolitik wird Klimaschutz nicht gelingen können. Der entscheidende Impuls dazu muss von Europa ausgehen, indem neue Technologien propagiert werden, aber auch Gesamtverkehrskonzepte der EU, der Mitgliedsstaaten und der Regionen entwickelt werden, die konsequent und eindeutig als erste Vorgabe das Einfrieren der derzeitigen CO_2-Emissionen zum Ziel haben. Vor allem im Transportbereich, bei der notwendigen Verlagerung vom Güterverkehr auf die Schiene gibt es Handlungsbedarf. Außerdem sind klare gesetzliche Vorgaben über schrittweise zu erhöhende Mengen der Beimischung von Bio-Treibstoffen nötig.

Erste kleine Schritte sind schon beschlossen: Ab 2012 sollen in der EU nur noch Neuwagen zugelassen werden, die weniger als 130 Gramm CO_2 pro Kilometer ausstoßen. Zu wenig, sagen viele Experten, die ein Limit bei 120 Gramm, das in den Folgejahren schrittweise weiter gesenkt wird, einfordern. Doch wer den Klimaschutz ernst nimmt, kann durch verantwortungsvolle Kaufentscheidungen und einen vernünftigen Fahrstil viel beitragen. Ein Richtwert: 120 Gramm CO_2 stößt ein Auto aus, das fünf Liter Benzin oder fünfeinhalb Liter Diesel auf hundert Kilometer braucht.

Pro Jahr fährt ein Deutscher im Durchschnitt 25 000 Kilometer mit dem Auto. Derzeit stoßen Autos im Schnitt 190 Gramm pro Kilometer aus. Die Rechnung ist leicht und ebenso eindrucksvoll: 1,7 Millionen Tonnen CO_2 – und gewaltige Kosten für Treibstoff – würden so in Deutschland pro Jahr eingespart, wenn die niedrigen Emissionsstandards rasch durchgesetzt würden.

Ein großes Problem bedeuten die enormen Zuwachsraten des Flugverkehrs. Dies ist für unser Klima besonders schädlich: Stickoxid, das beim Fliegen in hohen Schichten der Atmosphäre freigesetzt wird, hat dort einen vielfach stärkeren Treibhauseffekt als CO_2. Seit dem Kyoto-Ausgangsjahr 1990 nahmen die weltweiten Flugbewegungen jedes Jahr um fünf Prozent zu. Auch in diesem Bereich ist beides notwendig: persönliche Verhaltensänderung genauso wie politische Maßnahmen durch die Aufnahme des Flugverkehrs in den Zertifikatshandel und die Kerosin-Besteuerung.

Der Flugverkehr verursacht den Löwenanteil der individuellen CO_2-Bilanz. Ein Beispiel: Der Urlaubsflug Berlin–Malaga–Berlin verursacht einen CO_2-Ausstoß von 1,14 Tonnen. Dies entspricht der Hälfte jener Menge an CO_2, die ein durchschnittlich gefahrenes Auto pro Jahr verursacht, oder einem Drittel der Menge, die rechnerisch pro Jahr und Mensch ausgestoßen werden dürfte, ohne das Klima zu schädigen. Oder ein anderes Beispiel: Einmal München–Moskau und zurück verursacht pro Fluggast eine Tonne Kohlendioxid. Das ist umgerechnet so viel wie ein PKW ausstößt, der voll besetzt dreizehnmal von München nach Moskau und zurück fährt.

TIPPS

Sanfte Mobilität bremst den Treibhauseffekt

50. Hybrid-Autos

Ich wechsle auf ein Hybrid-Fahrzeug, eine Kombination aus Elektro-Auto, dessen Akkus während des Normalbetriebes aufgeladen werden, und eines – noch – herkömmlichen Verbrennungsmotors: Pro Kilometer liegen Hybrid-Fahrzeuge um rund ein Drittel unter dem CO_2-Ausstoß von modernen Benzin- oder Dieselfahrzeugen. Vergleichswerte findet man zum Beispiel auf der Seite: www.autoumweltliste.ch

51. Wie viel CO_2 braucht mein Auto?

Ein wesentliches Kriterium bei der Kaufentscheidung für mein Auto ist dessen CO_2-Bilanz. Denn ein einziger Liter Treibstoff belastet die Atmosphäre im Durchschnitt der derzeitigen Fahrzeugtypen mit elf Kilo CO_2. Dazu genügt ein Blick auf www.vcs.ch oder www.vcd.de oder www.vcoe.at oder www.autoverbrauch.at. International sind in einigen Ländern bereits bestimmte Standards vorgesehen. In Europa stehen viele Automobilerzeuger in diesem Bereich auf der Bremse. Auch hier hilft es, bei Händlern und Generalimporteuren klarzumachen, was ich als Verbraucher will und vor allem, warum ich ein bestimmtes Produkt nicht mehr akzeptiere. Noch eine Vergleichszahl: Ein Auto, das sieben Liter Sprit pro hundert Kilometer braucht, schleudert – auf eine durchschnittliche Lebensdauer gerechnet – um zehn Tonnen mehr CO_2 in die Luft als eines, das mit fünf Litern auskommt.

52. Biotreibstoff

Gleichzeitig nütze ich die Möglichkeiten, Biotreibstoffe in erhöhtem Ausmaß beizumischen oder vollständig zu wechseln. Jene Automobilhersteller, die in diesen Bereich investiert haben, bieten Informationen, welche Nachrüstungsmöglichkeiten es bereits gibt.

53. Zu Fuß geht's auch weiter

Ich verzichte bei kurzen Strecken auf die Verwendung des Autos und gehe diese Wege zu Fuß oder nehme das Fahrrad. Vierzig bis fünfzig Prozent der Autofahrten in Europa führen nicht weiter als fünf Kilometer, jede zehnte Fahrt endet schon nach einem Kilometer. Ist der Motor noch kalt, braucht ein Auto zirka dreißig Liter Treibstoff auf hundert Kilometer. Gesund ist diese Entscheidung übrigens auch: Laut Studien der Weltgesundheitsorganisation senkt ein täglicher Spaziergang von einer halben Stunde das Herzinfarktrisiko um die Hälfte.

54. Klimameilen

Ich unterstütze die internationale Kindermeilenkampagne des Klimabündnisses als Schulprojekt und trage auch selbst durch den bewussten Verzicht aufs Auto bei.

55. Umstieg auf Öffis

Ich wechsle bei einem Teil meiner Fahrten auf öffentliche Verkehrsmittel: Alleine durch die einfache Fahrt von München nach Wien per Bahn spare ich dreißig Kilogramm CO_2 ein.

56. Fahrgemeinschaften bilden

Das Auto durch Mitfahrer, vor allem am Weg in die Arbeit, besser auszulasten, hilft in Summe, Geld, Sprit und Emissionen sparen.

57. Car-Sharing

Eine ideale Zwischenlösung im städtischen Bereich: Wenn ich nur ab und zu ein Auto brauche, nehme ich ein Car-Sharing-Angebot wahr. Dabei steht mir gegen einen Mitgliedsbeitrag und die jeweiligen Kilometerkosten jederzeit ein Wagen zur Verfügung, den ich in einer Parkgarage abholen kann. Dies verhindert sinnlose Autofahrten nach dem Motto: »Wenn es schon dasteht ...«

58. Weg vom Gas

Durch umsichtige Fahrweise können große Mengen Treibstoff gespart werden. Das Fahrverhalten verursacht einen unterschiedlichen Treibstoffverbrauch von bis zu dreißig Prozent. Das größte Einsparungspotenzial erreiche ich durch Tempoverringerung – 100 km/h statt 130 km/h spart ein bis zwei Liter auf hundert Kilometer (www.ecodrive.org).

59. Richtige Motorbremsung

Beim Fahren mit Motorbremsung bei Rollphasen oder bergab wird bei modernen Motoren kein Sprit zugeführt: Dies allerdings nur, wenn der Fuß ganz vom Gaspedal genommen wird.

60. Gleiten

Vorausschauend und flüssig fahren: Wer genug Abstand lässt, kann Geschwindigkeitsunterschiede zu anderen Fahrzeugen ohne ständige Brems- und Beschleunigungsmanöver ausgleichen. Dies spart zwischen einem Fünftel und einem Drittel Treibstoff.

61. Nicht auf vollen Touren

Im ersten Gang sollte ich meinen Wagen nur einige Meter weit beschleunigen. Danach möglichst mit niedrigen Touren fahren. Moderne Motoren vertragen dies problemlos. Auch hier liegt das Einsparungspotenzial bei einem Drittel des Treibstoffverbrauches.

62. Kein Leerlauf

Nach dem Start sofort losfahren. Den Wagen im Leerlauf warmlaufen lassen, kommt Umwelt und Besitzer teuer.

63. Ordentlich Druck ausüben

Falscher Reifendruck ist ein Treibstofffresser. Kontrollen von Zeit zu Zeit helfen deutlich Sprit sparen. Ist der Druck nur um ein Viertel zu niedrig, erhöht dies den Rollwiderstand bereits um zehn Prozent und den Treibstoffverbrauch um zwei Prozent.

64. Motoreinstellung

Zehn bis fünfzehn Prozent mehr Treibstoff braucht ein Auto, wenn der Motor nicht ideal eingestellt und gewartet ist. Der Effekt kann gigantisch sein, wenn jeder darauf achtet. US-amerikanische Umweltschützer haben ausgerechnet, dass in ihrem Land jährlich siebzig Tonnen CO_2 eingespart würden, wenn nur 100 000 Motoren ideal eingestellt wären.

65. Fenster auf

Wenn's geht: frischen Wind von außen zur Kühlung benutzen. Klimaanlagen sind Spritfresser: Zirka 1,8 Liter mehr Treibstoff auf hundert Kilometer werden dafür gebraucht. Im Stau noch viel mehr.

66. Leben der kurzen Wege

Ich möchte umziehen: In ein Haus, eine neue Wohnung. Sicher ist eine abgelegene Grünlage idyllisch, doch was an Wegen bedeutet dies? – Vor allem, wenn Kinder da sind oder in Planung oder man sich schon auf den Ruhestand vorbereitet: Welche Bedürfnisse hat meine Familie? Wer muss wohin? Was ist die ideale Wohnsituation? Wo kann ich Sachen des täglichen Bedarfes besorgen, ohne das Auto benutzen zu müssen? Aber auch die Steigerung der Attraktivität des ländlichen Raums kann Fahrdistanzen verkürzen helfen und die wachsende Zentralisierung mit der Verlängerung der Wege zwischen Arbeit, Wohnen und Freizeit wieder begrenzen.

67. Von daheim aus geht's oft schneller

Nicht nur Kinderbetreuung oder die Wahrnehmung der Pflege von Angehörigen lässt sich besser mit Berufstätigkeit verbinden, sondern auch ein CO_2-bewusstes Alltagsleben. Die Lösung muss nicht schwarz und weiß gestrickt sein. Viele Firmen sind zufrieden, wenn die Mitarbeiter dann da sind, wenn sie im Team gebraucht werden. Per Mobiltelefon und Internet lässt sich aber ein großes Pensum dezentral erledigen. Empfiehlt sich vor allem an typischen »Stau-

Tagen« wie Montag oder Freitag und hilft auch die Betriebskosten von Firmen drosseln.

68. Flugverzicht wenn möglich

Wann immer möglich, vermeide ich Flüge, die einen enormen CO_2-Ausstoß verursachen. Innerhalb der EU sind die Emissionen aus dem Flugverkehr seit 1990 um 87 Prozent gewachsen. Verschärft wird das Problem, weil CO_2-Emissionen in größer Höhe das Klima fast um das Dreifache stärker schädigen, als jene, die in Bodennähe anfallen.

69. Urlaub vom Flieger

Trotz Billigflieger ist bereits jetzt europaweit ein Wandel im Reiseverhalten spürbar. Statt komplizierter Anreisewege buchen vor allem Familien mit Kindern nahegelegene Destinationen immer lieber.

70. Keine Kurzstrecken per Flug

Absolut tabu sollten Flüge über Distanzen sein, die kürzer als fünfhundert Kilometer sind, da Flugzeuge in der Start- und Landephase am meisten Treibstoff brauchen. Auch die Entscheidung für Direktflüge hilft die enormen Flug-Emissionen senken.

71. Kompensation

Ist ein Flug tatsächlich unvermeidbar, dann leiste ich eine Kompensationszahlung. Bei entsprechenden Organisationen können sogenannte zusätzliche Klimatickets erworben werden. Die Kosten pro Kilo CO_2 fließen in klimaschonende Projekte in Länder, in denen die Folgen des Klimawandels bereits jetzt besonders spürbar sind (Infos unter: www.myclimate.org, www.greenskies.org oder www.atmosfair.de).

72. Urlaub vom Auto

Stress im Stau vernichtet den Erholungswert des Urlaubs. Wer als Klimaschutz-Profi nicht nur nicht in den Urlaub fliegen will, auf den warten in manchen Tourismusgebieten Österreichs und Deutschlands besondere Angebote: Mit dem Projekt »Sanfte Mobilität – autofreier Tourismus« bieten immer mehr Fremdenverkehrsgemeinden einen »Urlaub vom Auto«. Mobilität bleibt trotzdem erhalten – Einwohnern und Gästen stehen umweltfreundliche Fortbewegungsmittel zur Verfügung (Info: www.sanftmobil.at).

73. Freiwilliger Emissionshandel

Ich kaufe von Climate Company (www.climate-company.de) eine Klimavignette in der Schadstoffklasse meines PKW. Dafür kauft und löscht Climate Company an der Börse Emissionsberechtigungen für Kohlendioxid aus dem Europäischen Emissionshandel. Die entsprechende Menge Kohlendioxid darf dann von der europäischen Industrie nicht mehr ausgestoßen werden und ich habe einen Hauptmangel des Emissionshandels korrigiert, der den Verkehr bislang nicht einbezieht.

Die Klimarevolution in der Wirtschaft

Bei der Weltklimakonferenz in Montreal im Winter 2005: Im kleinen Kreis diskutieren Vertreter von zehn US-amerikanischen und kanadischen Großkonzernen mit Regierungsvertretern und Nichtregierungsvertretern über die für die Wirtschaft notwendige Klimaschutzpolitik. Das Ergebnis ist überraschend: Trotz der unterschiedlichen Positionen verurteilen alle Gesprächspartner unisono und vehement die Klimaschutzblockade von US-Präsident George W. Bush. Auch aus wirtschaftspolitischen Überlegungen. Der Grundtenor:

- Der fehlende Druck konkreter Klimaschutzziele macht die USA in Schlüsselbereichen zum technologischen Nachzügler, zentrale Entwicklungen, gerade in den Bereichen Energieeffizienz und erneuerbare Energie, werden Europa überlassen, den USA entgehen damit die zentralen Geschäftsfelder der Zukunft.

- Der fehlende Druck führt dazu, dass vielfach gigantische Einsparungspotenziale bei den Energiekosten ungenutzt bleiben.
- Die Klimaschutzoffensive ist notwendigerweise unvermeidlich. Jene, die zuerst investieren, werden in dieser Entwicklung vorne sein und gewinnen.

Die folgenden zwei Jahre leiteten ein Umdenken ein: Immer mehr Teile der US-amerikanischen Gesellschaft schwenken auf Klimaschutz um. Bei seiner Rede zur Lage der Nation im Jänner 2007 musste George W. Bush auf Druck der Öffentlichkeit die Notwendigkeit von Klimaschutz zähneknirschend zugeben. Konkrete Taten lassen aber auf sich warten.

Dabei scharrt die Wirtschaft in den Startlöchern: »Als Leiter führender globaler Unternehmen, die eine große Bandbreite von Industrien repräsentieren, teilen wir die Überzeugung, dass der Klimawandel eine der wichtigsten Herausforderungen des 21. Jahrhunderts darstellt. Der Klimawandel, der mit anderen wichtigen Fragen verknüpft ist, wie der Sicherstellung wirtschaftlichen Wachstums, der Verringerung der Armut und dem Zugang zu einer adäquaten Energieversorgung, erfordert die volle Aufmerksamkeit von Regierungen, Wirtschaft und Zivilgesellschaft überall auf der Welt.« Mit diesen Worten begann die Erklärung der Spitzenmanager von Weltkonzernen wie ABB, Alcan, BP, British Airways, Cisco Systems, Toyota, Vattenfall und Volkswagen beim »Runden Tisch Klimawandel« beim »World Economic Forum« im Juli 2005. Erstmals bekannten sich dort die Bosse der Topkonzerne zu ihrer zentralen Verantwortung und setzten eine wichtige Entwicklung in Gang. Die Klimarevolution in der Wirtschaft wird zu einem entscheidenden Motor der Klimarettung – Gegenwind entwickelt sich zu Rückenwind.

Seit dem Herbst 2006 haben sich die wichtigsten britischen Unternehmen Schritt für Schritt zum Einstieg in CO_2-schonendes Wirtschaften bekannt. Sie formulierten dazu klare Forderungen für klare, langfristige, berechenbare und global gültige Rahmenbedingungen für diese nötige Revolution der Wirtschaft: die Vorgabe weltweit verpflichtender Emissionsgrenzen, weltweite Kostenpflichtigkeit für den Ausstoß von Treibhausgasen, ein Nachfolgeabkommen für Kyoto, dem alle Staaten beitreten.

Der nächste Schritt: 2006 startete in den USA die »Partnerschaft Klima«-Aktion, in der die Chefs von Unternehmen wie BP America, DuPont, General Electric oder Duke Energy mit Umweltorganisationen kooperieren. 2007 wurden bei einer Pressekonferenz in Washington erste, sensationelle Ergebnisse, wie die gemeinsame Forderung nach einem für alle Unternehmen verpflichtenden Emissionsgesetz, präsentiert. Hintergrund der Forderung war: Um einen starken Beitrag der USA zum Klimaschutz zu erreichen, aber auch um den Druck auf die Technologieweiterentwicklung zu erhöhen und damit die internationale Konkurrenzfähigkeit.

Gerade in der Wirtschaft ist die Phase des Abwartens vorbei. Konzerne auf der ganzen Welt sehen im Kampf gegen den Klimawandel nicht nur die Notwendigkeit einer massiven Einsparung von CO_2-Emissionen im Unternehmen, die zu hohen Einsparungen an Energiekosten führen, sondern auch die Chance für einen ohnedies notwendigen, rascheren Strukturwandel und für die Entwicklung neuer Märkte, Technologien und anderer Investitionsbereiche. Bezeichnend dafür ist die Meldung führender Börsenstrategen Anfang 2007, die das beginnende Jahr zum »Jahr des energieeffizienten Portfolios« ausriefen.

Laut Schätzung der Analysten von New Energy Finance wurden alleine 2005 in den USA siebzehn Milliarden Dollar in Unternehmensgründungen und Projekte im Bereich erneuerbare Energie investiert. Im Vergleich zum Vorjahr ist dies eine Steigerung um neunzig Prozent. Die Zeitschrift *Business Week* prämiert bereits regelmäßig die »Best Practice Companies« beim Klimaschutz: etwa den Industriegiganten DuPont, wo seit 1990 zwei Drittel der CO_2-Emissionen eingespart wurden und damit zwei Millionen Dollar jährlich und sieben Prozent weniger Energie für dreißig Prozent höhere Produktionskapazitäten ausgeben werden.

Ein Beispiel für gelungenen Strukturwandel und die Chancen durch die neuen Energiewende-Märkte, ist die aufstrebende ostdeutsche Solarindustrie. In der »Solarstadt« Frankfurt an der Oder hat sich das Hamburger Solarunternehmen Conergy angesiedelt und produziert Wafer, Solarzellen und Module. Gleich daneben arbeitet das US-Unternehmen First Solar an der Produktion von Dünnschicht-Solarzellen, die durch die Verknappung von Silizium immer gefragter werden. Alleine in diesen Firmen sind mehrere tausend Arbeitsplätze entstanden. Dies ist ein Beispiel für eine aufstrebende Solarindustrie, die mittlerweile mehr als die Hälfte des deutschen Branchenumsatzes von jährlich drei Milliarden Euro erwirtschaftet.

Die Klimaschutzoffensive wird tief greifende Auswirkungen auf das Wirtschaften haben: etwa durch steigende Transportkosten auch eine Trendwende zur Stärkung regionaler Wirtschaftsstrukturen und hin zu Qualitätsprodukten einleiten und somit den bisherigen Wirtschaftstrend zu immer mehr Produktionsteilung, immer mehr Transport und immer mehr Billigerzeugnissen und Wegwerfprodukten stoppen.

TIPPS
Unternehmen Klimarettung

74. Energiesparpotenzial erkennen

Ich wende mich an einen Energiesparberater und lasse einen Energie- und Klimacheck erstellen und setze die Energieeinsparungsvorschläge konsequent um. Im Durchschnitt kann ich damit ein Drittel Betriebskosten und CO_2-Emissionen einsparen.

75. Klimaschonende Betriebsbeleuchtung

Im Büro lauern viele Energiefresser: Bis zu fünfzig Prozent des Energieverbrauches müssen für die Beleuchtung aufgewendet werden. Der Wechsel auf energieeffiziente Beleuchtung kann bis zu einem Drittel des Energieverbrauches und damit der CO_2-Emissionen einsparen. Er amortisiert sich in einem Zeitraum von ein bis fünf Jahren (Infos: www.energyoffice.org).

76. Mitarbeiter-Mobilität planen

Für meine Mitarbeiter lasse ich ein Mobilitätsangebot für den Wechsel auf den öffentlichen Verkehr beim Einpendeln an den Arbeitsplatz erstellen und fördere diese Umstellung unter anderem durch ausreichend Fahrradabstellplätze, Duschen, eine verbesserte Anbindung an den öffentlichen Verkehr und finanzielle Stützung von Fahrkarten.

77. Wege sparen

Können meine Mitarbeiter einen Teil ihrer Aufgaben auch von zu Hause aus erledigen? Besonders in Stau-Zeiten kann durch eine sinnvolle Aufteilung zwischen Teleworking und Anwesenheit im Betrieb viel Energie gespart werden. Arbeiten per Handy und Internet, aber auch Tele-Konferenzen sparen viele Wege.

78. Klimaschutz als und im Beruf

Architekten, Baumeister, Verkehrsplaner, Lehrer: Eine Vielzahl von Berufen beeinflusst den Umgang mit Energie, Ressourcen und CO_2. Indem ich mich in meinem Berufsfeld dafür engagiere, dass die Ausbildung in meinem Betrieb, aber auch in Schulen und Hochschulen diesen Aspekt massiv berücksichtigt, lege ich den Grundstein für eine grüne Wende.

79. Logistik überdenken

Für den Transport der Firmengüter lasse ich ein Klimakonzept erstellen: Wo kann was auf Bahn oder Schiff verlagert werden, wo kann der Fuhrpark ökologisiert werden?

80. Klimaschonender Arbeitsalltag

Wasserkühler, Getränkeautomat, Betriebskantine: Per Energiecheck wird eruiert, wo wie viel Energie verschwendet wird. Bei einer Mitarbeiterversammlung wird diskutiert, zu welchen Schritten jeder Mitarbeiter bereit ist. Verwirklichte Energieeinsparungen führen zu deutlichen Kostenverringerungen. Die dadurch erzielten Gewinne werden zwischen Unternehmen und Mitarbeitern geteilt.

Eine britische Studie hat übrigens ergeben, dass auch jene Menschen, die im Privatleben sehr schonend mit Energie und CO_2-Emissionen umgehen, dies in ihrem Arbeitsalltag völlig vergessen.

81. Politisches Engagement
Ich trete mit meiner Firma dem Klimabündnis bei. Von der Politik fordere ich klare und berechenbare Klimaschutzziele mit konkreten Maßnahmen.

Die Revolution der Konsumenten

In Österreich stellt sich laut aktuellen Meinungsumfragen die Hälfte der Bevölkerung darauf ein, dass der Klimawandel massive Veränderungen in ihrem Leben bewirken wird, und meint, dass Belastungen auf sie zukommen. Aber Veränderung kann auch den Wechsel ins Positive bedeuten. Wenn mündige und bewusste Konsumenten ihre Macht des täglichen Kaufverhaltens nutzen, können sie einen wesentlichen Anteil zur Verringerung der Treibhausgase und zum Klimaschutz leisten. Nur, können wir uns so stark verändern, wie es das Klima längst tut? Eine Veränderung gegen die Veränderung schaffen?

Es gibt immer mehr Bürger, die Monat für Monat kontrollieren, welche Auswirkungen ihre Lebensweise auf das Klima der Erde hat, und sich danach richten. Beispielsweise ein vierzigjähriger Werbefachmann, der gemeinsam mit seiner Berufs- und Lebenspartnerin bewusst auf einen eigenen PKW verzichtet. Sie leben mit ihren beiden kleinen Kindern in Wien und entschieden sich, als Nachwuchs kam, für eine zentral gelegene Wohnung in der Nähe eines Parks und nicht für ein Haus im Grünen, das zwar leistbar gewesen wäre, aber lange Wegstrecken bedeutet hätte.

Für Großeinkäufe greifen die beiden auf ein Car-Sharing-Modell zurück, sonst bewegen sie sich ausschließlich mit öffentlichen Verkehrsmitteln fort. Selbst in den Urlaub reisen sie immer per Bahn, auch als die Kinder noch Babys waren. »Wir kaufen bewusst jene Lebensmittel, die biologisch und möglichst in unserer Nähe erzeugt werden«, berichtet der engagierte Wiener. Doch seine Frau ergänzt: »Unsere gesamte CO_2-Bilanz mache ich immer wieder zunichte, wenn ich geschäftlich in die USA fliegen muss.«

Wie Tausende andere bewusste Konsumenten nimmt diese Familie eine Vorreiterrolle der Klima-Revolution der Konsumenten ein. Sie kreieren einen neuen Lebensstil. Das bedeutet nicht ein Leben voller Verzicht, sondern ein Leben mit offenen Augen zu führen. Sie wissen ganz genau, wie sehr auch nur ein einziger Flug das Klima belastet, etwa ein Flug von Wien nach New York und retour mit 4800 Kilo CO_2. Geflogen wird trotzdem, nur eben nicht wahllos und Klimasünden werden durch andere CO_2-schonende Lebensweisen wenigstens ausgeglichen.

Die Konsumenten unterschätzten lange ihren großen Einfluss, ihre täglich stattfindende Volksabstimmung mit dem Einkaufswagen, ließen diesen Machtfaktor brachliegen. Mit der Klima-Revolution sind jedoch Konsumenten mit bewussten Kaufentscheidungen gefragt. Sie entscheiden gemeinsam mit klaren politischen Rahmenbedingungen über wirtschaftliche Trendveränderungen und Marktentwicklungen. »Der schlafende Riese Konsument erwacht«, schreibt der deutsche Philosoph Ulrich Beck in seinem Buch »Macht und Gegenmacht im globalen Zeitalter«: »Der Konsument verwandelt den Kaufakt in eine Abstimmung über die weltpolitische Rolle der Konzerne, die diese mit ihren eigenen Waffen – Geld und Nicht-Kauf – schlägt. Die Gegenmacht des politischen Konsumenten muss organisiert werden.«

Tanja Busse traf mit ihrem 2006 erschienenen Bestseller »Die Einkaufsrevolution« den Nerv der Zeit. Sie ergänzt: »Je weiter sich der Markt ausbreitet und je stärker sich der Staat aus seinen Kernaufgaben zurückzieht und die Politik vielfach ohnmächtiger wird und die Macht den Konzernen überlässt, desto wichtiger wird es für die Bürger, ihre Stellung gegenüber der Wirtschaft zu stärken.«

Politischer Konsum ersetzt keineswegs direkte politische Initiativen, sondern muss sich damit verbinden, mit Mundaufmachen, mit Einmischen, mit der Beteiligung an Kampagnen. Denn so merkt man, dass man nicht alleine ist als politischer Konsument. Und wenn viele im Bewusstsein, viele zu sein, politisch verantwortungsbewusst konsumieren, dann werden die Konsumenten sehen, wie gefürchtet und auch respektiert sie sein können.

Durch gleich gepolte Kaufstrategien entscheiden Bürger über Kapitalflüsse, über Märkte, über Produktionsformen und über Emissionen: So spart etwa der Griff zu Bioprodukten im Schnitt ein Drittel jener CO_2-Emissionen, die durch konventionelle Landwirtschaft entstehen. Durch die Auswahl regionaler Produkte werden Unmengen an Transportkilometern vermieden. Der klimabewusste Konsument verwendet beim Einkauf ein neues Sinnesorgan: den »Treibhausgassensor«. Er baut die Kaufentscheidung nach der Menge verursachter Treibhausgase in seine tagtägliche Wahrnehmung beim Einkauf ein.

Die Klima-Revolution der Konsumenten kann sich aber nur entfalten, wenn die Rahmenbedingungen der Politik stimmen. So muss künftig europaweit durch klare Produktkennzeichnungen, so wie etwa bei Zigaretten der Teer- und Nikotinwert angegeben ist, der Klimaeffekt klar ausgewiesen sein. Dazu muss es sich lohnen, klimaschonende Produkte einzukaufen. Und jenes Klimaschutzabkommen, das nach dem Kyoto-Protokoll die globalen Emissionsreduktionen regeln wird, muss alle Verursacherbereiche – auch die Konsumenten – mit einbeziehen.

Der österreichische Regisseur Erwin Wagenhofer, der mit »We Feed the World« den bisher erfolgreichsten deutschsprachigen Dokumentarfilm produzierte, sieht im Titel seines Streifens eine zentrale Botschaft: »Mein Film heißt ›We Feed the World‹ und nicht ›They Feed the World‹. – Also: ›Wir‹ und nicht ›sie‹ ernähren die Welt. Wir alle sind Konsumenten, wir gehen in den Supermarkt und wir können bestimmen, was wir kaufen. Das ist ein Machtfaktor.«

Konzerne drohen im Zeitalter der Globalisierung immer wieder mit Standortverlagerungen, um die Senkung von Umwelt- und Sozialstandards durchzusetzen. Die neuen politischen Konsumenten können dies mit barer Münze zurückzahlen: Die Drohung von Kaufverlagerungen, um hohe Klima- und Sozialstandards durchzusetzen, wirkt. Denn selbst die mächtigsten Konzerne können ihre Konsumenten nicht austauschen. Nach der Ego-Gesellschaft können ein neues Gefühl von Solidarität und eine Wir-Gesellschaft, die viele Bereiche neu ordnet, entstehen.

Der Zeitgeist scheint auf diese Metamorphose zu drängen: Im Herbst 2004 erschien in Großbritannien das Buch »Change the world for a fever« – »Einfach die Welt verändern« – mit fünfzig Tipps für eine bessere Welt. Hunderttausende Exemplare wurden verkauft, auf den Homepages registrierten Zehntausende ihre Ideen für eine bessere Welt. Eine neue Konsumentenbewegung ist entstanden, die den Existenzialismus im eigentlichen Sinn des Wortes mit neuem Sinn erfüllt: »Wir werden zu dem, was wir tun.«

TIPPS

Lebenstil der Klimaretter

82. Meine Klimadiät

Ich mache meinen ersten Klimacheck und erkenne, wie viel Kilogramm CO_2 ich tatsächlich durch meinen Lebenswandel verbrauche. Kontinuierlich wiederhole ich den Test und erkenne Schritt für Schritt Einsparungspotenziale, die ich umsetze. Wenn dies alle Leserinnen und Leser tun, dann werden wir gemeinsam tonnenweise CO_2 einsparen.

83. Bio mio

Biologische Lebensmittel schmecken nicht nur besser, sie schonen Tiere, Grundwasser und Böden: In der Produktion verursachen sie zumindest ein Drittel weniger Emissionen von Treibhausgasen als herkömmliche Lebensmittel.

84. Frische Kost statt Fertigware

Wenig Tiefgefrorenes schont das Klima: Über die gesamte Erzeugungskette berechnet, sind tiefgefrorene Lebensmittel für einen hohen CO_2-Ausstoß verantwortlich.

85. Weniger Fleisch

Das Reduzieren des Fleischkonsums ist nicht nur gesund, sondern senkt CO_2- und Methanemissionen. Verzicht auf Rindfleisch aus Brasilien kann dazu beitragen, die Abholzung des Regenwaldes zu verringern. Der Amazonas-Regenwald wird stark durch Kahlschläge gefährdet, die meist Rinderzucht oder den Anbau von als Futtermittel verwendetem Soja als Hauptursache haben. Wer viel Fleisch isst, häufig Tiefgefrorenes und Produkte verwendet, die einen weiten Transportweg haben, verbraucht im Schnitt pro Jahr eine halbe Tonne mehr CO_2 als jemand, der auf Versorgung mit regionalen Produkten und viel frisch zubereitetes Gemüse setzt.

86. Kein Tropenholz

Der dritte Hauptgrund für die teilweise Zerstörung des Regenwaldes, einem der wichtigsten Stabilisatoren des Weltklimas, ist die meist illegale Rodung wertvoller Tropenhölzer. Da hilft nur konsequenter Boykott.

87. Tägliche Wahl im Supermarkt

Ich verzichte auf Sojaöl und Palmöl, die ebenfalls stark zur Abholzung des Regenwaldes beitragen. Auch andere Produkte setzen bei der Erzeugung einen problematischen Kreislauf in Gang, etwa die gigantischen Obstplantagen in Südeuropa, die wesentlich Mitschuld an der zunehmenden Wüstenbildung tragen. Information und entsprechender Konsum-Boykott helfen, das Angebot und so die Produktionstechniken entsprechend zu beeinflussen.

88. Ohne Gentechnik – wenig CO_2

Ich bevorzuge gentechnikfreie Lebensmittel: Durch das Meiden von GVO-Lebensmitteln leiste ich einen Beitrag zur Verringerung der Importe von Soja und auch dies schützt den Regenwald.

89. Das Gute liegt so nahe

Der Griff zu regionalen Produkten reduziert massiv den Verkehr und gibt der regionalen Landwirtschaft eine Chance. Österreichweit würde laut einer Studie der Universität Linz ein bewusster Trend zu regionalen Produkten Tausende Arbeitsplätze schaffen und Österreichs CO_2-Emissionen jährlich um eine Million Tonnen verringern. Im Supermarkt kann ich täglich entscheiden: Ein Kilo Grapefruit aus Südafrika (zehntausend Kilometer Transportweg) verursacht elf Kilo CO_2, ein Apfel aus Chile kommt gar auf den 520-fachen CO_2-Verbrauch im Vergleich zu einem mitteleuropäischen Apfel, Kiwis aus Neuseeland (18 000 Kilometer Transportweg) verursachen den 680-fachen CO_2-Verbrauch im Vergleich zu italienischen Kiwis.

90. Gerechter Handel schont Umwelt

Etliche Produkte, wie Schokolade, Tee, Kaffee oder Orangensaft und Bananen, sind in unseren Breitengraden regional nicht zu erzeugen. Deshalb greife ich in diesen Fällen zu Fair-Trade-Produkten. Dadurch werden gerechte Löhne in den Erzeugerländern garantiert, wird Kinderarbeit verhindert und durch das generelle Bekenntnis zu Bioerzeugung das Klima geschützt.

91. Schlaues Schau-Essen

Ich lade Gruppen interessierter Freunde und Bekannter zu einem Klima-Test-Frühstück ein. Die Bilanz eines derartigen Frühstücks: Die Mahlzeit der gewieften Klimaschützer kommt auf eine Verkehrsbilanz von 23 000 Kilometern, das Frühstück »Klimaextrem« hingegen kommt auf fast 39 000 Kilometer. Wie es funktioniert: www.klimarettung.at.

92. Qualität zahlt sich aus

Klimabewusste Konsumenten greifen beim Einkauf zu Qualität und zu haltbaren Produkten statt zu kurzlebigen Wegwerfangeboten. Dazu kann ich langlebige Produkte auch wieder verkaufen oder verschenken, wenn ich diese nicht mehr brauche und drossle so die enorme Abfallmenge: Dies gilt vor allem bei Kinderbekleidung, Spielsachen und Sportausrüstung für die Kleinen.

93. Auf Holz gebauter Klimaschutz

Beim Kauf von Holzprodukten achte ich darauf, dass das Holz aus nachhaltiger Forstwirtschaft, das etwa durch das Gütesiegel FSC ausgezeichnet ist, stammt. Nicht-nachhaltige Forstwirtschaft ist global für ein Fünftel der CO_2-Emissionen verantwortlich.

94. Repair

In ökologisch orientierten Beschäftigungsprojekten werden in Deutschland und Österreich Abfallprodukte repariert und zu sozial verträglichen Preisen wieder zur Verwendung angeboten. So kann der klimabewusste Konsument die Produktion neuer Waren reduzieren, die Abfallberge verringern und Langzeitarbeitslosen eine neue Chance geben.

95. Müll trennen

Auch das Verkleinern der Müllmengen verringert CO_2-Emissionen: Mülldeponien verursachen zum Teil immer noch gravierende Methanausstöße. Methan zählt zu den gefährlichsten Treibhausgasen, es belastet das Klima im Vergleich zu CO_2 um das 23-fache. Abfall vermeiden, trennen, sammeln und verwerten ist daher ein wichtiger Beitrag zum Klimaschutz, und ein dringender Beitrag zum Umweltschutz allgemein.

96. Grüne Freizeitaktivitäten

Wie gestalte ich meinen Urlaub? Welche Sportart wähle ich? Solch prinzipielle Entscheidungen bergen viel Spielraum, denn gerade Freizeittourismus kann enorme Mengen an Treibhausgasemissionen bedeuten, etwa durch Shopping-Touren per Flugzeug, Helikopter-Skifahren oder Motorsport. Wichtig ist nicht Verzicht, aber eine Balance schaffen.

97. Versteckte Klimaschädlinge

Fluorkohlenwasserstoff vermeiden hilft der Umwelt doppelt: Um die Emissionen des Klimakillers zu vermeiden, versuche ich beim Bau darauf zu achten, SF_6 in Schallschutzfenstern und Fluorkohlenwasserstoffe zu vermeiden, die in manchen Baustoffen wie Dämmstoffen und Kältemitteln enthalten sein können.

98. Bäume pflanzen

Ein Baum von durchschnittlicher Größe absorbiert sechs Kilogramm CO_2 im Jahr. In vierzig Jahren ergibt dies die beachtliche Menge von 250 Kilogramm. Viele Kompensationsprojekte bauen darauf auf. Allerdings sollte die Aufforstung sorgsam und nachhaltig passieren.

99. Freiwillige Strafsteuer

Unternehmen bieten Kunden an, den CO_2-Ausstoß einer Reise mit Ökoprojekten zu neutralisieren. So verursacht ein Jahr Autofahrt (zehntausend Kilometer Fahrstrecke) eine Emission von 1900 Kilo CO_2, eine Flugreise von Frankfurt nach New York und retour eine Emission von 1400 Kilo CO_2. Durch Investitionen in Ökoprojekte – vor allem für Aufforstungsmaßnahmen – können diese Emissionen kompensiert werden. Eine Tonne CO_2 kostet derzeit rund dreizehn Euro. Derartige Kompensationen werden etwa von CER (Certified Emission Reduction) angeboten. Nach einer im Auftrag des Magazins *Der Spiegel* durchgeführten Infratest-Umfrage sind übrigens 66 Prozent der Deutschen bereit, bei einer Flugreise zehn Prozent Aufschlag auf den Flugpreis zur Finanzierung derartiger Ausgleichszahlungen zu übernehmen.

Das engagierte Potsdamer Institut für Klimafolgenforschung lässt mit einer weiteren kreativen Idee aufhorchen. Jeder kann sich ab sofort über die gleichnamige Firma selbst Verschmutzungsrechte kaufen und sie vernichten, um damit den Preis der Emissionszertifikate und damit die Kosten der Klimazerstörung zu verteuern (Info: www.thecompensators.org).

100. Gründung lokaler Klimawatchers

In den USA wurde 2006 mit einem eigentlich schon 2000 erschienenen Buch von David Gershon, »The CO_2-Diet«, die Idee des Klimachecks zugespitzt und um eine neue Variante bereichert: Wie bei den Weight Watchers oder den Anonymen Alkoholikern gründen Klimaschützer Klima-Diät-Gruppen, die sich konkrete Ziele für persönliche jährliche CO_2-Einsparungen setzen und sich gegenseitig bei der Umsetzung unterstützen. Gerade in den USA ein höchst notwendiger Ansatz, denn US-Haushalte sind für acht Prozent der weltweiten CO_2-Emissionen verantwortlich. Aber auch in Europa muss die Diät greifen – Pioniere sollten erste Netzwerke bilden, Bildungseinrichtungen diese Idee bewerben und das Fachwissen in Kursen anbieten.

Die »Lohas«

Wir brauchen sie alle: die politischen Konsumenten mit den unterschiedlichsten kulturellen Entwicklungen. Schöpfungsbewahrer wie Menschen aus der Solidaritätsbewegung, Öko-Fundis wie die neuen Lohas. Julia Roberts, Leonardo DiCaprio, George Clooney, Harrison Ford – sie alle sind bekennende Lohas (Lifestyle of Health and Sustainability). Lohas glauben daran, dass sich durch die Macht der Verbraucher die ausgeflippte Konsumwelt zum Besseren verwandeln lässt. Dass der Kapitalismus ökologisch gezähmt werden kann. In den USA sollen bereits ein Drittel der Erwachsenen zu den Lohas zählen. Werner Schulz, Professor für Umweltmarketing an der Universität Hohenheim, geht davon aus, dass in Deutschland mehr als ein Drittel der Bevölkerung bereits zu dieser Gruppe gehört. Sichtbar wird diese Entwicklung unter anderem am neuen Design von Bio-Märkten und der Verbreiterung der Käuferschichten. Genießen ohne schlechtes Gewissen ist die Grundbotschaft der Lohas.

---

5. Die Klima-Revolution in der Politik:
Zehn Thesen, warum das Klima noch zu retten ist

Erstens: Weil die gesamte Menschheit betroffen ist

Die Bandbreite der möglichen Zukunft unserer Erde reicht von einer Temperaturerhöhung von zwei bis zu mehr als sechs Grad Celsius. Unsere Gestaltungsmöglichkeit liegt also darin, ob es bis zum Ende dieses Jahrhunderts um vier bis fünf Grad wärmer wird oder nicht. Solche Unterschiede – zwischen vier und fünf Grad – bedeuteten in der Erdgeschichte epochale Veränderungen wie den Unterschied zwischen Eiszeit und Warmzeit. Fünf Grad weniger würde heißen, dass Gletscher bis Berlin reichen. Die dramatischen Folgen von plus fünf Grad kennen wir nicht, sie lassen sich nur erahnen.

Ob eine solche gravierende Veränderung eintreten wird oder nicht, kann kein einzelner Mensch, kein einzelner Staat, nicht einmal ein einzelner Kontinent bestimmen: Es liegt an uns allen. Die drohende Apokalypse durch die Klimaveränderung ist so die erste wirklich globale Herausforderung: für Menschen in wenig entwickelten Regionen der Erde, die nur marginal zu dem Problem beitragen, aber deren Existenz schon jetzt massiv bedroht ist. Für Menschen in den boomenden Schwellenländern, die ihren Weg zum Reichtum nicht länger von Industrieländern kopieren können. Schließlich für die Bevölkerung der wohlhabenden Länder, die zwar nur einen Bruchteil der Weltbevölkerung stellen, aber den Löwenanteil der Treibhausgase produzieren. Vor allem wir müssen eine Vollbremsung des Verbrauches von fossilen Brennstoffen schaffen, unseren Lebensstil gravierend verändern.

Erstmals sitzt die gesamte Menschheit also in einem Boot. Denn gleich, wer an welchem Ort mit Emissionen von Treibhausgasen der Erde einheizt: Alle sind gleichermaßen betroffen. Jeder ist auf jeden angewiesen. Erstmals müssen sich heute die Menschen als eine Menschheit begreifen und dementsprechend handeln. Es gibt keine Mauern, die einen Teil gegen die drohende Apokalypse abschotten könnten – erstmals hängt alles mit allem zusammen. Und so wie das Ausmaß der Zerstörung uns alle betrifft, wird die Rettung nur als gemeinsamer, globaler Kraftakt gelingen.

Den Menschen zeichnet eine besondere Fähigkeit aus: das Handeln in der Gegenwart an mögliche Vorteilen in der Zukunft orientieren zu können. Darüber hinaus sind Menschen auch dazu fähig, ethische Verantwortung für ihr Tun zu übernehmen und in Solidarität zu leben. Dies muss sich jetzt verknüpfen: Einzelne müssen durch ihr Tun Zukunftsvorteile für alle schaffen. Eine Begrenzung der Erderwärmung ist nur zu schaffen, wenn alle Teile der Welt und der Gesellschaft – gemeinsam und gleichzeitig – die gleiche Priorität verfolgen: die möglichst rasche, drastische Senkung der Treibhausgasemissionen.

Immer mehr Menschen haben dies begriffen und beschleunigen die Klima-Revolution der Anrainer der Erde gegen den Missbrauch ihrer Atmosphäre. Ihre Devise ist sehr eindeutig: Die Zeit der Kosmetik ist vorbei. Unser Klima braucht Taten. Weltweit entsteht so eine Revolution der Bürger als politische Konsumenten und als politische Wesen. Dies erhöht den Handlungsdruck auf die Politik. Die lange Zeit dösende Leitkultur der von ihren Machthabern emanzipierten Bürgergesellschaft wacht gerade auf und zeigt, wer eigentlich bestimmt: das Volk. Und dieses Volk ist dazu bereit, das Klima zu retten.

Zweitens: Weil die Wissenschaft einig ist und es keine Ausreden mehr gibt

»Das Jahr, in dem die Welt aufgewacht ist,« so bezeichnete die britische Zeitung *The Guardian* 2006. Das folgende Jahr, 2007, wurde jenes Jahr, in dem die führenden Klimawissenschaftler ein für alle Mal feststellten: Mit einer Wahrscheinlichkeit von über neunzig Prozent ist der Mensch am Klimawandel schuld.

Wir dürfen eine Temperaturerhöhung von zwei Grad Celsius nicht überschreiten und für die notwendige Trendwende zur Senkung der Emissionen haben wir nur noch bis zum Jahr 2020 Zeit. Dies waren die weiteren zentralen Botschaften des UN-Weltklimarates. Die nächsten Jahre werden eine weitere Zuspitzung der Prognosen bringen, denn die Rückkoppelungseffekte des Klimas auf die Erwärmung, die in diesem Buch beschrieben wurden, sind in den äußerst alarmierenden Prognosen großteils noch nicht einmal eingerechnet.

Die Forschungsergebnisse sind also unbestritten, die Prognosen klar und deutlich, die dringende Notwendigkeit zu handeln ist offensichtlich und die Lösungen liegen vor. Eine Temperaturerhöhung von fünf bis sechs Grad würde, mit großer Wahrscheinlichkeit, die Mittelmeerländer in Wüstengebiete verwandeln, langfristig die riesigen Gletscher Grönlands schmelzen lassen, zum Kollaps des Amazonas-Regenwaldes führen. Niemand kann sagen, es sei nicht bekannt gewesen, was passiert, wenn wir nicht sofort unsere Emissionen drosseln. Wir wissen, dass wir mit unserem Handeln heute die Welt von morgen prägen.

Drittens: Weil Klimaschutz zum Politiktest wird

Die Klimakrise war bislang zuallererst eine Krise der Politik, ein globales Politikerversagen, das den Verlust ihrer Gestaltungsfähigkeit schonungslos entlarvte. Das bisherige Scheitern an dieser Überlebensfrage, die Unfähigkeit, die Klimaveränderung einzudämmen, illustriert die Schwächen des gesamten Systems: verwaschene Kompromisse statt klarer Konturen, die Fokussierung des Handelns auf Legislaturperioden von wenigen Jahren, das Populismus begünstigt und zukunftsorientierte Entscheidungen benachteiligt, nur in Ausnahmefällen Öffnung für Bürgermitbestimmung, stattdessen kontinuierliche Kniefälle vor Lobbys, dazu der Verlust der Handlungsfähigkeit angesichts globalisierter Wirtschaftsverflechtungen.

Angesichts der alarmierenden Prognosen der Wissenschaft, der immer besorgniserregenderen Wetterkapriolen und angesichts der beginnenden Klima-Revolution der Bevölkerung rückt aber eine Politikwende in greifbare Nähe. Endlich hat sich der Druck durch die kritische Öffentlichkeit, der engagierten Wissenschaft und vieler Bürger auf rasche Schritte zur Klimarettung drastisch erhöht. Endlich werden Politiker, die sich trauen, couragierte Schritte zu setzen, in ihrem Handlen honoriert und berstärkt: Im November 2006 schaffte Kaliforniens Gouverneur Arnold Schwarzenegger einen historischen Wahlsieg, weil er eine signifikante Reduktion von CO_2-Emissionen in dem Bundesstaat beschloss. Vom notorischen Umfragetief zuvor erholte er sich erst, als er mit der Umsetzung dieser Maßnahme begann, die andere in dieser Klarheit scheuen. Erstmals erlebten so Politiker weltweit, dass mit Klimaschutz Wahlen zu gewinnen sind.

Die Dynamik der Klima-Revolution wächst also und ihre Triebfeder ist der Druck durch Bürger und Medien, die immer wieder auf Einhaltung und Umsetzung kontrollierbarer Zieletappen pochen. Die Klima-Revolution in der Politik wird nur mit einer neuen politischen Kultur gelingen, die über Parteigrenzen hinweg das gemeinsame Ziel in den Mittelpunkt stellt und zum Kernthema des politischen Handelns und der Legitimation von Entscheidungen macht. Nötig sind auch mehr Mitbestimmungsmöglichkeiten für engagierte Bürger – etwa in Form einer Klimaschutz-Volksabstimmung. Vor allem wird die Klima-Revolution Politiker mit Mut, Kompetenz, Verantwortungsbewusstsein und Gestaltungskraft brauchen. Dies wird für Millionen Menschen das entscheidende Wahlmotiv der nächsten Jahre darstellen.

Viertens: Weil Europa Schrittmacher beim Klimaschutz wird

Der US-amerikanische Autor und Vordenker der Wirtschaftspolitik, Thomas Friedman, nimmt die Politik gehörig in die Pflicht: »Denn seien wir uns ehrlich«, schrieb er in einem Leitartikel im Jänner 2007 in der *New York Times*: »Sie können ein Windkraftwerk in Ihrem Garten aufstellen, Ihr Dach mit Solarzellen zupflastern. Wunderbar. Aber wir werden unsere Umwelt nur dann schützen können, wenn wir global die Energieversorgung weg von schmutziger Kohle und Öl hin zu erneuerbaren Ressourcen bewegen. Das ist ein gigantisches wirtschaftspolitisches Projekt. Viel größer, als wir uns dies heute vorstellen können.«

Das Zeug für den politischen Prototyp dieser Entwicklung hätte die EU. Mehr noch: Der notwendige Kraftakt zur Begrenzung der Klimaveränderung wird die wesentliche Nagelprobe und historische Chance der Union: Nach der Friedenssicherung Europas könnte die EU ein zweites zentrales Projekt zur Stärkung der europäischen Identität entwickeln und endlich das lang erhoffte Fortsetzungskapitel der Erfolgsstory ihrer Gründer schreiben.

Die 27 EU-Staaten sind für vierzehn Prozent der weltweiten Treibhausgasemissionen verantwortlich. Hinter den USA und China liegen sie an dritter Stelle. Die vergleichsweise aufgeklärte politische Stimmung der Europäer, der hohe Grad wirtschaftlicher und technologischer Entwicklung und die supranationalen Handlungsmöglichkeiten prädestinieren die EU für die Rolle des Schrittmachers bei der Begrenzung der Klimaveränderung. Dazu muss die EU klare verbindliche Ziele samt glaubwürdigen Umsetzungsschritten beschließen und diese auch verwirklichen. Angesichts der internen Spaltung in dieser Frage kein einfaches Unterfangen: EU-Länder im Osten und im Süden befürchten, dies könnte ihren Wirtschaftsaufschwung gefährden. Gerade sie müssen aber begreifen, dass ein verstärkter Klimawandel ihre Regionen – und so auch ihre Wirtschaft – besonders gefährdet: durch Überschwemmungen, dramatische Ausfälle beim Tourismus, steigende Meeresspiegel an den Küsten, Waldbrände und vor allem Hitze- und Dürrewellen. Anfang 2007 verkündete EU-Umweltkommissar Stavros Dimas, dass die Treibhausgase drastisch reduziert werden müssen. Geblieben ist vom Vorstoß ein zaudernder Rest von zwanzig Prozent des Emissionsniveaus des Jahres 1990 bis zum Jahr 2020, sowie eine Steigerung der Energieeffizienz um zwanzig Prozent bis 2020 und einen Anteil von zwanzig Prozent erneuerbarer Energieträger am

Gesamtenergieverbrauch bis 2020. Das wird nicht reichen. Europa muss bis 2020 ein Drittel, bis 2050 sechzig bis achtzig Prozent der Emissionen einsparen. Nur wenn Europa mit diesen Zielen vorangeht, sie in diesem Zeitraum auch erreicht und andere Regionen der Erde mitzieht, ist es möglich, die Erwärmung bei zwei Grad Celsius zu begrenzen und somit eine dramatische Dynamisierung des Klimawandels mit verheerenden Folgen zu verhindern.

Fünftens: Weil Öl, Gas und Kohle Geschichte werden müssen

Der Schlüssel hin zu diesem Ziel ist die Energiewende. Sie muss in den kommenden zehn Jahren unumkehrbare Realität werden: Mit der EU als Vorreiter muss das fossile Zeitalter in aller Konsequenz beendet werden. Öl, Kohle und auch Gas als Brennstoff der Erderwärmung müssen ausgetauscht werden. Die Fluchtroute aus dieser Klimafalle ist längst kartiert, die Lösungen, Konzepte und Technologien liegen vor: schrittweise weg von Öl und Kohle bis zum Jahr 2050, hin zu Effizienz und dem Einsatz erneuerbarer Energieträger. So einfach lesen sich die Richtungsanweisungen. Würde Europa ab Mitte dieses Jahrhunderts nicht mehr auf Öl, Gas und Kohle als Energieträger setzen, wären die CO_2-Emissionen um bis zu siebzig Prozent reduziert. Würde dieser Umstieg, den für Schweden eine Regierungskommission im Jahr 2006 als machbar erachtete, gelingen, könnte Europa die globale politische und auch wirtschaftliche Führungsmacht einer umweltschonenden und nachhaltigen Energiepolitik sowie globaler Technologieführer werden.

Als ersten Schritt hin zu dieser Energiewende muss die EU ein politisch verbindliches Programm beschließen: Etappen mit konkreten Zielvorgaben samt Zeitplänen genauso wie Strategien und konkrete Umsetzungsmaßnahmen sind dazu nötig. Statt das Erreichen der Einsparungsziele dem Gutdünken der Regierungen der Mitgliedsstaaten zu überlassen, muss eine gemeinsame Richtung eingeschlagen werden. Dazu gehört aber auch, dass die EU-Gremien bei Verfehlungen der Etappenziele hart durchgreifen können:

Statt zahnloser Vertragsverletzungsverfahren brauchen sie Sanktionsmöglichkeiten bis hin zu saftigen Strafzahlungen.

Der entstehende riesige Markt für erneuerbare Technologien braucht außerdem verlässliche Spielregeln. Dazu müssen bestehende EU-Richtlinien für Energieeffizienz und erneuerbare Energie verschärft werden und in plan- und berechenbaren Teilschritten konzipiert, das Forschungsbudget für erneuerbare Energie als Triebfeder für die Energiewende verzehnfacht werden. Basis dafür ist eine Grundsatzentscheidung: Subventionen in klimaschädigende Technologien und Energieträger (etwa für Kerosin, Atomkraft oder Kohle) müssen gestrichen und eine Internationale Agentur für erneuerbare Energie als Gegenpol zur Internationalen Atomenergiebehörde errichtet werden.

Diese Entscheidung muss von einer Reihe klarer Schritte flankiert werden: Statt geplanter Großinvestitionen in bestehende fossile und nukleare Kraftwerke müssen die Mittel hin zu sauberen Energieträgern umgeleitet werden. Das »best practice«-Prinzip soll gelten. Sprich: Die effizientesten Fördergesetze für erneuerbarer Energie und Energieeffizienz in einzelnen Mitgliedsstaaten werden europaweit übernommen. Insgesamt müssen durch diese und andere Maßnahmen bis 2020 zwanzig Prozent des Energieverbrauches und damit 780 Millionen Tonnen CO_2 eingespart werden. Ein Eckpfeiler dabei ist die Öko-Design-Richtlinie: Sie sieht vor, dass jene Produkte – so wie bei mangelhaften Sicherheitsstandards längst üblich – nicht auf den Markt kommen dürfen, die mangelhafte Energieeffizienz aufweisen.

Ebenso nötig ist eine klimaverträgliche Umgestaltung des Verkehrs: So wie bereits jetzt die Treibhausgase aus Industrie und Großkraftwerken, müsste auch der gesamte Verkehr in das System des EU-weiten Emissionshandels einbezogen werden. Ein EU-weites Konzept sollte als ersten Schritt die Emissionen in diesem Bereich einfrieren und in weiterer Folge schrittweise senken. Um dies zu erreichen, wird ein wesentlicher Teil der anvisierten Lawine von Straßen- und Flughafenbauten zugunsten einer europaweiten Offensive für öffentliche Verkehrsmittel umgewidmet werden. Und auch bei neuen Investitionen wird die EU eine »Null-Emissionsstrategie« verfolgen sowie nationale Klimaschutzbehörden einrichten und die Richtlinie für Umweltverträglichkeitsprüfungen um den Schwerpunkt Klimaverträglichkeit erweitern müssen.

Sechstens: Weil die grüne industrielle Revolution zum neuen Beschäftigungswunder und Friedensgarant wird

Die fossile Energiewirtschaft reißt die Weltgemeinschaft nicht nur in den Klima-GAU, sondern in immer gravierendere politische Krisen. Schon jetzt ist Öl ein maßgeblicher Treibstoff für Krieg. Die Verknappung der fossilen Ressourcen, von Öl, Gas und Kohle, wird, gekoppelt mit der Importabhängigkeit von Krisenregionen und der Erpressbarkeit der Industrieländer, diese Konflikte immer mehr hochschaukeln. Verschärfen sich dazu die Folgen des Klimawandels, entsteht noch mehr Konfliktpotenzial.

Betroffen von der Klimaveränderung wären besonders auch jene Regionen, die heute schon als Brutstätten von Terror gelten, wo schon jetzt politisch irrwitzige Führer die grassierende Armut brutal für die Aufwiegelung der Bevölkerung gegen das Feindbild Westen missbrauchen. Dazu wird die Zahl der Migranten massiv anschwellen. Verteilungskämpfe drohen. Nur eine Energiewende hin zu erneuerbaren Rohstoffen stoppt diesen Teufelskreis. Deshalb ist dies in Wahrheit das zentrale Friedensprojekt des 21. Jahrhunderts.

Das Ziel ist ambitioniert, doch die Stabilität der Staatengemeinschaft und der Schutz unserer Erde hängen davon ab. Dazu profitieren jene Länder, die eine Vorreiterrolle einnehmen, wirtschaftlich. Denn beim Einsatz erneuerbarer Energieträger bleibt die Wertschöpfung in den Regionen, Millionen neue Arbeitsplätze entstehen und die Wirtschaftsunternehmen der EU profitieren massiv von der Position des Technologieführers der neuen klimaverträglichen Wirtschaft. Der Markt ist gigantisch. Allein für die Modernisierung der Energieversorgung müssen in den Industrieländern in den nächsten zwei Jahrzehnten 5,2 Billionen Dollar investiert werden.

Siebtens: Weil wir einen Weltklimavertrag bekommen, der zum Klima-Marshallplan wird

Die EU hat die Chance, durch ein geschlossenes und gemeinsames Auftreten einen globalen Dominoeffekt auszulösen. Ein erster Schritt dieser engagierten Klima-Außenpolitik ist eine Initiative für die Bildung einer Klimabehörde der Vereinten Nationen. Mit klaren Kompetenzen und Budget ausgestattet, kann diese Instanz künftig die Umsetzung des notwendigen Weltklimavertrages kontrollieren. Das Klimaschutzübereinkommen im Kyoto-Protokoll läuft 2012 aus. Auf diesen ersten Schritt mit sehr bescheidenem Erfolg muss jetzt eine neue, richtungsweisende Regelung folgen, die unsere letzte Chance für die Begrenzung der globalen Erwärmung wahrnimmt.

Als Mindeststandard in diesem Weltklimavertrag muss die EU ihre Vorreiterrolle wahrnehmen und auf das Ziel der Halbierung der globalen Treibhausgasemissionen um fünfzig Prozent bis 2050 drängen, aber auch auf die Einbeziehung aller Industrie-, Schwellen- und Entwicklungsländer in einem Weltklimavertrag. Der ehemalige Berliner Umweltsenator Lutz Wicke fordert in seinem 2006 erschienenen Buch »Kyoto plus«, dass der neue Weltklimavertrag eine neue Allianz der hauptsächlichen Verursacher und der hauptsächlich Betroffenen schaffen muss. Basierend auf seinen Vorschlägen lassen sich fünf Grundbedingungen formulieren, die dieser Vertrag erfüllen muss.

1.) Die Notwendigkeit der Begrenzung der Temperaturerhöhung bei maximal zwei Grad Celsius wird im Weltklimavertrag ebenso vereinbart wie die dafür notwendige globale Halbierung der Emissionen an Treibhausgasen bis 2050 und der dafür erforderliche höhere Reduktionsanteil der Industrieländer bei sechzig bis achtzig Prozent.

2.) »One Man, one Vote« – ein Wähler, eine Stimme – ist in den Demokratien ein unumstößliches Grundprinzip. »One Human, one Emission Right« – ein gleiches Recht an Emissionen für alle – muss zumindest schrittweise und mittelfristig zum Grundprinzip des Weltklimavertrages werden. Das heißt, die Größe der Bevölkerung eines Landes soll als Basis dafür dienen, wie hoch die »Nutzungsrechte der Atmosphäre« – sprich die Emissionsrechte – eines Landes sein dürfen.

3.) Um die Einsparungsziele zu realisieren, muss der Handel von Emissionszertifkaten, der derzeit nur innerhalb der EU gilt und nur Großindustrie und Energiewirtschaft einbezieht, global eingeführt werden. Zudem soll der Handel an den Quellen, also bei fossilen Brenn- und Rohstoffen ansetzen. So werden auch alle Endverbraucher von Industrie und Flugverkehr bis hin zu Autofahrern und Privathaushalten erreicht.

4.) Ein globaler Marshallplan zur klimaschonenden Entwicklung kann durch den Emissionshandel finanzierbar werden. So entstehen klare Anreize für die Einbeziehung von weniger entwickelten Regionen in den Weltklimavertrag und die Millenniumsziele der Vereinten Nationen zur Bekämpfung der Armut rücken in Griffweite. Auch Aufwendungen für den Erhalt der globalen CO_2-Speicher der Erde, für Regenwälder und Ozeane müssen im Weltklimavertrag eingerechnet und finanziell dotiert werden.

5.) Dadurch bietet sich die Chance auf eine strategische Allianz der Industrieländer mit den weniger entwickelten Ländern, die bisherige Blockaden bei Klimaschutzverträgen aufbricht und eine neue Dynamik bewirkt, die auch die Einbindung von Schwellenländern erleichtert. Das Kernziel ist die Integration aller Länder in den Weltklimavertrag.

Achtens: Weil Naturkatastrophen die USA und Australien wachrütteln

Die neue strategische Allianz zwischen dem Schrittmacher Europa und den von der Klimaveränderung heute bereits massiv betroffenen ärmeren Ländern ist der Schlüssel zur Durchsetzung des Weltklimavertrages. Gleichzeitig muss die EU mit den USA und Australien, die das Kyoto-Protokoll nicht umgesetzt haben, in intensive Verhandlungen mit dem Ziel ihres Beitrittes zum Weltklimavertrag führen. Eine Trendwende ist möglich, denn in beiden Ländern haben Naturkatastrophen als Folge des Klimawandels einen Schwenk der öffentlichen Meinung herbeigeführt.

Australien zählt mit siebzehn Tonnen Treibhausgasemissionen pro Kopf und Jahr zu den ärgsten Klimasündern des Planeten, drei Viertel der Energie wird in dem sonnenverwöhnten Land aus Kohle erzeugt. Im Jahr 2007 erlebte Australien jedoch eine »Dürre der Erkenntnis«, wie es die *Süddeutsche Zeitung* treffend beschrieb. »Jahrtausenddürre« nennen es die Australier selbst. 98 Prozent des Bundesstaates New South Wales samt der Metropole Sydney galten offiziell als Katastrophengebiet. Die extreme Trockenheit, vor allem im Südosten des Kontinents, verursachte schwere Schäden, die das Wirtschaftswachstum um 0,7 Prozent schrumpfen ließen. Allein die Weizenproduktion brach um zwei Drittel ein. Für die Bevölkerung bedeutete die Krise einen massiven Anstoß zum Umdenken. Bei Umfragen spricht sich seither eine große Mehrheit sogar für höhere Steuern zur Förderung des Klimaschutzes aus, Zehntausende beteiligen sich an Demonstrationen für die Reduktion von Treibhausgasen.

Auch in den USA, wo noch immer die Hälfte der Energie aus Kohle gewonnen wird und mit Stand 2007 der Neubau von 150 fossilen Kraftwerken beschlossen wurde, führten Naturkatastrophen zur entscheidenden Wende der öffentlichen Meinung; vor allem die Folgen des Hurrikans Katrina im Süden der USA und in New Orleans im Spätsommer 2005. Mittlerweile hat nicht nur Kalifornien ambitionierte CO_2-Reduktionsziele beschlossen. Sieben Bundesstaaten und 249 Städte, darunter New York, haben sich bereits zu den Zielen von Kyoto bekannt. Unverkennbar ist erstmals ein grüner Trend in der Wirtschaft und bei den Konsumenten. Der Beitritt der USA, die ein Viertel der globalen Emissionen verursachen, wird zum entscheidenden Schub für den neuen Weltklimavertrag.

Drei Viertel des bis 2030 prognostizierten globalen CO_2-Emissionszuwachses entfallen auf die Schwellenländer, alleine für China und Indien wird ein Zuwachs von 39 Prozent vorhergesagt und bereits 2009, vielleicht schon 2008, wird China die USA als größten Emittenten ablösen. China hat zwar das Kyoto-Protokoll unterzeichnet, gilt aber nicht als Industrieland und ist deshalb an keine Einsparungsziele gebunden. Angesichts des Wirtschaftsbooms von acht Prozent Wachstum pro Jahr verzeichnet das 1,3-Milliarden-Einwohner-Land einen dramatisch weiter steigenden Trend. Vierzehn Prozent der weltweiten CO_2-Emissionen werden alleine durch Chinas Kohle verursacht. Nicht weniger als 550 Kohlekraftwerke werden derzeit in China geplant oder befinden sich bereits in Bau.

Doch auch hier zeigen sich schon dramatische Konsequenzen der Klimaveränderung: Die Nachrichtenagentur *Xinhua* berichtet, dass allein im Jahr 2006 durch vom Klimawandel verursachte Naturkatastrophen 2704 Menschen starben und 21 Milliarden Euro an Schäden entstanden. Um fünfzehn Prozent ist das verfügbare Ackerland aufgrund der steigenden Trockenheit bereits zurückgegangen. Die Ernteerträge könnten bis zur Mitte des Jahrhunderts um ein Drittel sinken. Dazu liegt die Millionenmetropole Shanghai de facto auf Meeresniveau: Ein Anstieg der Ozeane bedeutet eine Katastrophe. Und auch die wirtschaftlichen Schäden der Klimaveränderung sind bereits dramatisch: Laut der chinesischen Umweltbehörde Sepa reduzierten Umweltschäden im Jahr 2004 das Bruttoinlandsprodukt um drei Prozent oder umgerechnet 65 Milliarden Dollar.

2007 wurde das erste Klimaschutzprogramm vorgelegt, das die tausend größten Industriebetriebe zum Energiesparen verpflichtet und eine Steigerung der Energieeffizienz um ein Fünftel bis 2010 vorsieht. Chinas Vorbild ist Japan, das derzeit Energie sechsmal so effizient nutzt. China ist mittlerweile der weltweit größte Investor in erneuerbare Energie, 2007 lag das Investitionsvolumen bei sieben Milliarden Dollar. Die Kommunistische Partei beginnt – getrieben von durch die Klimaveränderung bereits eingetretenen schweren wirtschaftlichen Schäden und einem wachsenden öffentlichen Druck – zu handeln. So wie Indien wurde ein Fördergesetz für erneuerbare Energie beschlossen, das dem erfolgreichen Deutschen Einspeisegesetz (EEG) nachempfunden ist. Gleichzeitig verdankt dieser Machtapparat dem rasanten Wirtschaftswachstum sein Überleben. Die Integration Chinas, aber auch Indiens in den Weltklimavertrag wird daher die schwierigste Aufgabe für die Weltgemeinschaft.

Zehntens: Weil die Revolution nicht mehr zu stoppen ist

Wer jetzt aber nicht radikal umdenkt und umlenkt, ist mitverantwortlich für gravierende politische Verwerfungen. Denn je später die Klima-Revolution voll zum Tragen kommt, desto schmerzlicher wird die nötige Kurskorrektur. Je dramatischer die Folgen der Erderwärmung greifen, umso mehr ist unsere Wirtschaft und unsere Demokratie gefährdet: Klima-Revolution, Apokalypse oder Diktatur lauten in Wahrheit die Alternativen.

2008 und 2009 sind jene Schlüsseljahre, die darüber entscheiden, ob ein ambitionierter Weltklimavertrag Wirklichkeit wird, ob die Verringerung der Treibhausgasmissionen, der Ausstieg aus dem fossilen Zeitalter gelingen kann. Vor allem, ob wir es noch rechtzeitig schaffen werden. Wie im vergangenen Jahrhundert die soziale Revolution, so brauchen wir heute eine Klima-Revolution auf allen Ebenen. Noch haben wir Zeit; wir können uns rascher ändern als das Klima.

Und die Klima-Revolution gewinnt durch jede Initiative und jeden Bürger, der sich zum Mitmachen entscheidet, an Kraft. Eine neue Bewegung, ein neuer Zeitgeist, eine neue Verantwortlichkeit, eine neue Form der Solidarität sind im Entstehen. Vieles deutet darauf hin, dass dieser Aufstand der Menschen gegen die Klimaveränderung nicht mehr zu stoppen ist, dass die Veränderung unserer

Lebensbedingungen, unseres Wirtschaftens und unserer Energieerzeugung rasch genug möglich ist. Es deutet vieles darauf hin, dass wir die Klima-Revolution schaffen, weil der Mensch an sich ein verantwortungsvolles Wesen ist, das sein Verhalten im Heute an die Notwendigkeit der Sicherung von morgen orientieren kann. Wir schaffen die Klima-Revolution und damit die Begrenzung des Ausmaßes der Klimaveränderung aus einem sehr einfachen Grund: weil der Mensch kein Verbrecher ist.

Bild- und Quellennachweis

S. 18, 78, 100: Achim Norweg, München
S. 38: © Nasa
S. 58: Blue Sky Dachstein-Archiv, www.blueskywetter.com
S. 60: HISTALP-Datenbank der Zentralanstalt für Meteorologie und Geodynamik, Wien
S. 81: Greenpeace Brasilien
S. 97: SDS, Amazonas Umweltbehörde, Manaus
S. 114: Estimates by WHO sub-region for 2000 (WHO World Health Report, 2002) © WHO 2005
S. 123: International Energy Agency, »Energy Related CO_2 Emissions«, World Energy Outlook 2004, Paris 2004, p. 75
S. 131: Climatic Research Unit, University of East Anglia, Norwich UK. IPCC Fourth Assessment Report
S. 132: »People and Planet«, 2007, basierend auf: »Stern Review on the Economics of Climate Change«
S. 162: © Earth Policy Institute